Vitali Arnt

Vermögensaufbau durch Aktien-Sparpläne

Wie du mit Aktien und ETFs monatlich Dividenden kassierst

Mit Bonus-Kapiteln

ForwardVerlag

ForwardVerlag

Vermögensaufbau durch Aktien-Sparpläne
Wie du mit Aktien und ETFs monatlich Dividenden kassierst

WWW.FORWARDVERLAG.DE

1. Auflage (Softcover)
Basierend auf 4. Auflage der Hardcover-Ausgabe
Erweitert um Bonus-Kapitel

Autor: Vitali Arnt

Redaktion & Satz: StudyHelp GmbH
Kontakt: info@forwardverlag.de
Umschlaggestaltung: @magier
Druck: mediaprint solutions GmbH

ISBN 978-3-98755-147-5

Über den Autor

Mit über 150.000 Instagram-Followern ist Vitali Arnt einer der erfolgreichsten Finanzexperten im deutschsprachigen Raum. Sein Internetauftritt „Finanzkroko" bildet einen wichtigen Informationskanal für Kleinanleger, Neueinsteiger und erfahrene Investoren gleichermaßen. Besonders seine aktuellen Aktien- und Marktanalysen, Anleitungen und Einblicke in die Finanzwelt erfreuen sich großer Beliebtheit und werden millionenfach aufgerufen.

Herzstück seiner Arbeit ist die moderne Umsetzung der klassischen Dividendenstrategie über Aktien-Sparpläne. Mit seinem öffentlich einsehbaren Portfolio „Jeden Monat Dividende" demonstriert er dieses Vorgehen seit 2018 sehr eindrucksvoll auf YouTube, Instagram und seinem Blog Finanz-Kroko.de!

Sein Fachwissen hat sich Vitali selbst erarbeitet: Seit 2010 als Unternehmer tätig, musste er schnell lernen, dass man sich auf externe Finanzberater nicht verlassen kann.

Auf die Verwaltung der eigenen Finanzen folgten ab 2016 aktive Investments in Immobilien und an der Börse, überwiegend in stabile Dividendentitel mit Wachstumspotenzial sowie ETFs. Seit 2019 ist er zudem erfolgreich als Optionshändler – meist in der Stillhalter-Position – tätig.

Durch seine Erfolge an den Finanzmärkten hat Vitali selbst bereits finanzielle Freiheit erlangt. Als das *Finanzkroko* möchte er nun auch anderen dabei helfen, langfristig ein Vermögen an der Börse aufzubauen und teilt seine Expertise und Erfahrungen kostenlos mit der Welt.

INHALT

I Grundlagen und Einstieg

II Vertiefung und neue Strategien

Vorwort

Wer einen Blick in die Online-Buchhandlungen wirft, erkennt schnell: Bücher über die Finanzwelt, Investments und Reichtum gibt es mehr als genug! Leider haben die meisten von ihnen aber mindestens einen groben Mangel.

Sie versprechen dir zum Beispiel einen Trick für schnellen Reichtum, mit dem du dir nach einem Monat bereits den zweiten Lamborghini leisten kannst (Spoiler: Die „Schneller-Reichtum-Idee" macht ausschließlich die Leute reich, die Seminare zum Thema verkaufen).

Andere wiederum machen aus dem Thema Geld eine geradezu philosophische Abhandlung. Die Message lautet dann: „Dein Vater hätte dir besseres finanzielles Verständnis beibringen müssen!" Oder: „Du musst denken wie ein reicher Mensch!" Sie passen damit sehr gut in eine Schublade mit anderen Selbsthilfebüchern, Diät-Ratgebern und Co. – nett gemeint, aber letztendlich nutzlos.

Was fehlt, ist eine echte, praktikable Anleitung. Was soll ich wann, wie und wo tun, um meine Finanzen in den Griff zu bekommen und Reichtum aufzubauen? Auf diese Frage gibt es nur eine realistische Antwort: Keine hochriskanten Tradingstrategien, Schneeballsysteme oder selbst ernannte Finanzgurus, sondern der langfristige Vermögensaufbau an der Börse.

Mit dem vorliegenden Buch habe ich versucht, dieses Konzept verständlich und nachvollziehbar zu beschreiben. Es gibt dir alle theoretischen und praktischen Werkzeuge an die Hand, um effektiv Reichtum aufzubauen – egal, ob du Millionär werden oder einfach nur nicht mehr länger Geldsorgen haben möchtest.

Entstanden ist es aus echter, persönlicher Erfahrung. Ich habe selbst zuerst einige teure Fehler gemacht, bevor ich meine Finanzplanung selbst in die Hand genommen habe. Die Anleitungen in diesem Buch habe ich selbst erprobt und optimiert. Sie sind die Basis meines eigenen finanziellen Erfolgs und meiner erfolgreichen Marke Finanzkroko, der heute weit über 150.000 Menschen folgen!

Wenn du die folgenden Seiten liest, erhältst du also kein rein theoretisches Wissen oder abstrakte Konzepte, die in der Realität nicht funktionieren. Stattdessen findest du eine gut umsetzbare Anleitung mit allen wichtigen Informationen und Hintergründen. Mit dieser kannst auch du erfolgreich deine finanziellen Ziele erreichen!

Was kann ich von diesem Buch erwarten?

Abgesehen von deiner Gesundheit hat kein anderes Thema einen so großen Einfluss auf dein Leben wie deine Finanzen. Dementsprechend fundiert und wohlüberlegt sollten Entscheidungen rund um dein Geld auch sein!

In diesem Buch findest du genau das: ein fundiertes, millionenfach bewährtes Konzept für den nachhaltigen Vermögensaufbau. Die Methode mag auf den ersten Blick langwierig und mühsam erscheinen, hat aber dafür den Vorteil, dass sie garantiert funktioniert – etwas, das man von den Schnell-Reich-Methoden nicht behaupten kann.

Zuerst schauen wir uns dabei an, warum der Vermögensaufbau so wichtig ist, welche gigantischen Vorzüge er bringt und was passieren kann, wenn du ihn vernachlässigst oder ganz vergisst. Anschließend helfe ich dir, das richtige Mindset aufzubauen – der wichtigste Schlüssel für Reichtum!

Weiter geht es mit dem eher praktischen Teil des Buches: Ich stelle dir einige wichtige Anlagestrategien vor. Zudem erhältst du hier die grundlegenden „Werkzeuge“, um solche Strategien auch souverän umzusetzen. Dazu analysieren wir gemeinsam einige Beispiele im Detail – aber keine Angst: Das Resultat ist keine hochkomplexe, wissenschaftliche Abhandlung, sondern eine Liste von einfachen Regeln, denen du problemlos folgen kannst.

Darauf folgt ein ganzes Kapitel mit wertvollen Tipps, Tricks, persönlichen Empfehlungen und Hilfsmitteln. Zum Schluss helfe ich dir noch, den Vermögensaufbau für deine Kinder richtig zu starten. Ein extrem spannendes Thema für alle Eltern, aus dem du aber auch ohne Nachwuchs viele wichtige Punkte mitnehmen kannst.

Erweiterte Ausgabe

Diese Neuauflage baut auf den bewährten Grundlagen des ersten Teils – von Aktien-Sparplänen über Dividendenstrategien – auf und ergänzt sie um tiefgehende, praxisorientierte Kapitel zu ETFs, steuerlicher Optimierung, passivem Einkommen mit Optionen sowie dem Aufbau deines individuellen Dividenden-Ruhestands. So erhältst du nicht nur einen leicht verständlichen Einstieg in die Geldanlage, sondern einen umfassenden Werkzeugkasten, mit dem du dein Wissen gezielt vertiefst und deine Strategie nachhaltig perfektionierst.

Dieses Buch ist das richtige für dich, wenn du ...

- eine Anleitung zum Vermögensaufbau suchst, aber gleichzeitig weißt, dass es keine Abkürzungen für schnellen Reichtum gibt.
- zusätzliche, regelmäßige Einnahmen möchtest, ohne dafür arbeiten zu müssen. So kannst du dir viele Annehmlichkeiten leisten, mehr Freizeit genießen oder ein großes Vermögen anhäufen.
- keine Lust hast auf theoretische Abhandlungen, die zu nichts führen. Stattdessen gibt es hier praktische Anweisungen und Tipps, denen du auch ohne Vorkenntnisse einfach folgen kannst.
- dein (künftiges) Vermögen absichern willst, damit es stetig und zuverlässig wächst. Was nützt dir heute ein Gewinn an der Börse, der schon morgen wieder bei einer Krise verloren geht?
- Motivation suchst, um am Ball zu bleiben und dein Vermögen stetig zu vergrößern. Hier erfährst du, warum sich dieser Prozess lohnt und so wichtig ist.
- für die Zukunft vorsorgen willst. Denn du merkst, dass du dich nicht auf staatliche Fürsorge oder die Hilfe anderer verlassen kannst – du musst dich selbst darum kümmern.
- dich für Funktionsweise und Hintergründe der Finanzmärkte interessierst, aber gleichzeitig keine Lust hast, deine gesamte Freizeit ausschließlich mit Börsenanalysen zu verbringen. Dieses Buch bietet dir alle wichtigen Informationen übersichtlich und kompakt.

Hinweis:
Die in diesem Buch dargestellten Informationen dienen ausschließlich zu Bildungszwecken und sollen keine finanzielle Beratung darstellen. Alle Werte, wie beispielsweise Freibeträge oder die Besteuerungsformen verschiedener Finanzinstrumente, unterliegen den ständigen Veränderungen durch Steuerreformen und andere gesetzliche Regelungen. Trotz sorgfältiger Recherche und Zusammenstellung der Inhalte basieren alle im Buch präsentierten Informationen auf dem aktuellen Kenntnisstand zum Zeitpunkt der Veröffentlichung. Es wird jedoch keine Gewähr für die Richtigkeit, Vollständigkeit oder Aktualität der Inhalte übernommen. Leser sollten stets aktuelle Informationen einholen und bei Bedarf professionelle Beratung in Anspruch nehmen, bevor sie finanzielle Entscheidungen treffen.

Übrigens:

Da die hier im Buch verwendeten Abbildungen teilweise sehr komplex sind, findest du alle Abbildungen über den nachfolgenden QR-Code:

Alle Abbildungen:

Chronologisch sortiert, in groß und in Farbe!

Teil I

Grundlagen und Einstieg

KAPITEL 1

DER MYTHOS VOM SCHNELLEN GELD

Warum überhaupt langfristig Vermögen aufbauen?

Stell dir vor, ich drücke dir jeden Monat 1.000 Euro in die Hand. Einfach so, ohne Gegenleistung. Mit dem Geld kannst du machen, was du möchtest. Du könntest damit deine Miete zahlen, einmal pro Monat in den Urlaub fahren oder dir einen fetten Sportwagen (auf Raten) kaufen. Wäre das nicht genial?

Besonders, wenn du dich darauf verlassen könntest, dass ich dir das Geld garantiert jeden Monat vorbeibringe. Du könntest dir nicht nur viel mehr angenehme Dinge leisten, sondern musst dir auch keine Sorgen um die Zukunft mehr machen.

Vielleicht reichen dir auch schon 500 Euro? Oder brauchst du mindestens 5.000 Euro? Genügend Geld zu besitzen, um sich alle Träume erfüllen zu können und sich keine Sorgen um die eigenen Finanzen machen zu müssen – für die meisten Menschen wohl einer der größten Wünsche.

Vielleicht planst du aber auch nur, später einmal mit Eigenheim und finanzieller Sicherheit in Rente zu gehen? Oder möchtest du lieber weniger Stunden pro Woche arbeiten und stattdessen deinen Hobbys nachgehen?

Die schlechte Nachricht: Ich werde dir keine 1.000 Euro pro Monat geben. Auch keine 500, 100 oder 20 Euro. Was ich aber auf den nächsten Seiten für dich tun kann: Dir zeigen, wie du selbst diese garantierten Mehreinnahmen jeden Monat erreichst. Denn die gute Nachricht lautet: Solche Ziele sind absolut erreichbar! Wir müssen dafür „nur" etwas Vermögen aufbauen.

Klar, das ist leichter gesagt als getan! Ich will dir nichts vormachen: **Du benötigst Disziplin, Zeit und Kapital.** Falls du gerade keine 100.000 Euro zur Hand hast, musst du dieses Buch aber keineswegs beiseitelegen, sondern solltest es erst recht weiterlesen! **Es genügt schon ein kleines Budget, das du dir monatlich abzweigst.**

Du musst also nicht reich erben, im Lotto gewinnen oder eine Bank überfallen, um mit dem Vermögensaufbau zu beginnen. Viel wichtiger sind der Startzeitpunkt und die Geduld, die du mitbringst. Denn Reichtum lässt sich nicht über Nacht aufbauen.

Leider ist Geld investieren und Vermögen aufbauen besonders in jungen Jahren nicht wirklich hip. Wer gerade mit der Schule oder Uni fertig ist und sein erstes Gehalt bekommt, interessiert sich nicht für Aktien und Investmentstrategien – Auto, Handy, Partys und Co. sind für die meisten wichtiger.

Oft fällt uns erst später im Leben auf, dass wir für den Ruhestand vorsorgen sollten. In vielen Fällen merken wir auch erst durch Dauerstress und Burnout, dass der Mensch nicht für Vollzeitarbeit und zusätzliche Belastungen gemacht ist. Mit einer Halbtagsstelle könnte man Abhilfe schaffen, aber wie soll man dann seine Miete bezahlen?

Eine echte Zwickmühle, bei der unsere Wünsche und finanziellen Bedürfnisse unseren begrenzten Mitteln gegenüberstehen. Nun könnten wir versuchen, das Problem durch Sparsamkeit zu lösen. Aber wer will schon wie ein Mönch ohne Annehmlichkeiten leben?

> Ich habe einen besseren Vorschlag: Nimm deine Finanzen selbst in die Hand und starte so früh wie möglich damit, kleine Beträge mit System und Strategie zu investieren.

Denn dann profitierst du von der einfachen Tatsache, dass **der Zeitpunkt für den Vermögensaufbau viel wichtiger ist als der eingesetzte Betrag**: Schon kleine Summen von 20, 50 oder vielleicht 100 Euro pro Monat können der Grundstein für ein Millionen-Vermögen sein – wenn du früh loslegst und ausreichend Zeit mitbringst.

Du profitierst dabei vom sogenannten Zinseszinseffekt: Für dein angelegtes Geld werden dir Zinsen gutgeschrieben, wodurch sich dein Vermögen vergrößert. Dieses Kapital erzeugt wieder neue Zinsen. Du erhältst also Zinsen auf deine Zinsen – Geld, das Geld macht, macht wieder Geld! Ist der Anlagezeitraum lang genug, kommt es dadurch zu explosionsartigem Wachstum.

Sparen ist der erste Schritt und essenziell für den eigenen Vermögensaufbau. Je höher die Verzinsung, desto schneller gelingt der Vermögensaufbau. Mit einem Sparbuch kommst du daher nicht weit: Wir müssen an die Börse! Denn dort kannst du mit durchschnittlich 8 (z. B. mit dem MSCI World Index) bis 10 % Rendite (z. B. mit dem S&P 500) rechnen[1]. Erfahrene Investoren können auch mehr anpeilen. Und mit den Tipps aus diesem Buch wirst auch du ganz schnell zu genau dieser Riege gehören.

Und keine Angst: Aktien, ETFs und Co. wirken zwar auf den ersten Blick hochkomplex, sind aber in Wirklichkeit sehr einsteigerfreundlich. Außerdem werden dir in diesem Buch alle wichtigen Schritte erklärt, sodass dein Start reibungslos verlaufen wird.

Du kannst dir noch nicht genau vorstellen, was das alles bedeutet? Dann probieren wir es mit der sogenannten **„72er-Regel"**. Diese einfache Formel zeigt dir, **wie lange du brauchst, um dein Kapital zu verdoppeln**. Dafür teilen wir die Zahl 72 durch die Höhe deiner Rendite, z. B. die an der Börse üblichen 8 %.

$$\text{Kapitalverdoppelung: } \frac{72}{8} = 9 \text{ Jahre}$$

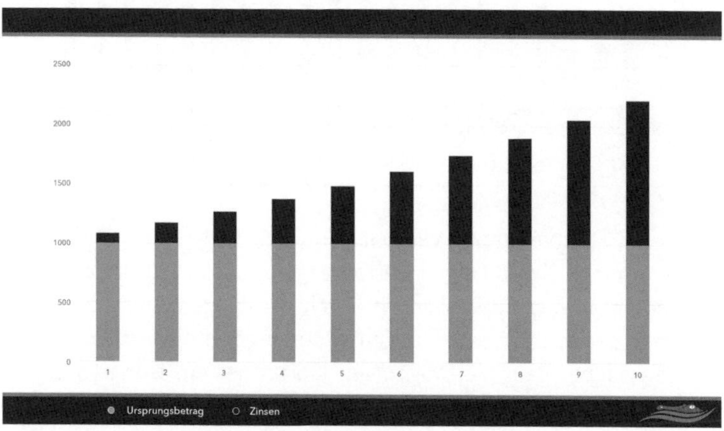

Abb. 1.1: Für dieses einfache Beispiel wurde ein Vermögen von 1.000 € (hell) und eine Rendite von 8 % angenommen. Bereits nach 9 Jahren hat sich dein Geld verdoppelt.

[1] ∅ annualisierte Indexrendite der letzten 20 Jahre (2003 – 2023). Quelle: iShares

Nach 9 Jahren also hast du dein Investment verdoppelt. Nicht schlecht, oder? Aber das geht noch besser! Nehmen wir eine Rendite von 10 % an, sieht unsere Formel so aus:

$$\text{Kapitalverdoppelung: } \frac{72}{10} = 7{,}2 \text{ Jahre}$$

Nach 7,2 Jahren hast du also das doppelte Kapital zur Verfügung. Aber wer sagt, dass du nach 7,2 Jahren mit dem Investieren aufhören musst? Nehmen wir einmal an, du legst einen Betrag von 1.000 Euro für 20 Jahre am Stück an und erhältst eine Rendite von 8 %. Dann wurden aus deinen 1.000 Euro am Ende der Laufzeit satte 4.926 Euro, also fast das Fünffache!

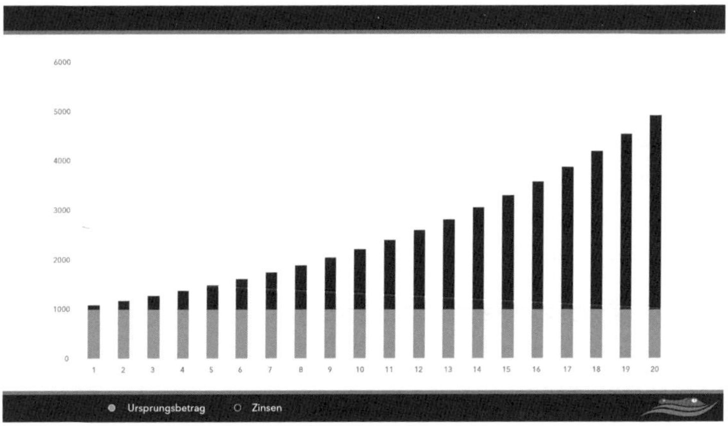

Abb. 1.2: Vermögen von 1.000 € und eine Rendite von 8 % bei einem Anlagehorizont von 20 Jahren.

In diesem Beispiel haben wir keine monatlichen Beiträge geleistet, sondern nur zu Beginn einen Betrag angelegt. Das gewaltige Wachstum entstand hier ausschließlich durch den langen Anlagezeitraum und den Zinseszinseffekt. Du siehst: Je länger du investierst, desto stärker wächst dein Vermögen an. Darum ist ein früher Start so unglaublich wichtig! Wenn du zusätzlich noch regelmäßige, weitere Einzahlungen vornehmen kannst, steht deiner finanziellen Unabhängigkeit nichts mehr im Wege.

Aber was steckt eigentlich hinter „finanzieller Unabhängigkeit" und warum solltest du die ganzen Mühen auf dich nehmen?

Hier ein paar gute Gründe:

1. Grund: Nebeneinkommen

Der wahrscheinlich spannendste Grund, um mit dem Aufbau eines eigenen Vermögens zu beginnen, sind die Nebeneinnahmen, die daraus entstehen können. Denn einige Finanzprodukte und Aktien **zahlen dir regelmäßig Geld in Form von Zinsen oder Dividenden** (Gewinnanteilen) der Aktienunternehmen aus! Alles, was du dafür tun musst, ist die jeweiligen Wertpapiere (oder andere Quellen für ein Nebeneinkommen) zu kaufen und in deinem Depot zu lagern. Die Gutschriften erhältst du ganz automatisch, ohne jeglichen Aufwand für dich.

Da du für solche Zinsen, Dividenden und ähnliche Verdienste nicht selbst arbeiten gehen musst, spricht man auch von einem „**passiven Einkommen**". Du wirst mir sicher zustimmen: Die Vorstellung, dass jeden Monat einige hundert Euro auf deinem Konto eingehen, ohne dafür einen Finger krumm machen zu müssen, ist sehr attraktiv!

Dieses Konzept ist so verlockend, dass der Aufbau eines passiven Einkommens zu den absoluten Standard-Strategien für Anleger zählt! Selbst die kleinen Auszahlungen zu Beginn deines finanziellen Werdegangs sind bereits extrem nützlich: Du kannst die ersten Dividendenzahlungen zum Beispiel nutzen, um deine monatliche Handyrechnung zu begleichen, einmal schick essen zu gehen oder das Geld direkt wieder anzulegen. Später, wenn dein Investment gewachsen ist, steht dir auch mehr passives Einkommen zur Verfügung. Vielleicht reicht die Summe dann schon, um deine Miete zu bezahlen oder du kannst sie nutzen, um etwas weniger zu arbeiten und stattdessen das Leben zu genießen.

Ein weiteres, beliebtes Ziel: Einen Nebenjob (derzeit 556 Euro pro Monat) durch ein passives Einkommen ersetzen. Denn viele Menschen sind aktuell oder in der Vergangenheit in einem solchen Job aktiv, um sich etwas dazuzuverdienen. Stattdessen gemütlich auf dem Sofa zu sitzen oder den eigenen Hobbys nachgehen und trotzdem die 556 Euro auf dem Konto zu haben, klingt zu schön, um wahr zu sein, ist aber möglich!

Wie funktioniert ein passives Einkommen nun aber in der Praxis? Regelmäßige Auszahlungen müssen dafür her, die unser eigentliches Kapital nicht angreifen dürfen. Denn natürlich könntest du auch deine Aktien verkaufen und dadurch Gewinne erzielen: Die Wertpapiere sind dann allerdings weg und deine Einkommensquelle versiegt. Außerdem musst du dazu aktiv handeln, was der Idee des passiven Einkommens widerspricht. Sehr gute Quellen sind stattdessen:

Dividenden für passives Einkommen

Wenn du auf **Dividendenzahlungen setzt**, bleibt deine sprichwörtliche Gans, die goldene Eier legt (das eigentliche Investment, das dir Auszahlungen einbringen soll) erhalten – das Letzte, was du willst, ist sie zu „schlachten" und dein Einkommen zu verlieren!

> Es handelt sich bei Dividenden um Ausschüttungen von Aktienunternehmen, die Teile ihres erzielten Gewinns an die Aktionäre abtreten.

Wenn auch du zu diesen Anteilseignern gehörst (weil du Aktien des Unternehmens gekauft hast), erhältst du ebenfalls solche Zahlungen. Deine Wertpapiere leiden langfristig nicht darunter, das heißt: Du kannst immer weiter jedes Jahr Dividenden kassieren, ohne dass deine Aktien an Wert verlieren.

Ganz im Gegenteil: In den meisten Fällen steigt der Preis deiner Aktien sogar noch an, denn die Börsen und Unternehmen wachsen mit der Wirtschaft. Obwohl es immer wieder Schwankungen geben kann, kannst du durchschnittlich **etwa 7 bis 8 % Steigerung – konservativ geschätzt – pro Jahr erwarten**. Du profitierst also von einem passiven Einkommen und einer Kurssteigerung!

Nicht alle Unternehmen schütten eine solche Dividende an ihre Aktionäre aus. Vor allem junge Firmen, die auf Wachstum aus sind, benötigen die Gewinne wieder für neue Investments und können es sich nicht leisten, sie ihren Anteilseignern zu überlassen. Ältere Unternehmen haben hingegen oft ihre Position am Markt bereits erkämpft. Sie können die überschüssigen Gewinne getrost unter den Investoren (Aktionären) aufteilen – das sorgt für Freude bei den Anlegern und lockt neue Wertpapier-Käufer an. Wer es auf ein passives Einkommen abgesehen hat, kauft natürlich die Aktien von genau solchen Unternehmen!

Abb. 1.3: Die deutschen Unternehmen im DAX haben zuletzt mehr Dividenden ausgeschüttet als jemals zuvor: 50 Milliarden Euro gingen in 2022 an die Anleger!

Erfahrene Investoren wissen:

> Eine konstante Dividende, die von Jahr zu Jahr anwächst, ist mehr wert als ein einmaliger, hoher Betrag! Denn ein passives Einkommen ist eine langfristige Strategie. Wer *the long game* spielt, möchte zuverlässige Zahlungen, die sich über Jahre hinweg lohnen.

Du kannst dir das so vorstellen: Wir kaufen Aktien eines Unternehmens im Wert von 100 Euro. Dafür gibt es im aktuellen Jahr eine Dividende von 2 Euro. Wir erhalten also 2 Euro (das entspricht 2 % Dividendenrendite), ohne etwas dafür geleistet zu haben. Natürlich haben wir ein solides Unternehmen ausgewählt, welches sich für eine solche Dividenden-Strategie besonders lohnt.

Schon im zweiten Jahr wird die Dividende zum Beispiel um 10 % erhöht. Wir erhalten nun also 2,20 Euro, ebenfalls ohne aktive Arbeit. Im dritten Jahr steigt der Betrag auf 2,42 Euro und diese

Reise setzt sich – auch ohne weitere Käufe von Aktien – immer weiter fort. In diesem Beispiel haben wir in 3 Jahren schon 6,62 Euro (entspricht 6,6 % Dividendenrendite) als passives Einkommen erhalten. Zusätzlich profitieren wir weiter von dieser „Gehaltserhöhung“ von etwa 6 bis 10 % pro Jahr, da die Dividende weiter ansteigt. Und das ist keineswegs ein unrealistisches Szenario.

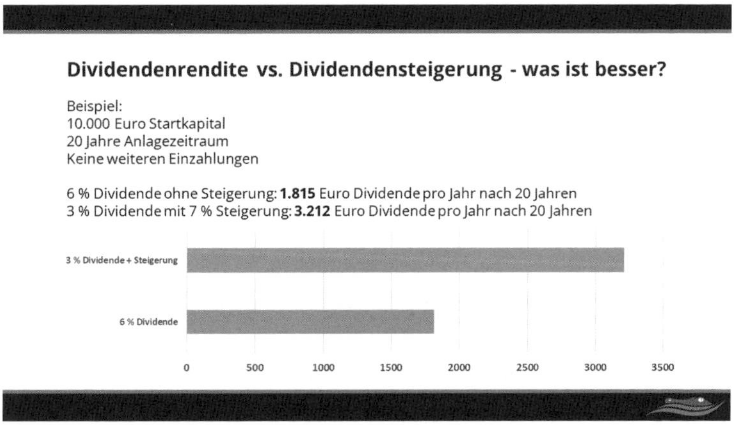

Abb. 1.4: Der direkte Vergleich zeigt: Eine Dividende mit regelmäßiger Steigerung führt bei langen Anlagezeiträumen zu höheren Gewinnen.

Das Beste daran: Die Aktienkurse wurden dadurch nicht beeinflusst! Wir können also gleichzeitig hohe Kursgewinne verzeichnen – vielleicht ist der Aktienwert von ursprünglich 100 Euro in den 3 Jahren auf 130 Euro angestiegen. Solltest du die Wertpapiere nun verkaufen, hättest du noch einmal 30 Euro Gewinn gemacht (dein passives Einkommen ist dann allerdings hinüber).

Alternative Quellen

Auch Zinseinnahmen können eine Quelle passiven Einkommens sein. Hier erhältst du eine Rendite für dein eingesetztes Kapital, ohne dass dieses Vermögen selbst abnimmt. Dein Geld vermehrt sich, es arbeitet für dich. Leider sind Investitionen, bei denen wir hohe Zinsen erhalten, heute eher selten zu finden. Sogenannte P2P-Kredite, bei denen du dein Kapital anderen Menschen oder Unternehmen im Gegenzug für hohe Zinsen ausleihst, sind eine mögliche Option. Die Börse, mit ihren satten Kursgewinnen und den oft attraktiven Dividenden, ist aber meist die bessere Adresse.

Ganz anders, aber ebenfalls passiv, funktioniert ein Einkommen aus Mieten oder Pachten: Wenn du stolzer Besitzer einer Immobilie bist, kannst du diese vermieten. Die Einnahmen landen jeden Monat auf deinem Konto. Du musst im Gegenzug aber nur wenig oder überhaupt nicht aktiv arbeiten, da du zum Beispiel einen Dienstleister mit der Verwaltung deiner Immobilie beauftragen kannst. Ein klassischer Fall von passivem Einkommen ... und noch dazu ein sehr attraktiver! Kein Wunder, dass Immobilien heiß begehrt sind. So heiß, dass die Preise für passende Objekte schnell in die Hunderttausende gehen. Und damit sind wir auch schon beim zentralen Problem der passiven Einkommensstrategie:

Um diesen konstanten Geldfluss zu erreichen, ist einiges an Kapital notwendig. Für ein lukratives Dividendenportfolio musst du zahlreiche Aktien anschaffen; eine Immobilie kostet hohe Summen, für die ein Käufer üblicherweise ein langfristiges Darlehen aufnehmen muss. Ganz so einfach ist der Aufbau eines passiven Einkommens also nicht. Das ist nicht verwunderlich, denn du hebelst mit diesem Vorgehen das Grundprinzip

Arbeit = Verdienst, viel Arbeit = viel Verdienst

aus! Immerhin erzielst du auf diese Weise einen Verdienst, ohne wirklich selbst zu arbeiten.

Wenn das so einfach und ohne größeren Einsatz möglich wäre, würde sich so ziemlich jeder zurücklehnen und vom passiven Einkommen leben. Zugegeben, du musst zu Beginn das nötige Startkapital anhäufen, sodass eigentlich doch Arbeit notwendig ist. 100 % passiv ist dieses Einkommen also, streng genommen, nicht. Später produziert dein Kapital jedoch von selbst ein Zusatzeinkommen, sodass man es getrost als „überwiegend passiv“ bezeichnen kann.

Es benötigt viel Disziplin und Fleiß, um durch die eigene Arbeit ausreichend Geld zu verdienen und dieses anschließend in Produkte anzulegen, die ein passives Einkommen generieren. Für die meisten ist dies zu viel Aufwand – sie kommen im Gegenzug nie in den Genuss eines solchen Nebeneinkommens. Und auch hier ist der Startzeitpunkt von extremer Bedeutung: Je früher du loslegst, desto größer deine Chance, einmal große Summen auf passive Weise zu verdienen!

Ein praktisches Beispiel

Das **Ersetzen eines Minijobs durch ein passives Einkommen** ist ein interessantes Rechenbeispiel. Nehmen wir einmal an, dass du bisher 556 Euro pro Monat durch eine solche geringfügige Beschäftigung verdient hast. Das entspricht Einnahmen von 6.672 Euro pro Jahr. Nun möchtest du deine Zeit lieber mit angenehmeren Dingen verbringen, aber gleichzeitig diese 6.672 Euro durch eine passive Geldquelle verdienen. Außerdem gehen wir für unser Beispiel davon aus, dass du gerade keinerlei erspartes Kapital zur Verfügung hast. Du kannst allerdings die bisherigen 556 Euro pro Monat, die dein Minijob abwirft, für den Vermögensaufbau nutzen.

Du entscheidest dich für eine **Dividendenstrategie**, um dein passives Einkommensziel zu erreichen. Wir rechnen dazu mit einer **jährlichen Dividendenrendite von 3 %** und einer **Dividendensteigerung von 5 %**. Das sind realistische Werte, die du an der Börse problemlos erzielen kannst. Auch Kursgewinne sind üblich, das heißt, dein investiertes Geld vermehrt sich im Laufe der Zeit unabhängig von den Dividenden. Aus Gründen der Einfachheit lassen wir solche Kurssteigerungen aber zunächst außen vor. In der Praxis könntest du mit 4 bis 6 % pro Jahr kalkulieren.

Monatliche Einzahlung: 556 €
Dividendenrendite: 3 %
Dividendensteigerung: 5 % pro Jahr
Verwendung der Dividende: vollständig reinvestiert
Ziel: 6.672 € Dividende pro Jahr

Jahre	investiertes Kapital	Dividende	Gesamt-kapital	Dividenden-rendite
1	6.672,00 €	200,16 €	6.872,16 €	3,00 %
2	13.344,00 €	426,64 €	13.970,80 €	3,15 %
3	20.016,00 €	682,76 €	21.325,56 €	3,31 %
4	26.688,00 €	972,32 €	28.969,88 €	3,47 %
5	33.360,00 €	1.299,69 €	36.941,57 €	3,65 %
6	40.032,00 €	1.669,90 €	45.283,47 €	3,83 %
7	46.704,00 €	2.088,76 €	54.044,22 €	4,02 %
8	53.376,00 €	2.563,01 €	63.279,24 €	4,22 %
9	60.048,00 €	3.100,50 €	73.051,73 €	4,43 %
10	66.720,00 €	3.710,33 €	83.434,06 €	4,65 %
11	73.392,00 €	4.403,20 €	94.509,26 €	4,89 %
12	80.064,00 €	5.191,63 €	106.372,89 €	5,13 %
13	86.736,00 €	6.090,37 €	119.135,26 €	5,39 %
14	93.408,00 €	**7.116,85 €**	132.924,11 €	5,66 %

Tab. 1.1: Das Ziel durch die kontinuierliche Sparrate von 556 € monatlich wird nach 14 Jahren erreicht.

Schon nach 14 Jahren beträgt deine jährliche Dividende mehr als die angepeilten 6.672 Euro – du hast dein Ziel zu diesem Zeitpunkt erreicht! Anstatt weiterhin für 556 Euro pro Monat deinem Minijob nachgehen zu müssen, erhältst du jetzt umgekehrt diesen Betrag (und mehr!) ganz ohne Arbeit.

Natürlich sind 14 Jahre eine recht lange Zeit, aber für das Ergebnis lohnt sich dieser Aufwand, wenn wir uns bewusst machen: **Du erhältst 556 Euro von diesem Zeitpunkt an JEDEN Monat, nicht nur für einen begrenzten Zeitraum**. Das gilt zum Beispiel auch für deinen Ruhestand. Und wenn du diesen Prozess weiter fortsetzt, steigt deine monatliche Auszahlung natürlich auch noch weiter an!

Denn leider kannst du in den nächsten Jahrzehnten nur noch mit einer minimalen staatlichen Rente rechnen. Diese durch 556 Euro aufzubessern, würde einen gewaltigen Unterschied und deinen Ruhestand sicher wesentlich angenehmer machen.

In der Praxis dürfte außerdem noch ein **Kurswachstum hinzukommen und den Wert deines Investments erhöhen**. Eine Auszahlung (Verkauf der Aktien) ist zwar bei dieser Strategie nicht geplant, dennoch ist es ein toller Nebeneffekt, dass dein Vermögen immer weiter wächst!

Zudem solltest du nicht vergessen, dass du deine Dividendenstrategie keineswegs nach 14 Jahren beenden musst! Wenn du weiterhin die 556 Euro aus deinem Nebenjob in dein Dividendenportfolio einzahlst, wächst dein Vermögen und damit deine Auszahlung weiter an. Nach 26 Jahren mit demselben Vorgehen und einer Reinvestition der Dividenden hättest du bereits Dividendeneinnahmen von unglaublichen 43.437 Euro pro Jahr, also mehr als das 6-fache deines Minijobs – und das dauerhaft und ohne weitere Arbeit!

2. Grund: Altersvorsorge

Wahrscheinlich hast du noch einige Jahre Zeit, bevor es für dich in den Ruhestand geht. Genau deshalb solltest du dir schon jetzt Gedanken machen, da **deine staatliche Rente dann keinesfalls ausreichen wird**.

Denn in Deutschland kommt (wie in fast allen Industrienationen) ein Umlageprinzip zum Einsatz. Das bedeutet: Die arbeitenden Bundesbürger, die aktuell Rentenbeiträge zahlen, finanzieren damit direkt die derzeitigen Rentner. Wenn diese Beitragszahler selbst einmal in Rente gehen, sorgt die neue Generation für deren Ruhestand.

Derzeit (Stand: 2025) beträgt diese Einzahlung 18,6 % deines Lohnes. Arbeitnehmer müssen davon 9,3 % begleichen, die Arbeitgeber kommen für die andere Hälfte auf. Das Geld wandert dann nahezu direkt auf die Konten der Pensionäre. Die Bundesregierung hält nur eine kleine Reserve, die für ca. 1 bis 2 Monate reichen würde, vor.

Dieses Prinzip ist auf den ersten Blick sehr sinnvoll, denn es hat sich als äußerst krisenfest erwiesen. Selbst bei Inflation, Staatspleite, Kriegen und anderen Katastrophen wird im Anschluss weiter gearbeitet und es werden Rentenbeiträge gezahlt – die Rentner sind also versorgt. Leider gibt es jedoch **zwei schleichende Probleme, die unsere umlagefinanzierte Rente aushöhlen**.

A - Der demografische Wandel

Die Menschen in Deutschland werden immer älter und können ihre Rente viel länger genießen. Was für die Pensionäre natürlich sehr angenehm ist, belastet die Rentenkassen:

Die Zahl der Rentner und die dadurch notwendigen Renten-Auszahlungen nehmen auf diese Weise immer weiter zu.

In Deutschland sind heute mehr Menschen als jemals zuvor berufstätig. Fast 40 Millionen Bundesbürger zahlen derzeit in die Rentenkasse ein – ein Wachstum von etwa 20 % in den vergangenen 30 Jahren. Das sollte doch ausreichen, um die Renten zu sichern? Die Zahl der Altersrentner stieg im gleichen Zeitraum allerdings um 55 %. Etwa 18,4 Millionen Menschen erhalten eine Rente, Tendenz steigend.

Auch in Zukunft wird die Anzahl an Beitragszahlern deutlich langsamer anwachsen als die der Altersrentner. Denn schon heute sterben mehr Menschen pro Jahr in Deutschland (ca. 11,9 Todesfälle pro 1.000 Einwohner) als neue geboren werden (ca. 9,3 Geburten pro 1.000 Einwohner). Nur durch Zuwanderung kann eine ungefähre Balance gehalten werden. Zuletzt erreichte die Bundesrepublik ein minimales Bevölkerungswachstum von 0,1 % pro Jahr.

Um die Rente auch weiterhin durch den sogenannten „Generationenvertrag" zu finanzieren, müsste die Bevölkerung aber stark wachsen – das aktuelle Gleichgewicht reicht hier nicht aus! Die Folge:

Die Ruheständler erhalten immer geringere Rentenzahlungen, da einfach nicht mehr genug Geld eingezahlt wird.

Zur Verdeutlichung der Problematik: **In den 1960er-Jahren standen jedem Altersrentner noch sechs Einzahler gegenüber. Heute,** knapp 60 Jahre später, **sind es lediglich 2,1 Beitragszahler pro Pensionär**! Das IW Köln prognostiziert, dass diese Zahl bis 2030 auf 1,5 Einzahler pro Altersrentner sinken könnte, denn die besonders bevölkerungsreichen Jahrgänge von 1955 bis 1965 werden bald in den Ruhestand treten.

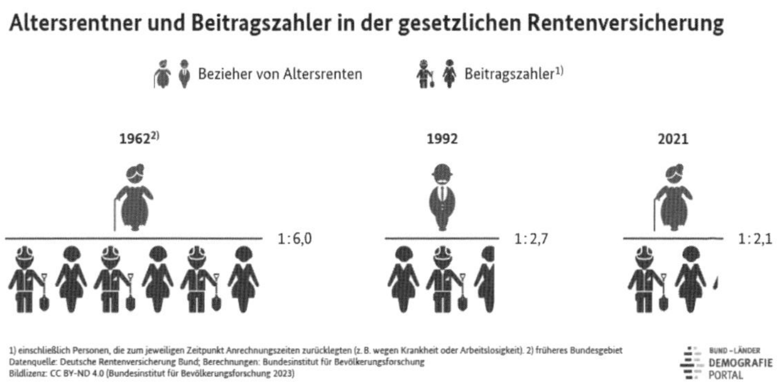

Abb. 1.5: Entwicklung von Beitragszahlern und Altersrentnern der letzten 60 Jahre: Das Rentensystem gerät immer mehr in eine Schieflage.

Das Problem ist derart ernst, dass sogar die Bundesregierung dringend das Aufstocken der staatlichen Rente durch öffentliche Förderung (Riester-, Rürup- und Betriebsrenten) oder private Maßnahmen empfiehlt.

Je später dein Ruhestand beginnt, desto geringer wird deine Rente ausfallen: Im Jahr 2030 kannst du noch mit ca. 46 % des durchschnittlichen Jahresgehalts in Deutschland rechnen, was sich auf etwa 900 Euro belaufen dürfte. Du glaubst, dass dir das nicht reichen wird? Herzlich willkommen in der „**Rentenlücke**", dem Bereich zwischen Bedarf und tatsächlicher Rente, der alle bedroht, die nicht selbst vorsorgen!

B - Nicht alle zahlen ein

Die umlagefinanzierte Rente leidet noch unter einem zweiten, weniger offensichtlichen Problem: **Ein großer Teil der „besserverdienenden" Berufe zahlt nicht in die gemeinsame Kasse ein**. So sind etwa Ärzte, Rechtsanwälte, Architekten, Apotheker und viele weitere Professionen in berufsständischen Kammern organisiert. Diese bieten eine eigene Rentenkasse für ihre Mitglieder an, welche in der Folge von der staatlichen Rente befreit sind.

Ein sehr angenehmer Umstand für die erwähnten Berufe, da man hier deutlich höhere Auszahlungen im Ruhestand erhält. Die öffentlichen Rentenkassen leiden jedoch extrem darunter, denn die umlagefinanzierte Rente war als Solidargemeinschaft geplant, in die jeder gleichermaßen einzahlen sollte. Mit dem Ausscheiden zahlreicher Besserverdienender reduzieren sich die Einzahlungen und die solidarische Altersvorsorge für alle gerät ins Wanken.

Gleichzeitig nahm in den letzten Jahren die Zahl der Beschäftigten in Niedriglohn-Arbeitsverhältnissen drastisch zu! Etwa 20 % der arbeitenden Bundesbürger sind im Niedriglohnsektor tätig und leisten dadurch nur vergleichsweise geringe oder gar keine Rentenbeiträge. Damit reiht sich Deutschland zwischen Ländern wie Rumänien, Polen und Bulgarien ein, die über die größte Anzahl an Personen in prekären Arbeitsverhältnissen in Europa verfügen.

Eine traurige Spitzenposition, die zumindest aus Sicht unserer Rente dramatische Folgen hat: Zusammen mit dem demografischen Wandel sorgt die Verschiebung hin zu geringerem Einkommen zu geringeren Rentenbeiträgen. Die Schieflage gegenüber der steigenden Zahl der Rentner wächst dadurch zusehends.

3. Grund: Nimm deine Finanzen in die eigenen Hände

Der dritte Punkt, der für den Vermögensaufbau spricht, ist auf den ersten Blick etwas schwer zu verstehen: **Du solltest deine finanzielle Planung nicht anderen überlassen**, da das Ergebnis dann in erster Linie diesen Menschen zugutekommt – und nicht dir!

Spätestens mit dem Eintreffen deines ersten Gehalts wird bei dir das Telefon klingeln. Der Finanzberater deiner Hausbank ist am anderen Ende. Er wird dir vorbeten, wie wichtig finanzielle Planung, Vermögensaufbau und Altersvorsorge sind. Damit liegt er auch grundsätzlich richtig. Das Problem an der Sache: Er spricht nur von den Produkten der Bank, für die er arbeitet. Denn er ist lediglich ein Verkäufer, der Umsätze für sich und seinen Arbeitgeber generieren muss und nicht unbedingt deine besten Interessen im Sinn hat. Die Folge sind Millionen von Menschen, die drastisch überteuerte Investments von geringem tatsächlichen Wert abschließen.

Ich selbst habe dieses Phänomen sogar schon erlebt: Zu Beginn meiner Selbstständigkeit haben ebenfalls Bankberater und Co. meine finanziellen Angelegenheiten geregelt und ich dachte, alles sei in guten Händen. Doch der Begriff „Berater“ ist irreführend, denn es handelt sich bei den meisten Treffen um Verkaufs- statt Beratungsgespräche. Damals fehlte mir das finanzielle Wissen, um die schlechten Investments als solche zu erkennen. Ich ließ mir mehrere aktive Fonds andrehen, die eine niedrige Rendite bei hohen Kosten erzielten. Sie alle mussten später mit Verlust geschlossen werden. Die versprochenen Gewinne gab es tatsächlich – allerdings nicht für mich, sondern für die Bank und ihre Mitarbeiter!

Der finanzielle Schaden blieb an mir hängen. Weder mein Finanzberater noch irgendeine andere Person, die bei der Bank oder dem Herausgeber der Fonds beschäftigt war, hat deshalb auch nur eine einzige schlaflose Nacht erlebt. Ich musste auf die harte Tour eine einfache Wahrheit lernen: Mein eigenes Geld ist nur mir selbst wichtig. Daher sollte auch nur ich selbst über meine Finanzen bestimmen.

Leider wirken Finanzthemen auf viele Menschen einschüchternd und komplex. Sie schrecken davor zurück, sich mit diesem Bereich auseinanderzusetzen und geben ihre Angelegenheiten in die Hände zweifelhafter Berater. Besonders bizarr: Wenn es um die Buchung des nächsten Urlaubs oder den Kauf neuer Sneaker geht, haben die meisten kein Problem damit, Stunden in den Preisvergleich und die Analyse der besten Angebote zu investieren.

Vielleicht liegt es daran, dass finanzielle Bildung kaum gelehrt wird. Sie ist nicht Teil des schulischen Lehrplans und auch unsere Eltern vermitteln sie uns nicht immer. Es stehen jedoch Tausende von Magazinen, Webseiten, Blogs, Podcasts, YouTube-Kanälen etc. zur Verfügung, um dies nachzuholen. Solange du im Hinterkopf behältst, dass auch in diesen Medien oft mit Verkaufsabsichten agiert wird und du die Informationen kritisch hinterfragst, steht dir der Weg zur finanziellen Bildung jederzeit offen.

Seine eigenen Finanzen selbst in die Hand zu nehmen und entsprechendes Wissen aufzubauen, benötigt Zeit und Energie. Du kannst diesen Aufwand jedoch als Investment in dich selbst und deine eigene Zukunft betrachten. Hier werden alle echten Finanzexperten zustimmen: Ein solches Investment in dich selbst erzielt mit Abstand die höchste Rendite!

„Lieber eine Stunde über Geld nachdenken, als eine Stunde für Geld zu arbeiten!“

John D. Rockefeller

KAPITEL 2

SPARPLÄNE ALS ZUVERLÄSSIGE ALTERNATIVE

Langfristiger Vermögensaufbau mit Sparplänen

Es gibt viele verschiedene Strategien, mit denen du langfristigen Vermögensaufbau betreiben kannst. In diesem Buch möchte ich dir vorstellen, wie du ein solches Ziel **durch Sparpläne** erreichen kannst. Dabei handelt es sich um eine Methode, die weniger Risiken hat, zuverlässig funktioniert und dir besonders viel Spielraum für persönliche Anpassungen bietet.

> Ein Sparplan ist ein wiederkehrender Kauf von Aktien oder ETFs, der zu einem festgelegten Intervall (zum Beispiel monatlich, vierteljährlich, halbjährlich ...) ausgeführt wird.

Du bestimmst dabei, wann du welches Wertpapier für welchen Betrag kaufen möchtest. Dein Broker führt diesen Auftrag anschließend ganz automatisch aus. Das vereinfacht den gesamten Prozess enorm, da du nun deutlich **weniger Aufwand** hast. Zudem erhältst du einen **guten Einkaufspreis**, denn du kaufst mal zu hohen, mal zu niedrigen Preisen – im Durchschnitt sparst du gegenüber einem Einmalkauf viel Geld (dazu später mehr). Besonders praktisch ist aber die Tatsache, dass du deine Sparsumme selbst festlegen kannst! Ist eine Aktie teurer als deine Sparsumme (manche Titel kosten mehrere Tausend Euro pro Stück!) kauft dein Broker automatisch einen prozentualen Anteil.

Du kannst dich nicht für eine Aktie entscheiden und möchtest dein Geld auf mehrere Titel aufteilen? Oder du hast einfach keine Lust, viel Zeit in aufwendige Aktienanalysen zu investieren? Dann ist ein **ETF eine gute Wahl!** Ein solcher „Exchange Traded Fund" ist eine Art **Warenkorb aus verschiedenen Aktien**. Die Zusammenstellung und Gewichtung der einzelnen Anteile erfolgt automatisch nach festgelegten Regeln und ist daher sehr transparent. Ein Beispiel wäre hier der deutsche Aktienindex „DAX" mit den 40 größten Aktien-Unternehmen. Mit einem Investment in den DAX-ETF hätte man direkt einen Aktienkorb von 40 Unternehmen.

Durch den Kauf eines ETFs erwirbst du prozentuale Anteile an allen enthaltenen Unternehmen. Steigen die Kurse der Aktien, gewinnt dein ETF ebenfalls an Wert. Auch die gezahlten Dividenden der Firmen gibt es: Sie landen entweder auf deinem Konto (ausschüttende ETFs) oder werden wieder reinvestiert (thesaurierende ETFs).

Ich halte Sparpläne für die ideale Strategie für Anfänger und Fortgeschrittene gleichermaßen. Sie kann dich zu unglaublichen Ergebnissen wie völliger finanzieller Unabhängigkeit und großem Reichtum führen, wenn du diszipliniert vorgehst und lange am Ball bleibst. Trotzdem ist diese Vorgehensweise nicht perfekt und man kann Kritik üben – einige Einwände sind durchaus berechtigt, andere Gegenstimmen basieren auf Unwissenheit oder mangelndem Verständnis.

Folgende Kritikpunkte begegnen uns immer wieder, wenn es um das Thema langfristiger Vermögensaufbau und/oder Sparpläne geht:

Die Börse ist nur Zockerei – du verlierst auf jeden Fall

Es ist unklar, woher dieser Aberglaube stammt. Vielleicht verwechseln Menschen, die daran glauben, das Investment an der Börse mit aktivem Trading. Tatsächlich ähneln kurzfristige Anlagestrategien oder der schnelle Handel mit einigen Finanzprodukten (teilweise im Sekundentakt!) oft dem Glücksspiel am Roulettetisch. Die in diesem Buch vorgestellte Strategie zum langfristigen Vermögensaufbau durch Sparpläne ist jedoch etwas völlig anderes.

> Wir investieren sehr langfristig in hochwertige Unternehmen und profitieren von deren Wachstum und wirtschaftlichem Erfolg. Sparpläne bieten uns dabei die Möglichkeit, den Vermögensaufbau organisiert und optimiert zu betreiben und bewahren uns zusätzlich vor Risiken. Damit ist die hier vorgestellte Strategie das genaue Gegenteil von Zockerei: Sie ist zuverlässig, berechenbar und basiert auf realen Zugewinnen von echten Firmen.

Das lässt sich sogar mathematisch beweisen! Langfristig orientierte Anleger haben ausnahmslos immer Gewinne erzielt. Selbst Jahre mit extremen Krisen und Kurseinbrüchen wurden durch Kurszuwächse ausgeglichen. Ein Blick auf das Renditedreieck des deutschen Aktieninstituts zeigt etwa: Bei einer Anlagedauer von 20 Jahren lag die durchschnittliche Rendite bei 8,6 % (DAX inkl. Dividenden).

Anhand der im ersten Kapitel beschriebenen 72er-Regel können wir berechnen, dass wir unser Vermögen nach etwa 9 Jahren bereits verdoppelt haben:

$$\frac{72}{8} = 9$$

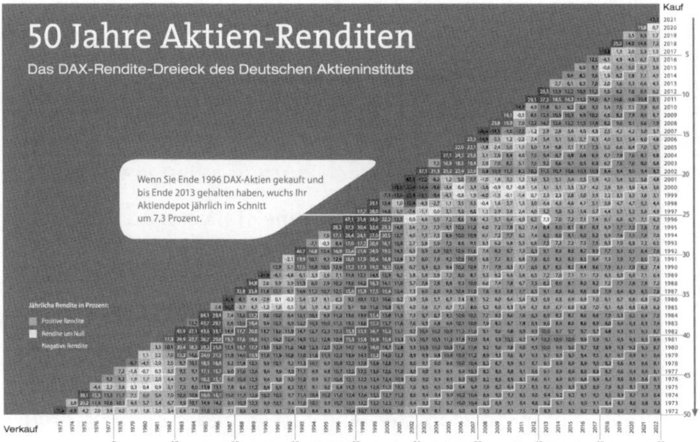

Abb. 2.1: Renditedreieck – 50 Jahre Aktien-Renditen. Quelle: Deutsches Aktieninstitut

Selbst die Anleger, die besonderes Pech hatten und zum schlechtesten Zeitpunkt mit dem Vermögensaufbau begannen, haben Gewinne erzielt: Sie erreichten eine Rendite von durchschnittlich 6,8 % pro Jahr über einen Zeitraum von 30 Jahren.

Bei langfristigen Investments in einen Index gilt also: „Die Börse ist sicher – du gewinnst auf jeden Fall".

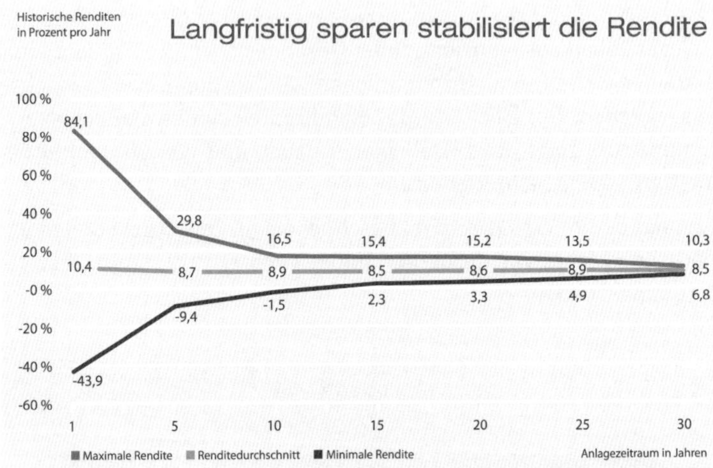

Abb. 2.2: Wenn wir lange genug anlegen, pendelt sich die Rendite im positiven Bereich ein – trotz kurzfristiger Krisen und Einbrüche. Quelle: Deutsches Aktieninstitut

Mit der Telekom-Aktie habe ich damals alles verloren!

Wenn du mit Menschen sprichst, die eine stark negative Meinung von Aktien haben, wirst du fast immer feststellen: Diese Leute haben so gut wie keine Ahnung von den Finanzmärkten, den Börsen oder den Anlageprodukten, in die ihr Geld fließt. Sie folgen oft den Empfehlungen ihrer Bankberater, der Werbung oder angeblichen Experten in ihrem Bekanntenkreis. Ihre Bemühungen zum Vermögensaufbau führen dementsprechend fast immer zu ernüchternden Ergebnissen.

Zur Verdeutlichung ein kleines Beispiel: Stell dir vor, du möchtest eine Pizza (= Vermögen) selbst backen, hast aber noch keine richtige Ahnung, wie das funktioniert.

Die Lösung: Du schaust dich im Internet nach einer passenden Anleitung/Rezept um (= Finanzielle Bildung aufbauen). Dort lernst du, wie du den Teig sicher zum Aufgehen bringst, welche Gewürze in die Tomatensoße gehören und wie lange deine Pizza im Ofen bleiben sollte (= Strategien und Vorgehensweisen erlernen).

Das Ergebnis ist eine leckere Pizza, mit der du sehr zufrieden bist (= erfolgreicher, langfristiger Vermögensaufbau). In Zukunft könntest du das Rezept noch weiter optimieren und an deinen Geschmack anpassen (= Zinseszinseffekt, der zu größeren Gewinnen führt).

Auch die erwähnte Person mit negativer Meinung hat Lust auf eine selbst gemachte Pizza. Anstatt sich nach einem Rezept umzusehen, fragt sie jedoch einen Hersteller von Tiefkühlpizzen (= angebliche Finanzberater) um Rat. Man sagt ihr, dass das Selbermachen unglaublich viel Arbeit sei und das Ergebnis keinesfalls so gut wie eine Tiefkühlpizza wäre. Außerdem gibt man ihr den Tipp, auf die Hefe im Teig zu verzichten, die Tomatensoße nicht zu würzen und die Pizza anschließend 3 Stunden im Ofen zu lassen. Die negative Person befolgt diese Ratschläge – das Ergebnis ist völlig ungenießbar. Der Hersteller reibt sich die Hände, denn die Person wird in Zukunft immer nur Tiefkühlpizzen kaufen. Auf das Thema „Pizza“ angesprochen, wird dir die negative Person stets erzählen:

„Ich habe auch schon Pizza selbst gemacht und es war eine völlige Katastrophe! Du solltest nur Tiefkühlpizzen kaufen!“

Die Frage ist nun: Entscheidest du dich, eine leckere Pizza zu backen, die immer besser wird, oder kommen bei dir nur Tiefkühlpizzen auf den Tisch? Leider lassen sich gerade in Deutschland besonders viele zur Tiefkühlpizza verleiten: Nur 17,6 % (Stand: 2023) der Bundesbürger besitzen Aktien. Im internationalen Vergleich ein schlechter Schnitt, denn Länder wie die USA (58 %) oder die Schweiz (39 %) überholen uns deutlich. Hier nehmen die Menschen ihre eigene Zukunft und die eigenen Finanzen viel häufiger selbst in die Hand.

Lohnt sich ein Sparplan eigentlich?

Neben der Kritik am Aktienmarkt im Allgemeinen begegnet uns auch immer wieder Kritik am Konzept der Sparpläne. Sie seien zu langsam, kompliziert und würden zu hohe Gebühren verursachen.

Aber was ist dran an diesen Behauptungen?

Besonders leicht lässt sich die Aussage widerlegen, ein Sparplan wäre teurer als zum Beispiel ein einmaliger Aktienkauf. Ein Blick auf die Angebote der wichtigsten Broker zeigt schnell: Das ist nicht korrekt! Stattdessen ist es sogar ganz im Gegenteil so, dass Sparpläne deutlich günstiger sind. Immer mehr Broker, vor allem die beliebten Neobroker, bieten bereits völlig gebührenfreie Ausführungen an! Für Einmalkäufe wird hingegen stets eine Ordergebühr verlangt, die von einigen Cent bis zu mehreren Euro reichen kann.

Außerdem wird häufig die Wirkung des durchschnittlichen Kaufpreises **(Cost-Average-Effekt)** unterschätzt. Durch die regelmäßige Ausführung kaufen wir manchmal zu besonders günstigen, manchmal zu eher teuren Preisen. **Im langfristigen Durchschnitt führt dies jedoch zu einem sehr guten Preis** – deutlich besser, als wenn wir manuell versuchen, den besten Kaufzeitpunkt abzupassen! Dieser Effekt lässt sich auch mathematisch nachweisen und ist eine bewährte Börsenweisheit.

> *„Ich habe bei meinen Börsenspekulationen nie zu den Dummköpfen gehört, die immer wieder den unmöglichen Versuch machen, nur zum niedrigsten Kurs zu kaufen und zum höchsten zu verkaufen.“*
>
> Mayer Amschel Rothschild

Besonders Anfänger glauben jedoch, dass sie selbst den idealen Einkaufs-Zeitpunkt und später den idealen Verkaufs-Zeitpunkt viel besser abpassen können. **Das gelingt in der Praxis selbst professionellen Investoren so gut wie nie!**

Die Analyse von Aktien, ihrem Wert und allen wichtigen Fundamentaldaten ist zu komplex und fehlerbehaftet. Anleger, die glauben, mehr zu wissen/besser zu agieren als andere Investoren, sind fast unweigerlich zum Scheitern verurteilt – auch das ist eine grundlegende Börsenweisheit.

Auch das Angebot an Aktien, ETFs und anderen Produkten, die in einem Sparplan genutzt werden können, steigt stetig. Zugegeben, noch sind längst nicht alle Wertpapiere als Sparplan verfügbar;

die einzelnen Broker bieten jedoch bereits die gängigen Titel, die sich besonders lohnen, als Sparplan an. Lediglich die Exoten mit ohnehin zweifelhaftem Nutzen fehlen oft noch in der Auswahl.

Ein Sparplan hilft uns dabei, emotionale Entscheidungen – den Hauptgrund für Verluste an den Börsen – **zu vermeiden**. Durch die automatisierte Ausführung ist generell kein aktives Eingreifen von unserer Seite notwendig. Du kannst dich also **zurücklehnen und dein Vermögen selbstständig wachsen lassen**.

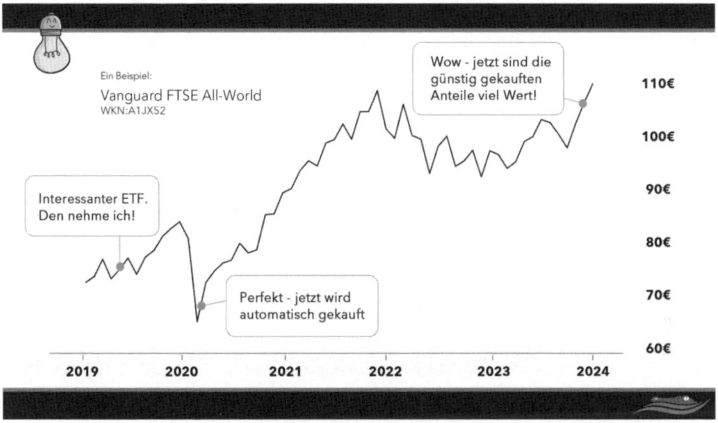

Abb. 2.3: Ein Beispiel am Vanguard FTSE All World ETF.

Sollte es jedoch zu offensichtlichen Krisen an den Börsen kommen, kannst du diese Gelegenheit nutzen, um deinen Sparplan vorübergehend zu erhöhen und von den niedrigen Kursen besonders zu profitieren. Auf diese Weise lässt sich die Rendite weiter optimieren – unbedingt notwendig ist dieses Vorgehen allerdings nicht.

Kurzfristig kannst du, ausreichend Glück vorausgesetzt, mit gezielten, manuellen Ein- und Verkäufen sehr hohe Renditen erzielen. Dabei besteht jedoch ein entsprechend hohes Risiko, denn dieses Glücksspiel kann schnell nach hinten losgehen. Mittel- und vor allem langfristig ist es aber absolut unmöglich, die konstant starke Performance eines Sparplan-basierten Vermögensaufbaus zu überbieten!

Warum sollten wir an die Börse?

Wenn es um den Vermögensaufbau geht, begegnen wir immer wieder Anlegern, die ihr Glück außerhalb der Börsen versuchen. Tatsächlich lassen sich auch mit nicht börsennotierten Produkten Renditen erzielen; diese können jedoch gleich in mehrfacher Hinsicht nicht mit Aktien und Co. mithalten.

Höchste Rendite

Den deutlichsten und am einfachsten zu verstehenden Vorzug stellen zweifellos die möglichen Gewinne dar: **Keine andere Investmentklasse kann ernsthaft mit den Ergebnissen von Aktien konkurrieren!** Werfen wir zum Beispiel einen Blick auf den S&P 500, den unter Anlegern beliebtesten Index. Er bildet die 500 wichtigsten Aktienunternehmen der USA ab. In seiner knapp 70-jährigen Geschichte verzeichnete dieser Aktienindex eine **durchschnittliche Performance von 11,88 % pro Jahr!** Etwa vier Fünftel der Jahre wurden dabei mit einem positiven Ergebnis abgeschlossen. Im verbleibenden Fünftel verzeichnete der S&P 500 einen Verlust.

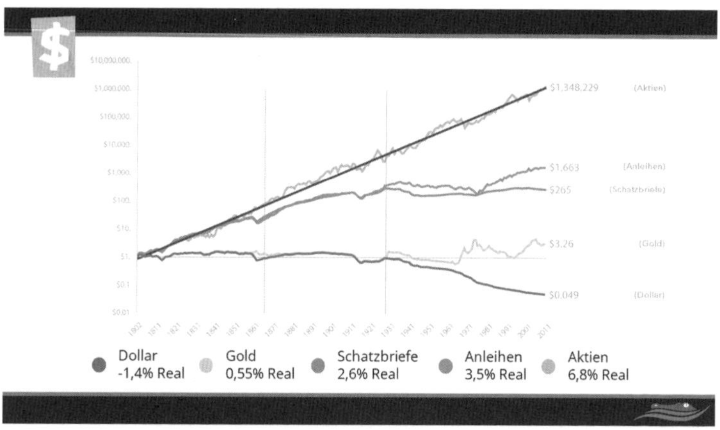

Abb. 2.4: Der Vergleich zwischen US-Aktienmarkt (alle Aktien, nicht nur der S&P 500), US-Dollar, Gold, Schatzscheinen und Anleihen zeigt deutlich: Aktien bieten die höchste Rendite und gleichen die Inflation spielend aus.

Umso wichtiger ist deshalb das langfristige Investment: Es stellt sicher, dass schlechte Jahre durch die deutlich häufigeren, positiven Jahre ausgeglichen werden.

Bei derartig langen Anlagezeiträumen muss allerdings die Inflation bedacht werden, denn sie reduziert unsere Rendite erheblich. Legt man die offizielle US-Inflation als Maßstab an (immerhin handelt es sich beim S&P 500 auch um einen US-Aktienindex), reduziert sich der Erfolg auf „nur" 8,5 % pro Jahr. Das ist zwar bereits deutlich weniger als die fast 12 %, mit denen wir zu Beginn gerechnet haben; selbst dieser Wert übertrifft andere Anlageprodukte aber immer noch um ein Vielfaches!

Würdest du einmalig einen großen Geldbetrag im Aktienmarkt anlegen, hättest du ein erhebliches Risiko: Was wäre, wenn du gerade einen absoluten Höhepunkt des Marktes erwischt hast und nun eine längere Talfahrt folgt? Du würdest Verluste mitnehmen und müsstest mehrere Monate oder sogar Jahre abwarten, bevor dein Vermögen wieder zum Ausgangswert zurückgelangt ist. Es wäre jedoch auch möglich, dass du den absoluten Tiefpunkt des Marktes für dein Investment erwischt hast. Bei der folgenden Kurs-Rallye könntest du maximale Rendite erzielen. Genauso gut wäre jedoch ein weiterer Verlust denkbar, da der Tiefpunkt nur schwer zu erkennen ist. Du siehst: Die oft erheblichen Veränderungen an den Börsen machen ein einmaliges Investment zu einem echten Roulette-Spiel! Glücklicherweise steht mit dem Konzept des **Sparplans** eine deutlich bessere und lukrativere Alternative zur Verfügung!

Deine Wertpapiere sind geschützt

Aktien gelten gemeinhin als riskantes Investment – wie bereits erwähnt, fußt dieser Irrglaube vor allem auf dem „Zocken" mit Aktien: Wer kurzfristige Trades durchführt und mit Hebeln und Leerverkäufen hantiert, geht in der Tat ein gewaltiges Risiko ein. **Für langfristig orientierte Investoren gilt dies jedoch nicht**. Tatsächlich ist ein **Aktieninvestment auf verschiedene Arten geschützt**, was diese Anlageklasse sogar sicherer als viele Alternativen macht! Denn Wertpapiere gelten als Sondervermögen. Das bedeutet, dass sie einen besonderen Stellenwert im Finanzwesen einnehmen und **nicht im Besitz deines Brokers sind** – obwohl du die Lagerung deiner Aktien über diesen durchführst. Die **Aktien in deinem Depot** (= Konto, auf dem deine Aktien-Transaktionen und Besitztümer verbucht werden) **können nicht angetastet werden**. Selbst wenn dein Broker oder deine Bank in die Insolvenz rutscht, kann der Anbieter deine Wertpapiere nicht etwa zum Decken seiner Schulden verwenden. In diesem – sehr unwahrscheinlichen – Szenario könntest du deine Aktien einfach auf ein neues Depot bei einem neuen Broker transferieren.

Dein Risiko ist außerdem durch deine maximale Investmentsumme begrenzt. Es ist richtig, dass du theoretisch alles verlieren könntest – mehr allerdings nicht! Andere Investmentklassen können sogar Schulden produzieren, das heißt du kannst zur Zahlung zusätzlicher Beträge verpflichtet sein. Bei Aktien ist nur dein initiales Investment in Gefahr.

Tatsächlich kann es bei Wertpapieren zum Totalverlust kommen, wenn das entsprechende Unternehmen in Konkurs geht. Obwohl diese Gefahr extrem gering ist, sichern wir uns durch eine **ausreichende Diversifikation** dagegen ab: Wenn wir unser **Investment auf viele Firmen und Finanzprodukte aufteilen, verursacht der Verlust einer einzelnen Wertanlage nur minimale Schäden**. Denn eine Aktie, die nur 2 % unseres Portfolios ausmacht, kann höchstens 2 % unseres Portfolios als Verlust erzeugen.

Aktien sind Sachwerte

Oft wird vergessen, **dass es sich bei Aktien um Sachwerte handelt!** Mit dem Kauf eines Wertpapiers erwirbst du einen **Anteil am jeweiligen Unternehmen, also einem realen „Ding“**: Gebäude, Maschinen, Produktionsanlagen, Umsätze, Gewinne etc. gehören zu einem kleinen Teil dir. Du könntest dir zum Beispiel vorstellen, dass ein Werkzeugkoffer in der Fabrik oder ein Computer im Büro des Unternehmens dir gehört. Damit reihen sich Aktien in die **gleiche Kategorie wie Immobilien, Gold, Kunstwerke oder andere greifbare Anlagegüter** ein.

Als Investor verfügst du auch über ein Mitspracherecht entsprechend der Menge an Aktien in deinem Besitz. Privatanleger können zwar kaum genügend Anteile halten, um den professionellen Investoren Konkurrenz zu machen; dennoch verdeutlicht dieses Mitbestimmungsrecht den Grundsatz, dass du Teil-Inhaber des jeweiligen Unternehmens bist! Sachwerte wie Aktien, Immobilien oder Gold sind bei Anlegern besonders beliebt. Vor allem in Zeiten hoher Inflation, wie wir sie zum Beispiel 2022 erlebt haben, steigt die Nachfrage. Denn solche Anlagegüter machen die inflationsbedingte Preissteigerung problemlos mit: Ihr Wert steigt gemeinsam mit der Inflationsrate, oft sogar noch stärker. Produkte mit fester Verzinsung werden hingegen extrem unattraktiv: Ihre (meist ohnehin schon mickrigen) Zinsen werden durch die Inflation aufgefressen, da die Preise für Güter im Alltag schneller steigen, als dein Vermögen hier zunimmt.

Aktien sind dadurch gegenüber vielen negativen Einflüssen, wie zum Beispiel einer hohen Inflationsrate, abgesichert: Gehört dir zum Beispiel ein Tausendstel des Unternehmens Coca-Cola, da du sehr viele Aktien besitzt, wird dir auch nach einer Krise, Inflation oder Hochphase weiterhin ein Tausendstel gehören. Steigen die Preise für Lebensmittel aufgrund einer hohen Inflation, erhöht auch Coca-Cola die Preise und erzielt mehr Gewinn. Als Anteilseigner profitierst du ebenfalls.

Sollte ich nicht lieber Immobilien kaufen?

Immobilien gelten gemeinhin als der klassische Sachwert: Wer ein eigenes Haus besitzt, kann Mieteinnahmen generieren und freut sich während einer Phase von hoher Inflation über den steigenden Wert seines Gebäudes. Professionelle und private Investoren sind sich dessen bewusst und sorgen für eine hohe Nachfrage und stark steigende Preise.

Sind Immobilien nun also ein besseres Investment als Aktien? Nicht wirklich! Ein Blick auf die langfristige Wertentwicklung nach Abzug der Inflationsrate zeigt ein durchwachsenes Bild: Immobilien haben, zumindest in Deutschland, in den Jahren 1970 bis 2022 mit 0,3 % Rendite pro Jahr kaum an Wert gewonnen! In anderen

Nationen sieht es zwar ein wenig besser aus – mit den konstant starken Ergebnissen von Aktien können Immobilien jedoch kaum mithalten.

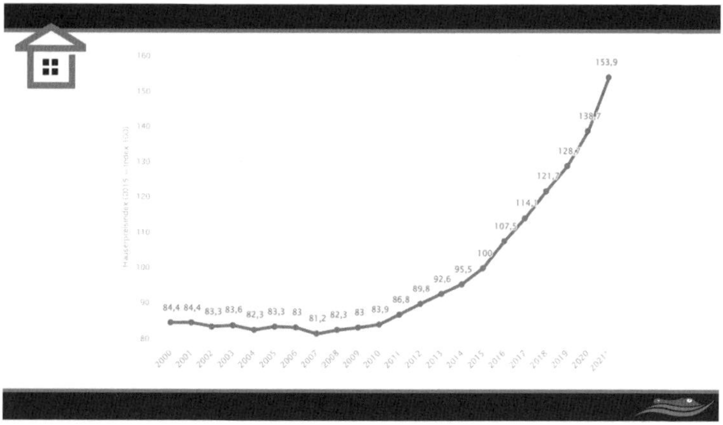

Abb. 2.5: Dieser Preisindex für Deutschland berechnet die Immobilienpreise ab dem Jahr 2015 (= 100 %). 2021 liegt der Index bereits bei 153,9 – eine Steigerung um 53,9 % seit 2015.
Quelle: Statistisches Bundesamt 2021

Zeitraum	DE	CHE	AT	USA
1970 – 1982 (10 J.)	0,9 %	0,6 %	–	1,6 %
1983 – 1992 (10 J.)	-0,2 %	0,8 %	–	1,2 %
1993 – 2002 (10 J.)	-1,5 %	-1,5 %	-2,4 %	3,0 %
2001 – 2012 (10 J.)	-1,0 %	4,3 %	2,0 %	-1,3 %
2013 – 2022 (10 J.)	3,3 %	2,9 %	3,4 %	4,7 %
1970 – 2022 (53 J.)	0,3 %	1,4 %	–	1,8 %

Tab. 2.1: Inflationsbereinigte Wertsteigerungen p. a. von Immobilien. Inflationsrate in Deutschland durchschnittlich bei 2,8 % p. a. seit 1970.
Quellen: Bank for International Settlements; Gerd Kommer

Der positive Ruf von Wohneigentum liegt hauptsächlich in der Zeit nach verschiedenen Krisen, zum Beispiel der Finanzkrise 2008, begründet: In diesen Phasen stiegen Immobilienpreise stark an und gaben den Anschein eines sehr guten Investments. Tatsächlich handelt es sich aber nur um einen kleinen Ausschnitt des Gesamtbilds.

Abb. 2.6: Die Entwicklung der deutschen Immobilienpreise in Prozent zeigt kein besonders attraktives Bild: In den letzten Jahrzehnten kam es nur zu minimalen Preissteigerungen. Quellen: Institute of Research in Economic and Fiscal Issues; Bank for International Settlements

Langfristig betrachtet ist die Performance eher mau. Das zeigt sich spätestens bei der Gegenüberstellung von Aktien (am Beispiel des S&P 500) **und den Immobilienpreisen** (am Beispiel des Case-Shiller Home Price Index) über einen sehr langen Zeitraum von 100 Jahren.

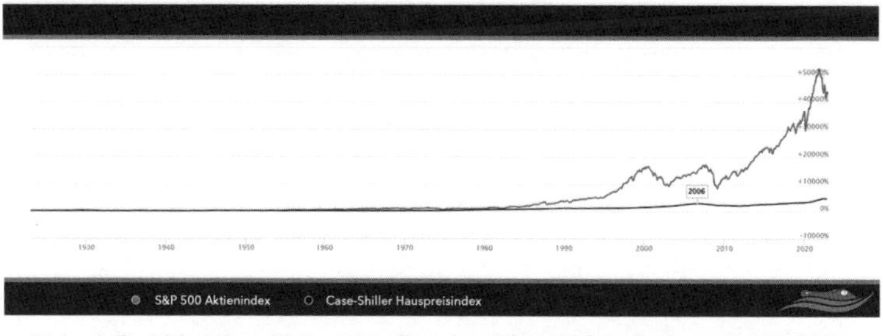

Abb. 2.7: 100 Jahre Sicht: Rendite des S&P 500 bei etwa 44.000 % vs. Steigung Hauspreise nur um etwa 5.000 %.

Während der Aktienindex unglaubliche 44.000 % Zugewinn erzielen konnte, erreichten die Hauspreise nur knappe 5.000 %.

Auch die Gesamtrendite (Wertsteigerung, Nebenkosten, Miete und Instandhaltungskosten) von Immobilien liegt deutlich unterhalb der Aktien und etwas über den Staatsanleihen. Daran ändert auch die Möglichkeit, Immobilien leichter mit Fremdkapital zu „hebeln“, nichts.

Immobilien können dennoch sinnvoll sein, da sie uns zum Beispiel helfen, Mietausgaben zu vermeiden. Anstatt einem Vermieter monatlich Geld zu überweisen, zahlen wir in diesem Fall Raten an die Bank, die uns die Finanzierung des Wohnraumes ermöglichte. Auch das Vermieten unseres Objekts ist möglich, sodass wir selbst Mieteinnahmen generieren. Ist die Immobilie später abbezahlt, können wir sie weiterhin als kostenlosen Wohnraum für uns selbst oder Renditebringer nutzen. Auch der steuerfreie Verkauf ist nach einer Wartezeit von 10 Jahren möglich.

Aktien und Immobilien sind daher keine Entweder-oder-Entscheidung; beide Anlageklassen sind sinnvoll und haben ihre speziellen Vorzüge. Sie sollten daher beide Einzug in ein gut durchmischtes Portfolio halten. Aufgrund der sehr hohen initialen Kosten für Immobilien im Vergleich zu den günstigen und flexiblen Kaufpreisen für Aktien sind Wertpapiere jedoch deutlich besser für den Start geeignet.

KAPITEL 3

DER SCHLÜSSEL ZUM FINANZIELLEN ERFOLG

Das richtige Mindset ist entscheidend – nicht dein Einkommen

Heute ist klar, dass die staatliche Rente nicht ausreichen wird und Wohlstand oder größere Anschaffungen immer schwieriger werden. Auch die Idee, einmal etwas weniger zu arbeiten und sich mehr um die eigenen Interessen und Hobbys zu kümmern, rückt für normale Arbeitnehmer in immer weitere Ferne. Dennoch entscheiden sich viele Menschen bewusst oder unbewusst gegen die einzige Methode, die solche Ziele erreichbar macht: den Vermögensaufbau. Wenn man sie darauf anspricht, hört man oft Sätze wie „mein Einkommen reicht dafür nicht aus". Ein weit verbreiteter Irrglaube! Klar, wer mehr verdient, kann theoretisch schneller Vermögen aufbauen.

> **Aber:** In der Praxis ist nicht dein Einkommen entscheidend, sondern die Geduld und Zeit, die du mitbringst!

Am besten ist es, wenn du „dich selbst zuerst bezahlst" und deine Finanzen so organisierst, dass etwa 20 % zum Investieren übrig bleiben. Ob es sich dabei um 100, 200 oder 1.000 Euro handelt, ist nicht so wichtig, denn **auch mit kleinen Schritten wirst du ans Ziel kommen**, solange sie kontinuierlich erfolgen.

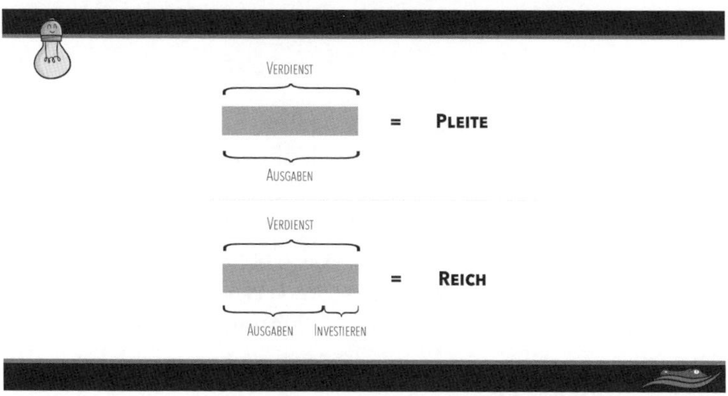

Abb. 3.1: Eine einfache Darstellung für ein extrem wichtiges Konzept: Nur wer einen Teil seines Verdienstes abzweigt, kann Reichtum aufbauen.

Gibst du hingegen sämtliches Geld direkt wieder aus, wirst du es tatsächlich niemals zu nennenswertem Reichtum bringen. Vor diesem Problem sind aber auch Menschen mit sehr hohem Einkommen keineswegs sicher: Sie verbrauchen oft ebenfalls ihr gesamtes Geld, nur eben für teurere Dinge.

Aber keine Angst: Du musst nicht dein ganzes Leben lang an allen Ecken und Enden sparen! Es genügen bereits kleine, aber konstante Beträge. Wenn du es zum Beispiel schaffst, 5 % deines Gehalts für schlechte Zeiten beiseite zu legen und weitere 20 % zu investieren, kannst du riesige Schritte auf dem Weg zum eigenen Vermögen machen.

Wohin dieses Geld idealerweise fließen sollte, ist gar nicht so schwierig. Du erfährst es auf den folgenden Seiten. Die größte Aufgabe beim Vermögensaufbau ist das Durchhalten und das langfristige Am-Ball-Bleiben. Nach einigen Jahren kommt dann der beschriebene Zinseszinseffekt ins Spiel und übernimmt den Rest. Bis dahin ist jedoch Willensstärke gefragt.

> *„Kaufen Sie Aktien, nehmen Sie Schlaftabletten und schauen Sie die Papiere nicht mehr an. Nach vielen Jahren werden Sie sehen: Sie sind reich."*
>
> André Kostolany

Vermögensaufbau gelingt nicht über Nacht

Wenn du über Nacht reich werden willst, bleiben dir nicht viele Möglichkeiten. Du könntest eine Bank überfallen, dein bereits vorhandenes Geld ins Casino tragen oder Lottospielen. Die Chance auf den Hauptgewinn liegt in der Lotterie bei 1 zu mehreren Hundert Millionen; die Wahrscheinlichkeit, mit einem Bankraub davonzukommen, dürfte ähnlich gering sein. Im Casino sieht es vermutlich etwas besser aus, aber auch hier gewinnt auf lange Sicht immer das Haus – du gehst mit leeren Taschen und einer aufkeimenden Spielsucht nach Hause.

Einen Sonderfall bilden die vielen Social-Media-Accounts, die dir erklären, wie du vom eigenen Sofa aus mit drei Klicks zum Millionär wirst. Diese Konzepte funktionieren tatsächlich, nur dass nicht du, sondern der Betreiber des Accounts davon reich wird!

Deine Zeit und Energie mit solchen fragwürdigen Ideen vom schnellen Reichtum zu verschwenden, ergibt schon statistisch keinen Sinn. Die Wahrscheinlichkeit, dass einer dieser Versuche zu deinen Lebzeiten gelingt, ist viel zu niedrig. Was aber garantiert funktioniert: der klassische Vermögensaufbau durch Sparen und Investieren. Abgesehen von unglaublichen Glücksfällen (Lottogewinn, in eine reiche Familie geboren werden, ...) ist dies die einzig verlässliche Methode, um Kapital aufzubauen. Je früher du erkennst, dass die eigenen Finanzen ein Marathon und kein Sprint sind, desto schneller wirst du deine Ziele erreichen!

Geduld zahlt sich aus

Geduld ist eine große Tugend – das zeigt sich kaum irgendwo stärker als beim Vermögensaufbau! **Regelmäßige Einzahlungen über mehrere Jahre führen garantiert zum gewünschten Erfolg**, verlangen uns aber einiges an Willenskraft ab. Kurzfristige Anschaffungen oder unterhaltsame Ausgaben locken uns ständig, während der monatliche Sparplan kaum eine direkte, sichtbare Belohnung bietet.

Noch schwieriger wird es, wenn wir ohnehin nur wenig Geld zur Verfügung haben. Dann kommen zu den Verlockungen des Geld-Ausgebens noch negative Gedanken hinzu: „Ich verdiene ohnehin nicht genug, um jemals vermögend zu werden. Warum dann also sparen?“ – dabei sieht die Realität genau umgekehrt aus!

Ein hohes Startkapital oder ein hohes Einkommen ist hilfreich, aber keineswegs notwendig. Die wichtigsten Faktoren für den Vermögensaufbau sind Geduld, Durchhaltevermögen und etwas Risikobereitschaft. Kannst du diese Eigenschaften nicht mitbringen, hilft dir auch ein 10.000 Euro Gehalt nicht weiter.

Das Konzept des Sparplans kommt den geduldigen Anlegern sehr zugute, denn es ermutigt uns zu langfristigen Investments. **Spar-**

pläne sorgen durch den Cost-Average-Effekt (dazu später mehr) für einen **exzellenten, durchschnittlichen Einstiegspreis** und optimieren dadurch unsere Gewinne. Gleichzeitig müssen wir uns nicht aktiv um die Ausführung kümmern und laufen somit weniger Gefahr, eine Zahlung zu „vergessen" oder aus emotionalen Gründen zu canceln. Das lohnt sich: Eine hohe Rendite (= hohe Belohnung für dein eingesetztes Kapital) lässt sich nämlich grundsätzlich auf zwei Arten erzielen: wenn wir eine große Summe Geld einsetzen oder wenn wir unser Geld über einen sehr langen Zeitraum anlegen.

Ich gehe davon aus, dass du keine 100.000 Euro unter dem Kopfkissen liegen hast – wenn es so wäre, würdest du dieses Buch wahrscheinlich nicht lesen. Daher kommt für dich, wie für die meisten Menschen, nur die zweite Variante in Betracht. Das ist jedoch keineswegs eine schlechte Nachricht! Der langfristige Vermögensaufbau durch regelmäßige Einzahlungen via **Sparplan ist einfach, sicher und nachweislich erfolgreich**.

Meine Aktien Sparplan-Strategie: Jeden Monat Dividende

Ich habe zum Beispiel 2018 mein Projekt „**Jeden Monat Dividende**" gestartet: Mit einer **Einzahlung von 400 Euro** pro Monat habe ich bis heute (Stand: Herbst 2023) ein Depot von **über 43.000 Euro aufgebaut**.

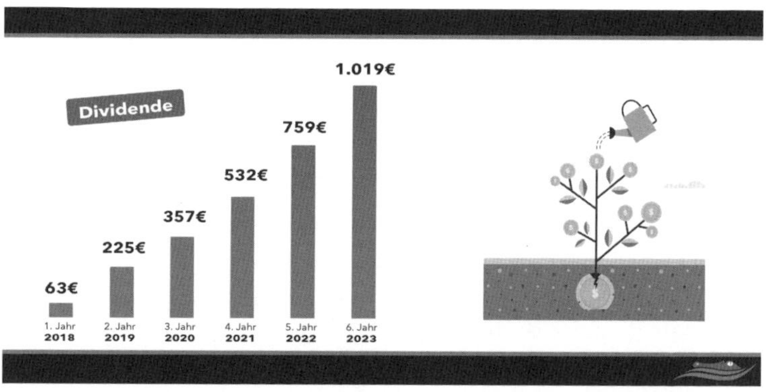

Abb. 3.2: Erhaltene Dividenden seit 2018 im Aktien-Sparplan Depot „Jeden Monat Dividende". Dividenden: 2.955 € und ca. 8.000 € Kursgewinne.

Ein Teil davon stammt aus Kursgewinnen, ein weiterer Teil aus den Dividendenzahlungen, die ich wieder reinvestiere. Derzeit erhalte ich mehr als 80 Euro pro Monat aus diesem Portfolio – Tendenz steigend! Updates dazu gibt es regelmäßig auf meinen Kanälen bei Instagram und YouTube.

Wenn du es schaffst, geduldig am Ball zu bleiben und nicht in destruktive Muster (sämtliches Geld ausgeben etc.) verfällst, ist der Weg zum persönlichen Reichtum frei.

Langer Anlagezeitraum = hohe Renditechance

Wie bereits zu Beginn dieses Buches erwähnt, bestehen die Gefahren an der Börse ausschließlich bei kurzfristigen Investments.

> Wer langfristig in Aktien und Co. anlegt, hat bisher immer eine positive Rendite erzielt.

Denn Krisen und Crashs kommen zwar regelmäßig vor, dauern aber nur vergleichsweise kurz an. Da sie nur einen kleinen zeitlichen Anteil ausmachen, geht es insgesamt an den Märkten bergauf.

Ein Blick auf die Rendite des deutschen Aktienindex DAX (S. 37) bestätigt diese Aussage. Die Jahre, in denen Gewinne erzielt wurden, übersteigen die schlechten Jahre um ein Vielfaches. Selbst wenn du zum ungünstigsten Zeitpunkt (du hast zum höchsten Preis gekauft und es kam im Anschluss zu einem starken Crash) einsteigst, hast du stattliche Gewinne erzielt, wenn du lange genug investiert warst.

Schwerwiegende Krisen, wie zum Beispiel das Platzen der Dotcom-Blase oder die Finanzkrise, haben die Gewinne der Anleger im jeweiligen Zeitraum zerstört. Nach wenigen Monaten – im Falle der Corona-Krise sogar schon nach einigen Tagen – haben sich die Börsen jedoch stets erholt und ihre alten Werte noch übertroffen.

Schauen wir uns die Situation einmal etwas genauer an und betrachten den US-Index S&P 500. Hier stehen uns Daten aus den letzten 70 Jahren zur Verfügung, die wir in vier verschiedene Szenarien einteilen wollen.

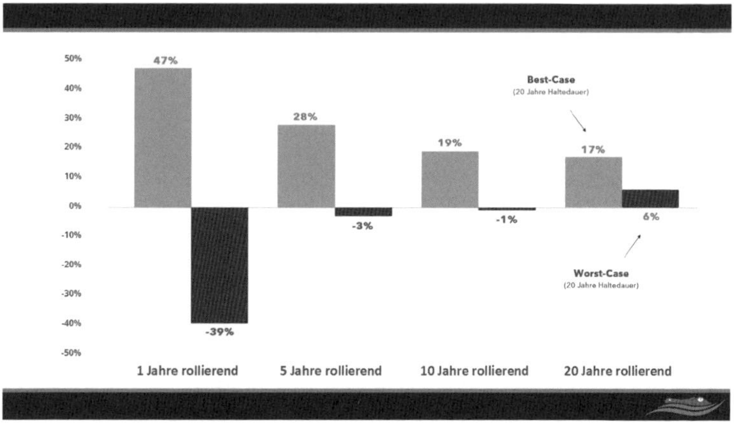

Abb. 3.3: Best- und Worst-Case-Scenario beim S&P 500: Diese Ergebnisse haben Anleger über die letzten 70 Jahre maximal und minimal erzielt.

1. Szenario: Spekulation

Gehen wir davon aus, dass du für einen kurzen Zeitraum von nur einem Jahr Geld in den amerikanischen S&P 500 Index investiert hast (zum Beispiel über einen ETF, der den gesamten Index abdeckt). Im bestmöglichen Fall aus den letzten 70 Jahren hat das zu einer massiven Rendite von 47 % geführt. Im schlechtesten Fall allerdings zu einem Verlust von −39 %! Hier zeigt sich die enorme Volatilität, das heißt: Preisschwankungen von Aktien. Ein Investment über einen so kurzen Zeitraum ist also mit erheblichen Risiken verbunden und wird, völlig zurecht, als Spekulation bezeichnet.

2. Szenario: Kurzfristiges Investment

Ein einjähriges Investment an der Börse ist also eher Roulette als ein sinnvolles Investment. Versuchen wir es deshalb mit einem längeren Zeitraum von 5 Jahren. Hätten wir unser Geld für 5 Jahre in den S&P 500 angelegt, hätten wir eine maximale Rendite von 28 % pro Jahr erzielen können. Das ist zwar weniger als bei reiner Spekulation (weniger als ein Jahr Laufzeit), aber immer noch sehr viel Geld. Außerdem sinkt auch das Risiko: Im schlechtesten Fall hätten wir hier nämlich nur 3 % verloren. Hier zeigt sich ein erster

Ausgleich der hohen Volatilität. Geringere Schwankungen sind in der Praxis deutlich wichtiger als eine minimal höhere Rendite.

3. Szenario: Mittelfristiges Investment

Was passiert, wenn wir den Investitionszeitraum von 5 auf 10 Jahre anheben? Unsere maximal mögliche Rendite sinkt. Wer ein absolut glückliches Händchen hatte und zum besten Zeitpunkt eingestiegen ist, konnte mit dem S&P 500 durchschnittlich 19 % Gewinn pro Jahr machen. Gleichzeitig sank das Risiko, denn selbst im schlechtesten Fall war nur noch ein Verlust von 1 % möglich.

4. Szenario: Langfristiges Investment

Nehmen wir als viertes Beispiel an, dass du für 20 Jahre in den S&P 500 investiert hast. Im besten Fall hätte dies zu einer Rendite von 17 % pro Jahr geführt. Deutlich weniger als etwa bei einer kurzfristigen Spekulation. Dafür schrumpft auch das Risiko maßgeblich: Selbst im schlechtesten Fall hättest du durchschnittlich 6 % pro Jahr verdient. Langfristig orientierte Anleger sind also in den letzten 70 Jahren immer mit einem Gewinn nach Hause gegangen!

Tipps für mehr Geduld an der Börse

Geduldig investieren und auf die steigenden Kurse warten, ist leichter gesagt als getan! Vorübergehende Verluste, **Angst, Gier und andere Emotionen** verleiten uns zu **Kurzschlussreaktionen** und führen zu verlorenen Renditen. Die folgenden Tipps können dir dabei helfen, an der Börse einen kühlen Kopf zu bewahren:

Tipps für mehr Geduld an der Börse

1. **Investiere nur Kapital, auf das du nicht angewiesen bist.**
   Sollte dein Geld bereits verplant sein (vielleicht, weil du dir nächstes Jahr ein neues Auto kaufen willst?), hat es an der Börse nichts verloren. Denn zum Zeitpunkt, an dem du es brauchst, könnten die Aktien gerade im Minus stehen. Stelle daher sicher, dass du mindestens 5 bis 10 Jahre auf das Geld verzichten könntest.
2. **Erinnere dich selbst daran, dass du in ein sehr renditestarkes Produkt investierst.**
   Aktien und ETFs bieten nachweislich die beste langfristige Performance unter den Geldanlagen. Die Statistik lügt nicht, auch wenn es kurzfristig einmal zu Verlusten kommen kann.
3. **Market-Timing, (Versuch, immer den besten Ein- und Verkaufszeitpunkt abzupassen), führt nicht zu besseren Ergebnissen.**
   Im Gegenteil! Vertraue daher auf deinen regelmäßigen Sparplan und den idealen Durchschnittswert, den du damit erzielst.
4. **Pass deine Volatilität und dein Risiko an.**
   Auch unter den Aktien gibt es Titel, die weniger stark schwanken als andere (zum Beispiel alteingesessene Dividendentitel). Sollte dich die Achterbahnfahrt mancher Wertpapiere zu sehr belasten, kannst du die Schwankungen in deinem Portfolio durch solche Aktien reduzieren.
5. **Für Vermögensaufbau führt kein Weg an Aktien vorbei.**
   Du benötigst eine hohe Rendite, um deinen Reichtum effizient zu vermehren. Daher gilt: geduldig am Ball bleiben und deinem Geld beim Wachsen zusehen, anstatt panisch und emotional zu reagieren und Verluste einzufahren.

Zinseszinseffekt: Der Turbo für den Vermögensaufbau

Du hast den Zinseszinseffekt bereits in Kapitel 1 kennengelernt. Er ist der maßgebliche Faktor, der den langfristigen Vermögensaufbau so effektiv und berechenbar macht. Das Konzept ist dabei recht simpel, die Auswirkungen aber enorm: Wir erhalten Zinsen auf unsere Investments, wodurch sich unser Kapital erhöht. Legen wir diesen neuen Betrag (ursprüngliches Kapital + Zinsen) direkt wieder an, erhalten wir mehr Zinsen, da sich unser Kapital erhöht hat. **Unsere Zinsen erzeugen also selbst Zinsen**.

Dieser Effekt wächst dabei überproportional und steigert unsere Zinseinnahmen immer weiter. In der Anfangsphase des Vermögensaufbaus sind die Auswirkungen des Zinseszinseffekts kaum spürbar. Erst nach einigen Jahren wird deutlich, dass die bereits verdienten Zinsen selbst immer höhere Zinsen erzeugen. Wer viele Jahre auf diese Weise Rendite erzielt, erlebt ein sich beschleunigendes Wachstum.

Diese imposante Wirkung soll zum Beispiel Albert Einstein zu seinem berühmten Zitat verleitet haben:

> *„Der Zinseszinseffekt ist das achte Weltwunder. Wer ihn versteht, verdient daran, alle anderen bezahlen ihn."*
>
> Albert Einstein

Wann der Zinseszinseffekt so richtig zum Tragen kommt

Der Zinseszinseffekt ist ein extrem mächtiges Werkzeug, das unseren Vermögensaufbau beschleunigt. Damit er seine volle Wirkung entfalten kann, müssen jedoch einige Voraussetzungen erfüllt sein. Er wirkt am besten bei einer hohen Rendite. Das ist naheliegend, aber viele Anleger unterschätzen, wie groß der Unterschied tatsächlich ist. Ich will es daher an einem Beispiel verdeutlichen:

Wir investieren 10.000 Euro in ein festverzinsliches Sparprodukt und erhalten dafür 1 % Zinsen. Selbst nach 10 Jahren Anlagezeitraum haben wir kaum mehr als das eine Prozent eingenommen: Wir besitzen dann lediglich 11.051 Euro. Die zusätzlichen 1.000 Euro entstanden direkt durch unsere Zinseinnahmen (10 Mal 100 Euro), die 51 Euro entsprechen dem Zinseszinseffekt. Damit locken wir keinen Anleger hinter dem Ofen hervor!

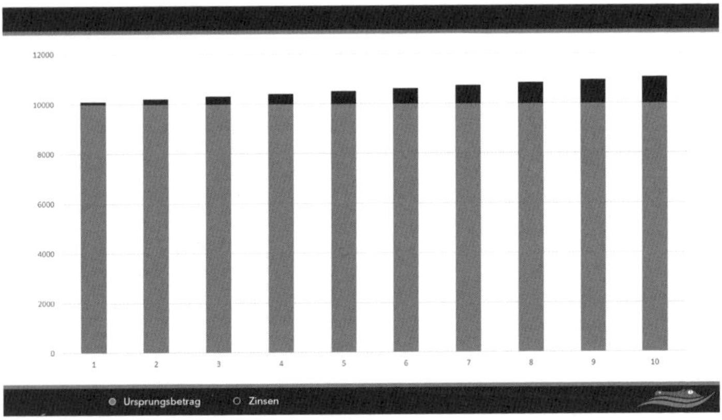

Abb. 3.4: Festverzinsliches Sparprodukt mit einem Invest von 10.000 € und 1 % Zins.

Ganz anders sieht es hingegen aus, wenn wir die 10.000 Euro mit einer typischen Börsenrendite von 8 % verzinsen! Aus unserem Kapital wurden in 10 Jahren 22.196 Euro – mehr als das Doppelte!

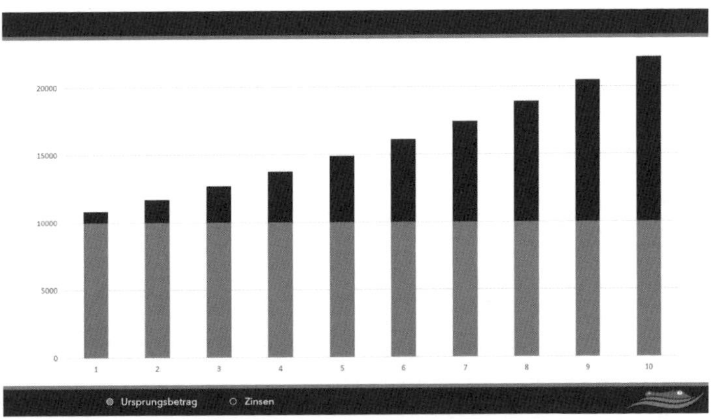

Abb. 3.5: 10.000 € Invest mit 8 % Rendite an der Börse.

Davon stammen 8.000 Euro aus den direkten Zinseinannahmen ohne Zinseszinseffekt (10 Mal 800 Euro). Die verbleibenden 4.196

Euro konnten wir durch den Zinseszinseffekt dazuverdienen, ein deutlicher Unterschied zu den mickrigen 51 Euro des ersten Beispiels.

Vermeide Panikverkäufe

Die größte Gefahr für Aktionäre ist nicht etwa ein Börsencrash oder ein Wertpapier, das nicht gut performt. Es sind die eigenen Emotionen, die Anlegern immer wieder die Gewinne verhageln. So hat in Krisenzeiten vor allem die Angst das Ruder fest in der Hand: Man weiß nicht, wie tief die Kurse noch fallen werden. Die Medien sagen: Alle verkaufen jetzt, du solltest jetzt auch schnell verkaufen! Ein Verkauf könnte dich vor dem Schlimmsten bewahren, oder?

Tatsächlich ist genau das Gegenteil der Fall: Der erfolgreiche Anleger weiß, dass es an den Börsen immer auf und ab geht. Er vermeidet Panikverkäufe und bleibt gelassen, da er sich schon auf den bald folgenden Aufschwung freut. Denn es ist unmöglich, genau vorherzusagen, wie tief der Absturz ist und wann die Umkehr stattfindet und die Kurse wieder steigen.

In diesem Umfeld wäre der Verkauf unserer Aktien ein großer Fehler, sofern sich nichts an den Fundamentaldaten des Unternehmens geändert hat. Wir würden nicht nur aufgrund der bereits sinkenden Kurse Geld verlieren; auch der spätere Wiedereinstieg ist extrem riskant! Hier kann es ebenfalls zu Verlusten kommen. Schlimmstenfalls entsteht uns ein doppelter Schaden: Wir verkaufen zu einem schlechten Preis und steigen später zu einem höheren Preis wieder ein, da uns die „FOMO" – „Fear of missing out" antreibt.

Aus den vorangegangenen Kapiteln weißt du, dass es an den Börsen langfristig immer bergauf geht. Solltest du mir nicht glauben, kannst du auch beliebige Statistiken zurate ziehen. Du wirst entdecken: Trotz kurzer Krisen stiegen die Preise für Aktien, wenn wir Zeiträume von mehreren Jahren oder Jahrzehnten betrachten. Wer auf diese Tatsache vertraut, muss sich **vor einem kurzfristigen Crash nicht fürchten**.

Ein Blick auf die vergangenen Ergebnisse des Aktienindex DAX zeigt, dass die regelmäßigen Einbrüche keine dauerhaften Schäden hinterließen. Zusätzlich war die Dauer der Abwärtstrends bedeutend kürzer als die Phasen des Aufschwungs.

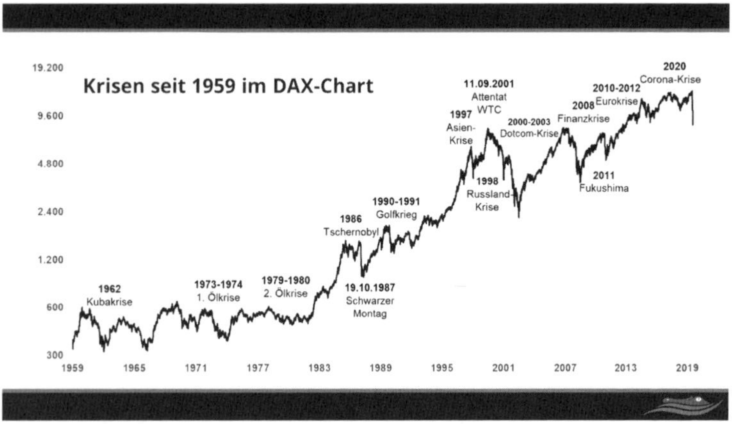

Abb. 3.6: Die Krisen des deutschen Aktienindex DAX sind zwar zahlreich, können aber den langfristigen Aufwärtstrend nicht stoppen.

Besonders profitiert haben stets die Anleger, die in Krisenzeiten **eingekauft**, nicht verkauft haben. Sind die Preise im Keller, können wir für unser Geld deutlich mehr lohnende Qualitätsaktien erwerben als bei hohen Kursen. Im Crash entsteht Vermögen – er ist der ideale Zeitpunkt, um zusätzliches Kapital einzusetzen. Oder, um es mit anderen Worten zu sagen:

„Ein Crash ist gut – für Leute mit Mut!"

Beate Sander

Nutzt du einen Sparplan, geschieht dies automatisch, denn dieser wird während einer Talfahrt wie gewohnt ausgeführt. Durch die niedrigeren Preise zu diesem Zeitpunkt erwirbst du allerdings deutlich mehr Anteile.

Tipps für Krisenzeiten

Wenn die Kurse fallen und der Blick ins eigene Depot tiefrote Zahlen zeigt, ist es besonders wichtig, **Ruhe zu bewahren**. Das ist natürlich leichter gesagt als getan! Es kann helfen, sich die Grundlagen des Vermögensaufbaus erneut vor Augen zu führen:

Der langfristige Aufwärtstrend der Märkte ist ein unumstößlicher Fakt. Kurzfristige Verluste sind im Gesamtbild belanglos. Die fallenden Kurse gefährden deine langfristige Rendite nicht. Nur wenn du aus Angst und Panik verkaufst, kommt es zu realen Verlusten.

Viele Anleger finden es nützlich, in Krisenzeiten den Blick in das eigene Portfolio komplett zu vermeiden. Sich abzulenken, keine Finanznews zu konsumieren und sich vorerst nicht mehr beim Broker einzuloggen, kann helfen, Panik zu minimieren.

Besonders profitieren solche Investoren, die verstehen, dass Krisen die besten Renditechancen darstellen. Wer in „schlechten Zeiten" zusätzliches Kapital investiert, kann langfristig die höchsten Einnahmen erzielen. Dazu könnte auch ein bestehender Sparplan kurzfristig erhöht werden.

Wenn es dir schwerfallen sollte, den langfristig positiven Trend zu erkennen, hilft außerdem ein einfaches Herauszoomen. Wenn der Betrachtungszeitraum für Börsenkurse von 24 Stunden auf mehrere Wochen, Monate oder Jahre gestellt wird, zeigt sich: Die Börse ist in der Nahaufnahme eine wilde Achterbahnfahrt, in der Vogelperspektive jedoch ein stetiger Aufwärtstrend. Die Grafik zur DAX-Entwicklung auf Seite 62 zeigt das sehr gut.

Vertraue auf diese Entwicklung und investiere gerade in Krisenzeiten, anstatt deine Anlagen mit Verlust zu verkaufen! Das sorgt für die höchsten Gewinne. Wer hingegen glaubt, „klüger als der Markt" zu sein, hat bereits verloren. Das sogenannte „Market Timing" funktioniert nicht!

Du kannst den Markt nicht timen

Zahlreiche (erfolglose) Investoren glauben, sie könnten durch „Market Timing" höhere Gewinne erzielen. Der Begriff bezeichnet Versuche, zum jeweils idealen Zeitpunkt zu handeln. Dass wir den größten Gewinn erzielen würden, wenn wir eine Aktie zum absoluten Tiefstpreis kaufen und zum höchstmöglichen Preis wieder verkaufen, steht dabei außer Frage. Es ist die Durchführung, an der diese Strategie scheitert.

Daher ist es nicht verwunderlich, dass Anleger immer wieder Verluste erzielen, wenn sie den Markt überlisten wollen. Ein sehr klares Beispiel ist das Ende des Zweiten Weltkriegs: Man würde annehmen, dass die Börsen unter den schwierigen Zeiten litten und nach dem Ende des Krieges wieder steigen würden. Somit wäre ein verstärktes Investment Anfang 1945 ein Garant für höchste Gewinne.

In der Realität gab es schon seit 1943 einen starken Aufschwung, also bevor das genaue Kriegsende klar war. Hier zeigt sich das grundlegende Problem des Market Timings:

> Die Börsen bilden nicht die Gegenwart ab, sondern die Zukunft!

Außerdem basieren die Werte nicht auf nüchternen Daten, sondern der Stimmung der Investoren.

Schlechte Anzeichen können die Kurse eines Unternehmens fallen lassen, obwohl sämtliche Fundamentaldaten erstklassig sind. Die Meinung und Erwartung der Investoren entscheidet maßgeblich über den Preis einer Aktie. Das macht es nahezu unmöglich, die besten Zeitpunkte für den Ein- und Ausstieg abzupassen.

Darum funktioniert Market Timing nicht

Wer sein Glück mit Market Timing versucht, muss zwei zentrale Punkte korrekt identifizieren:

1. Einen möglichst niedrigen Kurs der Aktie, um diese zu erwerben.
2. Einen möglichst hohen Preis der Aktie, an dem das Wertpapier wieder verkauft wird.

Wir können uns bei den Zeitpunkten zwar mit Methoden wie der technischen Analyse annähern; statistisch zuverlässig berechnen lassen sie sich jedoch nicht!

Wie bereits erwähnt, bilden die Börsenkurse die Emotionen der Investoren und deren Erwartung für die Zukunft eines Wertpapiers ab. Solche Emotionen lassen sich nur schwer messen – von der Problematik, die Zukunft vorherzusagen, mal ganz abgesehen! Auch wir selbst handeln emotional.

Auf der Suche nach dem Tiefstand kommen Fragen wie „Was, wenn die Aktie noch weiter fällt?“ oder „Lohnt sich der Einstieg überhaupt noch?“ auf. Die Folge sind Verzögerungen, in denen wir über das Für und Wider des Kaufs grübeln. Diese Phasen kosten uns viel Zeit und Energie (tägliches Checken der Kurse, Lesen von Börsen-Nachrichten etc.) und enden fast immer mit der falschen Entscheidung.

Die meisten Anleger schlagen erst zu, wenn sie bereits einen starken Anstieg bemerken. Ihr Unterbewusstsein wartet auf dieses Signal, da das Risiko des Kaufs vorher noch zu groß ist. Der beste Einstiegspreis lässt sich auf diese Weise aber nicht erzielen.

Beim Verkauf werden wir ebenfalls von Fragen wie „Was, wenn die Aktie noch viel weiter steigt?“ geplagt. Wir warten länger und länger ab, um noch ein paar Prozent mehr herauszuquetschen. In der Regel übertreiben wir es und es kommt bereits zu einem Kursverlust, bevor wir uns zum Verkauf durchringen können. Anschließend steigen die Preise nicht selten wieder, sodass wir auch hier den besten Zeitpunkt verpasst haben.

Selbst bei scheinbaren Höchstständen lohnt sich der Einkauf eines Wertpapiers – sofern das dahinterstehende Unternehmen solide und lukrativ ist und Gewinnwachstum und Perspektive stimmen.

> *„Es ist viel besser, ein wunderbares Unternehmen zu einem fairen Preis zu kaufen, als ein faires Unternehmen zu einem wunderbaren Preis.“*
>
> Warren Buffett

Das Einkaufen zu festgelegten Zeitpunkten, welches sich am einfachsten über einen Sparplan realisieren lässt, schlägt das Market Timing daher deutlich. Anstatt uns erfolglos mit der Frage zu befassen, ob sich ein Kauf jetzt lohnt, investieren wir hier in regelmäßigen Abständen. Durch den daraus resultierenden Cost-Average-Effekt erzielen wir die besten Ergebnisse.

Nutze den Cost-Average-Effekt

Wer durch einen Sparplan (oder manuell durch regelmäßige Käufe) investiert, profitiert von einem **besonders guten Durchschnittspreis**. Diese mathematische Tatsache trifft, bis auf wenige Ausnahmen, immer zu und hilft uns, eine höhere Rendite zu erzielen. Denn wir können auf diese Weise günstig ein- und später teuer verkaufen.

Die Funktionsweise des Cost-Average-Effekts ist dabei recht simpel: Wenn wir zum Beispiel am ersten Tag eines jeden Monats für 100 Euro Aktien des gleichen Unternehmens erwerben, werden wir manchmal gute (niedrige) und manchmal schlechte (hohe) Preise erleben. Sind die Kurse niedrig, erhalten wir für 100 Euro eine größere Menge der billigen Aktien. Bei Höchstständen wird uns hingegen eine geringere Anzahl der nun teuren Aktien gutgeschrieben.

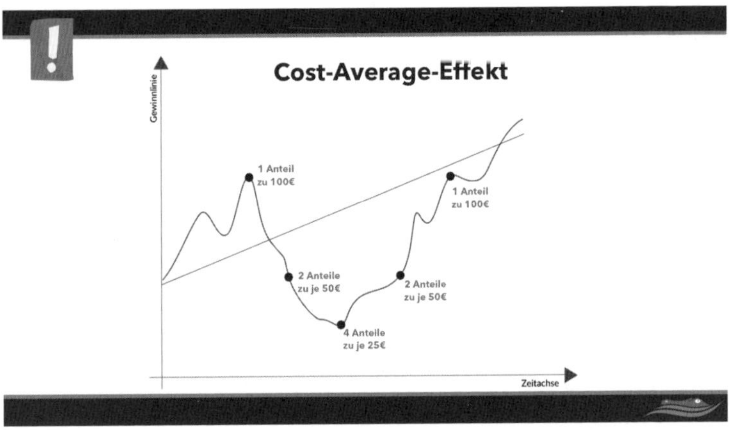

Abb. 3.7: Cost-Average-Effekt (Durchschnittskosteneffekt).

Auf lange Sicht kommt es dadurch zu einem sehr guten Durchschnittspreis, denn wir erleben sowohl gute als auch schlechte Monate. Oder anders ausgedrückt: Mit dem gleichen Betrag kannst du auf diese Weise mehr Anteile erhalten, als wenn du einen einmaligen Kaufauftrag ausgeführt hättest. In der Praxis kann diese Vorgehensweise sogar die Ergebnisse von erfahrenen Investoren schlagen, die sich am Market Timing versuchen!

Denn **durch einen Sparplan eliminieren wir die emotionale Komponente unseres Investments**. Wir legen unser Geld strikt nach einem festgelegten Plan an – wie hoch oder niedrig der aktuelle Kurs steht oder welche Meinung wir dazu haben, spielt keine Rolle, solange es sich um ein solides Qualitätsunternehmen handelt und wir unser Portfolio sinnvoll diversifizieren. Je länger wir dieses Vorgehen beibehalten, desto besser ist das Ergebnis!

Es gibt jedoch zwei Ausnahmen, die erwähnt werden müssen: Zum einen verliert der Sparplan – wie auch alle anderen Investmentformen – bei sehr großen Vermögen seine Effektivität. Hier muss er entsprechend angepasst (erhöht) werden, um auch weiterhin deine Rendite zu verbessern. Zum anderen funktioniert der Cost-Average-Effekt nicht, wenn die betreffende Aktie dauerhaft immer weiter an Wert verliert.

Das ist ausschließlich dann der Fall, wenn das entsprechende Unternehmen von qualitativen Mängeln geplagt wird. **Auch ein Sparplan befreit dich nämlich nicht von der Pflicht, zu prüfen, in welche Firmen du investierst!** Er erleichtert dir jedoch den Vorgang ungemein.

Es empfiehlt sich, deine Investments regelmäßig, zum Beispiel einmal im Jahr, auf Gewinnwachstum, Dividendenwachstum, Verschuldung und Zukunftsaussichten zu checken. Du kannst dazu verschiedene Kennzahlen heranziehen und auswerten. Wie das funktioniert, erfährst du in den späteren Kapiteln dieses Buchs.

Sollte die Firma weiterhin eine gute Figur machen, Umsätze, Gewinne und Prognosen rosig aussehen, wird der Sparplan stur fortgeführt. Du musst dir über den idealen Kaufzeitpunkt keine Gedanken machen – der Cost-Average-Effekt erledigt diese Aufgabe für dich.

Der Notgroschen

Einer der wichtigsten Aspekte des Vermögensaufbaus ist der „Notgroschen“. Leider ist er nicht gerade sexy und wird daher oft vernachlässigt. Es handelt sich dabei um eine **Rücklage für den Notfall**, die du bereits zum Start deiner Investorenkarriere aufbauen solltest.

Wenn du einmal kurzfristig Geld brauchst, kannst du diese Ersparnisse benutzen. Denn es gibt immer wieder unvorhergesehene Ausgaben: Das Auto muss in die Werkstatt, die Waschmaschine streikt, das Finanzamt verlangt eine Nachzahlung oder der Computer gibt den Geist auf und muss ersetzt werden ...

Ohne einen Notgroschen wird es hier schnell eng! Du müsstest vielleicht Teile deiner mühsam angesparten Investments verkaufen und dabei möglicherweise einen Verlust realisieren. Auch ein Dispokredit oder ähnliche Angebote deiner Bank sind nicht ideal, denn hier werden oft zweistellige Zinsen erhoben. Der Notgroschen bewahrt dich vor solchen Zusatzkosten – von den grauen Haaren ganz zu schweigen!

Ein guter Richtwert sind dabei **3 bis 6 Monatsgehälter**, die du beiseitelegen solltest. Je nach deinen persönlichen Umständen kann aber auch mehr oder weniger notwendig sein. So braucht zum Beispiel ein selbstständiger Unternehmer in der Regel deutlich mehr Rücklagen als etwa ein Jugendlicher, der noch bei seinen Eltern wohnt.

Besonders wichtig: Der Notgroschen muss **im Ernstfall schnell erreichbar** sein. Daher kommt als Lagerplatz nur Bargeld, ein Girokonto oder ein Anlageprodukt mit hoher Liquidität infrage. Oft werden dazu Tagesgeldkonten genutzt, da sie gleichzeitig zumindest geringe Verzinsung bieten. Investments mit starken Kursschwankungen sind für den Notgroschen ebenfalls ungeeignet, da du sonst Verluste riskierst. Immerhin könnte der Wert zum Bedarfszeitpunkt gerade im Keller sein.

Außerdem empfehle ich dir, den Notgroschen **separat von deinen anderen Finanzen**, also zum Beispiel auf einem eigenen Konto, zu lagern. Du magst dir zwar vornehmen, den Betrag nur im Notfall anzurühren ... er wird dich jedoch ständig in Versuchung führen, wenn er auf deinem regulären Girokonto lagert! Auch das Bewahren des Überblicks wird deutlich schwieriger, wenn du Notgroschen und Alltag vermischt.

Wenn der Notgroschen zum Einsatz kommt, solltest du ihn im Anschluss wieder auffüllen. Erst wenn er wieder auf dem alten Stand ist, kann es mit den Investments weitergehen. Nur dann kann die Rücklage ihre Funktion voll ausspielen und dich auch in Zukunft vor unvorhergesehenen Ausgaben schützen.

Steuern: Eine kurze Übersicht

Der steuerliche **Grundfreibetrag**: Wer weniger als 12.096 Euro (Stand: 2025) Einkommen erzielt, muss auf diese Einkünfte keine Einkommensteuern zahlen. Einnahmen aus Kapitalerträgen zählen zu diesem Freibetrag dazu.

Zudem lässt sich bei jeder deutschen Bank ein **Sparer-Pauschbetrag in Höhe von 1.000 Euro pro Person** einstellen. Erst dann wird die Abgeltungsteuer in Höhe von 25 % plus Solidaritätszuschlag und gegebenenfalls Kirchensteuer auf den Betrag (Aktiengewinne oder Dividendeneinnahmen) erhoben.

Der Solidaritätszuschlag und die Kirchensteuer werden nicht auf die Kapitalerträge, sondern nur auf die Kapitalertragsteuer erhoben. Aber keine Panik: **Die deutschen Broker führen die Steuern ganz automatisch für dich ab**.

Liegt der persönliche Grenzsteuersatz unter 25 %, kann beim Finanzamt eine Günstigerprüfung beantragt werden. Ist dein Grenzsteuersatz niedriger als die Abgeltungsteuer von 25 %, werden die zu viel bezahlten Steuern vom Finanzamt erstattet. Dein Grenzsteuersatz ist niedriger, wenn du inklusive der Kapitalerträge auf ein zu versteuerndes Einkommen von maximal 19.666 Euro oder 39.332 Euro (Zusammenveranlagung) für 2024 kommst.

Inflation: Der stille Raub deiner Kaufkraft

Das eigene Geld, welches mühsam angespart wurde, wird ständig von verschiedenen Krisen wie der Immobilienkrise oder der Finanzkrise oder gar einem Börsencrash bedroht. Was soll man also tun – das Geld einfach unter das Kopfkissen packen?

Keine gute Idee kann ich dir sagen. Sogar eine sehr schlechte Idee. Das geparkte Geld wird unter dem Kopfkissen (Sparbuch oder Tagesgeldkonto) immer weniger wert. Das Gefährliche daran ist – du kannst es nicht sehen!

Da die Dinge, die du kaufst, ständig teurer werden, aber sich dein Geld unter dem Kopfkissen nicht vermehrt, wirst du dir vom angesparten Geld auf dem Sparbuch in der Zukunft weniger leisten können als im Hier und Jetzt. Deshalb ist das vermeintlich Sichere gar nicht so sicher, wie du dachtest. Die einzige Chance, die Inflation zu bekämpfen, ist es, das eigene Geld sinnvoll zu investieren.

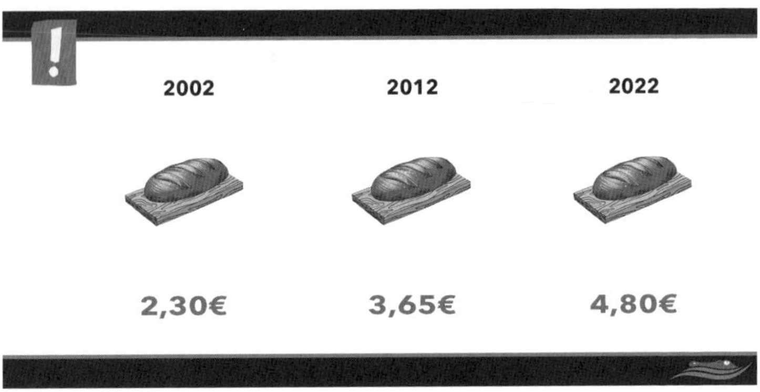

Abb. 3.8: Brotpreisentwicklung: Brotpreis/Kilogramm.

Beispiel: Weil das Brot von den meisten Menschen sehr oft gekauft wird, kann man daran die Preiserhöhungen besser sehen oder auch spüren, als nur anhand reiner Inflationszahlen einer Statistik. Das Brot (Kilopreis) kostete 2002 etwa 2,30 Euro. 20 Jahre später, im Jahr 2022 musste bereits für 1 kg Brot schon 4,80 Euro gezahlt werden. Das sind in etwa 109 % Preiserhöhung in 20 Jahren. Bedeutet demnach, dass der Brotpreis zwischen 2002 und 2022 um 3,7 % jährlich angestiegen ist.

KAPITEL 4

RISIKO ZAHLT SICH NICHT AUS

Das Risikoparadoxon verstehen und danach handeln

Hohe Renditen gibt es nur bei Investments, die auch ein gewisses Risiko aufweisen. Da dieses Risiko an den Börsen meist rein kurzfristiger Natur ist, können wir es getrost eingehen: Eine langfristige Anlagestrategie sorgt dafür, dass wir trotz vorübergehender Einbrüche hohe Gewinne erzielen.

Nun könnte man annehmen:

Risiko = Rendite, mehr Risiko = mehr Rendite!

Auf den ersten Blick erscheint das sehr logisch und vielleicht sogar einladend für alle, die möglichst schnell Reichtum aufbauen wollen. Sogar die klassische Kapitalmarkttheorie bestätigt diese Idee grundsätzlich. Aber in der Realität finden sich **immer wieder Abweichungen** – so viele Abweichungen, dass die „mehr Risiko = mehr Rendite"-Theorie als falsch bezeichnet werden muss!

Ein Blick auf die Performance unterschiedlicher Finanzprodukte und ihrer Risiken zeigt schnell, dass der Zusammenhang nicht so einfach ist: Aktien mit niedrigem Risiko (Unternehmen mit guten Zukunftsaussichten und geringen Kursschwankungen) schneiden häufig besser ab als riskante Wertpapiere (Aktien mit hoher Schwankungsbreite und unklarer Zukunft). Das Verhältnis der beiden Faktoren lässt sich nicht so leicht erklären. Man spricht daher vom „**Risikoparadoxon**".

Risiko, Volatilität, Rendite: So hängen sie zusammen

Bevor wir uns näher mit dem Zusammenhang von Risiko, Volatilität und dem Risikoparadoxon befassen, wollen wir zuerst einige Grundbegriffe klären. Das „**Risiko**" begegnet uns im Alltag an vielen Stellen. Im Finanz-Kontext wird **damit die Gefahr bezeichnet, dass ein Investment weniger Rendite erzeugt, als wir es erwarten/erhoffen**. Die Folge kann dann schnell ein negatives Ergebnis sein, das heißt: Wir verlieren einen Teil unseres eingesetzten Kapitals (das gilt natürlich nur, wenn wir eine Aktie verkaufen, die gerade im Minus steht – ein Umstand, den wir bei langfristigen Anlagestrategien mit Qualitätsaktien vermeiden wollen). Oft wird alternativ zum Begriff Risiko die „**Volatilität**" genutzt. Sie gibt einen **Schwankungsbereich** an, den eine Aktie oder ein anderes Investment im Betrachtungszeitraum einnimmt. Dabei beschreibt sie immer einen Zeitraum, also zum Beispiel die Volatilität der vergangenen 12 Monate. Zur Berechnung wird die Standardabweichung herangezogen – ein ähnliches Konzept, das du vielleicht noch aus dem Mathematikunterricht kennst.

Je höher die Volatilität, desto größere und häufigere Schwankungen machten die Kurse eines Investments.

Hat eine Aktie zum Beispiel im letzten Monat eine regelrechte Achterbahnfahrt hingelegt, mal 30 % gewonnen, mal wieder 50 % verloren ... ist ihre Volatilität sehr hoch.

Obwohl sie oft als Synonym verwendet werden, ist die **Volatilität nicht dasselbe wie das Risiko!** Eine Aktie kann eine sehr hohe Volatilität haben (weil ihr Kurs extrem nach oben und unten schwankt), aber trotzdem ein sehr geringes Risiko aufweisen. Denn während die Volatilität eine exakte statistische Kennzahl ist, beschreibt der eher schwammige Begriff Risiko eine Vielzahl von verschiedenen Konzepten. So gibt es zum Beispiel:

- **Marktrisiko:**
  Ein gesamter Markt rutscht in eine Krise, wodurch unsere Aktie an Wert verliert.
- **Währungsrisiko:**
  Eine Aktie notiert in einer anderen Währung. Ändern sich deren Kurse, kann es zu Verlusten kommen.
- **Branchenrisiko:**
  Ein bestimmtes Produkt oder eine ganze Branche gerät aus der Mode (z. B. VHS-Kassetten, Druckmedien, MP3-Player...)
- **Liquiditätsrisiko:**
  Es werden nicht genügend Wertpapiere eines Unternehmens gehandelt, weshalb wir keine Abnehmer finden.

Und viele mehr! Daher ist es wichtig, dass wir unsere Investments auf Herz und Nieren prüfen, bevor wir unser Geld anlegen! Dazu stehen uns viele unterschiedliche Instrumente und Kennzahlen zur Verfügung. Eines davon ist die Volatilität, aber auch andere Faktoren wie KGV, Dividendenrendite und -wachstum, Gewinnzuwachs oder Kapitalrendite sind für diese Fundamentalanalysen geeignet. Wie du aus diesen Zahlen die wichtigen Informationen ziehst und lukrative Investments entdeckst, zeige ich dir in Kapitel 6.

Das Risikoparadoxon

Wenn wir eine ansprechende Rendite erzielen wollen, müssen wir unser Kapital einem Risiko aussetzen. Die Einnahmen, die wir dabei erzielen, sind eine Art Belohnung für die Gefahren, die wir in Kauf genommen haben. Bei Anlageprodukten ohne dieses Risiko entfällt auch die Belohnung – wir bekommen in diesem Fall nur eine sehr geringe Verzinsung.

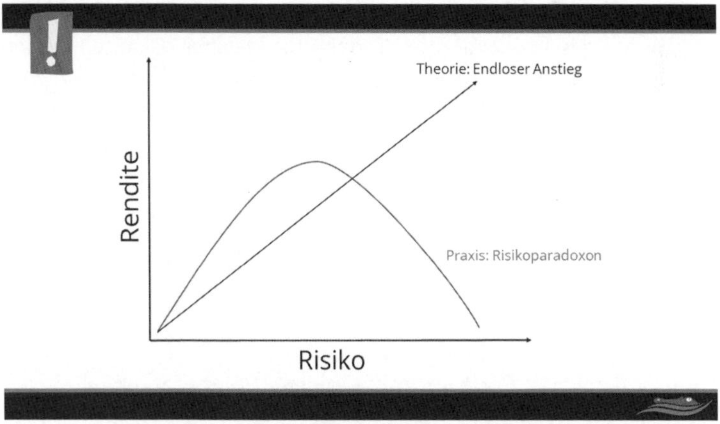

Abb. 4.1: Risikoparadoxon: Rendite und Risiko. Eine Aktie mit einer hohen Volatilität (Risiko) bedeutet nicht direkt mehr Rendite.

In wissenschaftlichen Theorien (zum Beispiel der Kapitalmarkttheorie) nimmt mit steigendem Risiko auch unsere Rendite zu. Tatsächlich lässt sich beobachten, dass Investments mit etwas höheren Gefahren auch die Chance auf stärkere Gewinne bieten. Das Verhältnis steigt aber nicht einfach immer weiter. Stattdessen kommt es ab einem gewissen Level von Risiko sogar zu einer sinkenden Rendite! Dieser Umstand wird gemeinhin als **Risikoparadoxon** bezeichnet.

Der Zusammenhang ist jedoch vor allem unter Laien-Investoren weitgehend unbekannt. Dadurch kommt es immer wieder zu drastischen Verlusten für Privatanleger, die glauben, ein übermäßiges Risiko aufgrund der vermuteten Rendite in Kauf nehmen zu können.

Das Risikoparadoxon wurde erstmals 1980 von Edward H. Bowman wissenschaftlich beschrieben[2]. Bowman war damals als Professor am MIT Sloan School of Management in Cambridge tätig. Er erkannte, **dass ein höheres Risiko nicht zu höheren Renditen führt, sondern – im Gegenteil – ab einem gewissen Punkt mit einer Verringerung einhergeht!**

Seine Theorie wurde mit einer umfangreichen Studie untermauert. Auch andere Untersuchungen kamen in der Folge immer wieder zu ähnlichen Ergebnissen. Robert Haugen und Nardin Baker untersuchten 2012 risikoreiche Wertpapiere in 33 Ländern[3]. Auch hier zeigte sich das Risikoparadoxon, denn die weniger riskanten Aktien erzeugten eine bessere Rendite. 2019 kamen David Blitz und Pim van Vliet und Guido Baltussen in einer Analyse[4] zu einem ähnlichen Resultat.

Jan den Koning und Pim van Vliet hielten diese Erkenntnisse in einem Buch fest. In „High returns from low risks" beschreiben sie das Risikoparadoxon anhand eines Vergleichs zwischen einem risikoarmen und einem risikoreichen Portfolio. Das Ergebnis lautet auch hier:

> Ein risikoarmes Portfolio mit geringer Volatilität erzielt bessere Resultate als ein Portfolio mit hohem Risiko und hoher Volatilität.

[2]Bowman, Edward H. „A risk/return paradox for strategic management." (1980)

[3]Baker, Nardin L. und Haugen, Robert A., „Low Risk Stocks Outperform within All Observable Markets of the World". (April 27, 2012).

[4]Blitz, David, van Vliet, Pim und Baltussen, Guido, „The Volatility Effect Revisited". (August 26, 2019)

Die Forscher, Autoren und viele weitere Experten sehen die Volatilität als treibende Kraft, die zu einer sinkenden Rendite bei hohem Risiko führt. Denn eine höhere Volatilität gilt immer für beide Richtungen: Sowohl die Kurseinbrüche als auch die Steigerungen sind dann stärker ausgeprägt. Die Chance auf eine höhere Rendite ist also genauso hoch wie die Wahrscheinlichkeit eines höheren Verlusts!

Viele Anleger übersehen diese Tatsache und investieren in volatile Aktien, um mit den Kursschwankungen Gewinne zu erzielen. Dass bei diesen Schwankungen aber Kurseinbrüche genauso wahrscheinlich sind, ignorieren sie oft. Sie **verwechseln eine hohe Volatilität mit einer hohen Rendite!** Bei einer Aktie mit hoher Volatilität können Gewinne und Verluste viel stärker ausfallen. Über die zu erwartende Rendite sagt das jedoch nichts aus! Obwohl das Risikoparadoxon immer wieder beobachtet und nachgewiesen wurde, gibt es noch keine anerkannte und eindeutige Erklärung für sein Entstehen. Unabhängig von den tatsächlichen Gründen müssen wir uns als Anleger bewusst sein, dass ein höheres Risiko nicht automatisch zu höheren Renditen führt.

Auf bewährte Unternehmen setzen

Alle Anleger wollen den Markt outperformen, das heißt: mehr Rendite erzielen als „nur“ die üblichen 8 bis 10 %, die zum Beispiel der S&P 500 Index über einen längeren Zeitraum bietet. Oft wird dabei versucht, sogenannte Wachstumsaktien rechtzeitig zu entdecken. Ein solcher Glücksgriff gelingt jedoch nur wenigen – die meisten Investoren verlieren auf der Suche eine Menge Kapital.

Zu den Beispielen für solche Wachstumsaktien zählt etwa Amazon. Wer in das Unternehmen früh investiert und zum Höhepunkt verkauft hätte, könnte sich über mehr als 100.000 % Rendite freuen! Oder in Euro ausgedrückt: Mit 100 Euro Investment in Amazon im Jahr 1997 und dem Verkauf im Juli 2021 hättest du eine runde Million Euro verdient. Klar, dass viele Anleger dazu verleitet sind, ein solches Kunststück zu wiederholen und das nächste Amazon suchen!

Abb. 4.2: Aktienkurs von Amazon.

In der Praxis ist die Suche nach solchen herausragenden Aktien aber mit hohem Risiko verbunden und lohnt sich langfristig nicht. Neben den erheblichen **finanziellen Gefahren** dieser Strategie ist auch die emotionale Belastung nicht zu unterschätzen. Die ständige Sorge um dein Kapital und oft panische Suche nach neuen „Superaktien" kann schnell für graue Haare sorgen.

Stattdessen empfiehlt es sich, auf Branchen mit geringem Risiko, geringer Volatilität und solider Rendite zu setzen. Das Risikoparadoxon kommt dir dabei zugute und sorgt für Gewinne. Der Einsatz von Sparplänen garantiert gute Einstiegspreise und zuverlässiges Wachstum und der Zinseszinseffekt hilft dir schlussendlich zum erfolgreichen Vermögensaufbau.

Welche Aktien werden vom Risikoparadoxon begünstigt?

Das Risikoparadoxon zeigt, dass sich hochriskante Aktien selten lohnen – wir erhalten keine Rendite, die uns für die Gefahren angemessen vergütet. Stattdessen sollten wir auf Wertpapiere mit geringer Volatilität, geringem Risiko und hoher Qualität setzen.

Solche Titel finden wir zum Beispiel im Bereich der Basiskonsumgüter. Unternehmen, die in diesem Feld aktiv sind, verkaufen Verbrauchsgüter, die wir tagtäglich verwenden, von Lebensmitteln über Zahnpasta bis hin zum Waschpulver. Das Tolle daran: Egal, wie es um die Wirtschaft steht oder wie das Wetter wird, Menschen müssen essen, trinken und sich waschen.

Die Basiskonsumgüter-Firmen können daher stets mit soliden Umsätzen aufwarten. Ihre Aktien bieten eine dementsprechend stabile Performance und niedrige Volatilität, die uns Anlegern zugutekommt. Genauso verhält es sich mit Pharmaunternehmen, die ebenfalls dauerhaft zuverlässige Renditen liefern und ebenfalls für dein Portfolio interessant sind.

Aber ausschließlich in zwei Branchen zu investieren, bietet keine ausreichende Diversifikation. Dein Portfolio wäre dann zu sehr „verklumpt“ und dein Kapital großen Risiken ausgesetzt. Wir müssen weitere Qualitätsaktien hinzufügen. Wie man genau solche Wertpapiere entdeckt, erfährst du in den folgenden Tipps:

Tipp 1: Fundamentalanalyse nutzen, statt das nächste Amazon zu suchen

Bei der Fundamentalanalyse untersuchen wir, wie der Name schon vermuten lässt, das Fundament eines Unternehmens. Dabei werden wichtige Kennzahlen und Eckdaten einer Firma betrachtet und anhand objektiver Gesichtspunkte eingeschätzt. Dieser Vorgang steht damit im starken Gegensatz zur Suche nach einem „zweiten Amazon“.

Es gibt Hunderte von Informationen, die wir über ein Unternehmen einholen können. Zahlreiche Aktien-Portale oder die Firmen selbst stellen dir liebend gerne alle denkbaren Kennzahlen zur Verfügung – für eine solide Fundamentalanalyse benötigen wir jedoch nur eine Handvoll. Ich empfehle einen genauen Blick auf Dividende, Dividendenwachstum, Ausschüttungsquote, Gewinn-Stabilität, Gewinn-Wachstum, Kapitalrendite, historisches Kurs-Gewinn-Verhältnis und Schuldenquote.

Dabei suchen wir nach offensichtlichen Warnsignalen, wie etwa einem Gewinn, der von Jahr zu Jahr sehr stark schwankt oder einer hohen Verschuldung. Sind keine Probleme zu erkennen und deuten alle Kennzahlen auf ein stabiles Wachstum und nachhaltigen Erfolg hin, spricht das natürlich für die Aktie. Denn ein Unternehmen, das seine Gewinne steigern kann, wird langfristig immer auch mit steigenden Börsenkursen und Dividenden belohnt, von denen wir profitieren!

Besonders wichtig: Bei der Fundamentalanalyse betrachten wir Kennzahlen, keine Charts! Wir wollen langfristig lukrative Qualitätsaktien finden – ein kurzfristiger Einbruch oder andere angeblich aussagekräftige Kursveränderungen interessieren uns dabei nicht.

Es gibt in der Finanzwelt eine Vielzahl von Berechnungsverfahren, mit denen aus den Daten eines Unternehmens hilfreiche Erkenntnisse abgeleitet werden können. Sind alle anderen Kennzahlen in Ordnung, nutze ich gerne zusätzlich noch den **Fair-Value-Wert**. Er beschreibt den intrinsischen Wert einer Aktie anhand mehrerer Kennzahlen und sagt uns, ob eine Aktie aktuell teuer oder günstig ist. Wir können ihn entweder auf Basis der Dividenden oder der Gewinne kalkulieren. Du kannst die Berechnung selbst durchführen; ich verwende dazu allerdings lieber Angebote wie „Aktienfinder.net“, die den Fair-Value-Wert für dich berechnen können.

Tipp 2: Die Aktien der Milliardäre

Die erfolgreichsten Investoren müssen offensichtlich etwas richtig machen. Warum also nicht ihrem Beispiel folgen? Ein **Blick in die Portfolios der Superreichen** ist eine hervorragende Möglichkeit, um Qualitätsaktien zu entdecken.

Der Berühmteste unter ihnen ist zweifellos Warren Buffett. Er ist bekannt für seine Strategie, durch umfangreiche Prüfung der jeweiligen Unternehmen die besten Qualitätsaktien zu finden. Mit seiner Investment-Firma Berkshire Hathaway hat er diesen Ansatz perfektioniert und massive Gewinne eingeheimst: Stolze 60.000 % hat die Aktie in den letzten 30 Jahren zugelegt. Das entspricht einer durchschnittlichen Rendite von 20 % pro Jahr und damit dem Doppelten des S&P 500 Indizes!

Dabei konzentriert er sich auf die Fundamentaldaten der Unternehmen. Sind diese vielversprechend, die Aktien aber an der Börse unterbewertet, investiert er. In Krisenzeiten handelt er außerdem antizyklisch und kauft gezielt größere Mengen der Qualitätsaktien, während andere Anleger panisch Anteile loswerden wollen.

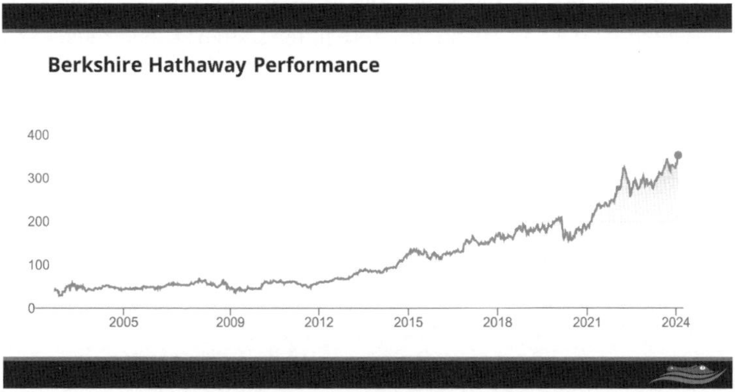

Abb. 4.3: Aktienkurs von Berkshire Hathaway.

Obwohl Warren Buffett kein perfekter „Börsen-Guru“ ist (er gibt selbst zu, zum Beispiel den Technologie-Trend mit Facebook, Amazon, Google und Co. verschlafen zu haben), bleibt er der erfolgreichste Investor mit einer Strategie, die sich über Jahrzehnte bewährt hat. Wir können also getrost seinem Beispiel folgen.

Neben seiner Vorbildfunktion für kluges Investieren kennt man Warren Buffett auch als wichtigen Zitate-Geber. Seine Weisheiten fassen die Quintessenz der Finanzmärkte gut zusammen. In Sachen Aktienauswahl passen zum Beispiel die folgenden Zeilen sehr gut:

> *„Kaufen Sie eine Aktie so, wie Sie ein Haus kaufen würden. Verstehen und mögen Sie sie so, dass Sie zufrieden wären, sie zu besitzen, wenn es keinen Markt gäbe.“*
>
> Warren Buffett

Ein Blick auf die Liste berühmter Milliardäre und erfolgreicher Aktien-Strategen wird dir zusätzlich weitere mögliche Vorbilder liefern.

Tipp 3: Antizyklische Aktien gezielt aussuchen

Wer ein langfristig lukratives Portfolio aufbauen möchte (zum Beispiel als Vorsorge für die Rente, dauerhaftes Zusatzeinkommen etc.) sollte vermehrt in antizyklische Aktien investieren. Dabei handelt es sich um Wertpapiere, die typische Kursschwankungen und Krisen an den Börsen nicht oder nur sehr geringfügig mitmachen.

Die bereits erwähnten Basiskonsumgüter sind zum Beispiel eine solche Kategorie von Aktien, die geringe Schwankungen erleben. Denn die Nachfrage nach ihren Produkten ist immer gegeben und reißt nicht etwa ab, wenn die Konjunktur schwächelt.

Sie stehen damit im Gegensatz zu den zyklischen Aktien, die den Bewegungen des Marktes folgen: In Hochzeiten profitieren sie vom Aufschwung und steigern ihre Kurse, während es in Krisenzeiten zu heftigen Einbrüchen kommt.

Ein Blick auf typische, antizyklische Aktien zeigt, was ich meine: McDonald's und Johnson & Johnson gelten als klassische Firmen, die den Entwicklungen des Marktes trotzen und konstant Gewinne erwirtschaften. Das sehen wir auch an der Entwicklung ihrer Charts:

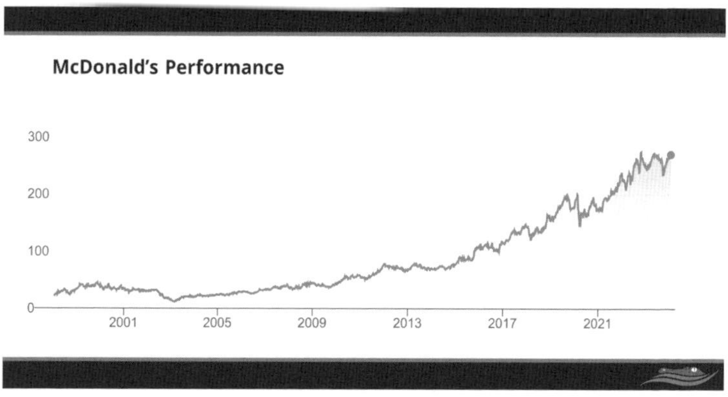

Abb. 4.4: Aktienkurs von McDonald's.

McDonald's konnte in den vergangenen Jahren ein nahezu konstantes Wachstum vorweisen und hat seinen Anlegern in 30 Jahren knapp 11.000 % Gewinn eingebracht! Mit Ausnahme des Beginns der Corona-Krise ging es fast stetig bergauf.

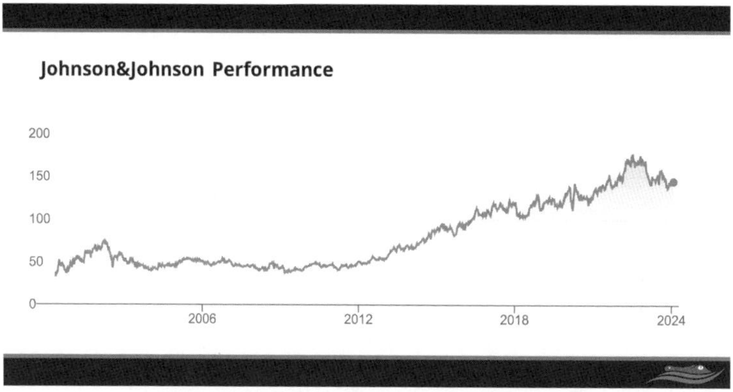

Abb. 4.5: Aktienkurs von Johnson & Johnson.

Auch Johnson & Johnson zeigte eine antizyklische Entwicklung und konnte in den vergangenen Jahren fast kontinuierlich Gewinne verzeichnen. Gute 5.600 % legte das Wertpapier in den letzten 30 Jahren zu.

Eine gesunde Mischung mit einem großen Anteil antizyklischer oder defensiver Aktien, die Schwankungen trotzen, ist also langfristig besonders erfolgreich. Titel mit höherer Volatilität können in bestimmten Phasen dazugenommen werden, um die Rendite zu erhöhen – sie sollten jedoch, aufgrund ihrer Anfälligkeit für Krisen, nur einen kleinen Teil ausmachen.

> Bei allen Wertpapieren und Investments gilt:
> Ausreichende Diversifikation ist das A und O!

Sie sorgt dafür, dass wir kein zu hohes Risiko mit einer einzelnen Aktie/Branche/Region eingehen und bei Problemen nur geringe Verluste verzeichnen. 15 bis 30 Titel, die sich über verschiedene Regionen und Branchen verteilen, haben sich als sinnvollen Richtwert bewährt.

Welche Aktien in dein Portfolio wandern sollten, hängt natürlich maßgeblich von deiner Strategie ab. Zeit also, diese festzulegen!

KAPITEL

5

DIE RICHTIGE ANLAGESTRATEGIE

Welche Methode passt zu mir?

Deine **Anlagestrategie ist der Plan, mit dessen Hilfe du deine finanziellen Ziele erreichst**. Sie gibt vor, **wann, wo, in welchem Umfang und wie lange du in ein Anlageprodukt investierst**. Wir legen unsere Anlagestrategie fest, bevor wir mit dem Investieren beginnen. Dabei kann sie ganz unterschiedlich aussehen, denn welche Vorgehensweise zu dir passt, hängt von persönlichen Faktoren ab.

Da jede Person **unterschiedliche Lebensumstände, Ziele und Möglichkeiten** hat, muss auch die Anlagestrategie entsprechend ausgewählt werden. Was für einen Menschen ideal ist, könnte für einen anderen völlig ungeeignet sein.

Stell dir zum Beispiel diesen Unterschied vor: Eine junge Frau kommt gerade frisch von der Uni und hat ihren ersten, gut bezahlten Job bekommen. Sie möchte nun ihr Geld nutzen, um schnell und zielstrebig ein großes Vermögen aufzubauen. Da sie noch viel Zeit bis zur Rente und auch sonst wenig Verpflichtungen hat, kann sie erhebliche Risiken eingehen und eine aggressive Anlagestrategie nutzen. Sollte sie dabei einen Teil ihres Kapitals verlieren, ist das zwar ärgerlich, aber kein Weltuntergang – sie benötigt das Geld nicht dringend und kann einfach wieder neues verdienen.

Als Gegenbeispiel haben wir einen Familienvater mit drei Kindern, die von seinem Einkommen abhängig sind. Außerdem geht er in 20 Jahren in Rente und will für diese Zeit vorsorgen. Das Vermögen, das er bereits angehäuft hat, kann er auf keinen Fall durch eine zu riskante Anlagestrategie gefährden! Er muss an seine Familie denken und benötigt sein Kapital bald, sodass er sich für eine sehr sichere Vorgehensweise entscheidet.

Es gibt für beide Personen (und jeden anderen Menschen!) **die passende Anlagestrategie**. Die richtige Variante zu finden, kann vor lauter Auswahl schnell einschüchternd wirken. Aber mit etwas Grundwissen zu den **einzelnen Anlagestrategien sowie ihren Vor- und Nachteilen** können wir problemlos eine Vorgehensweise auswählen, die zu uns passt. Bevor wir allerdings den Blick auf die verschiedenen Anlagestrategien werfen, müssen wir erstmal uns selbst betrachten. Mit den folgenden Fragen finden wir heraus, was wir (finanziell) eigentlich wollen:

1. Wie viel Kapital hast du zur Verfügung?

Hast du bereits Kapital angespart (Notgroschen nicht vergessen!), ist das ein guter Start. Auch das Geld, das du monatlich für deinen Vermögensaufbau abzweigen kannst, zählt dazu (die Ausgaben von den Einnahmen abziehen). Dabei kann dir ein Haushaltsbuch helfen, um deine Einnahmen sowie Ausgaben zu tracken. Dazu reicht eine einfache Excel-Tabelle völlig aus.

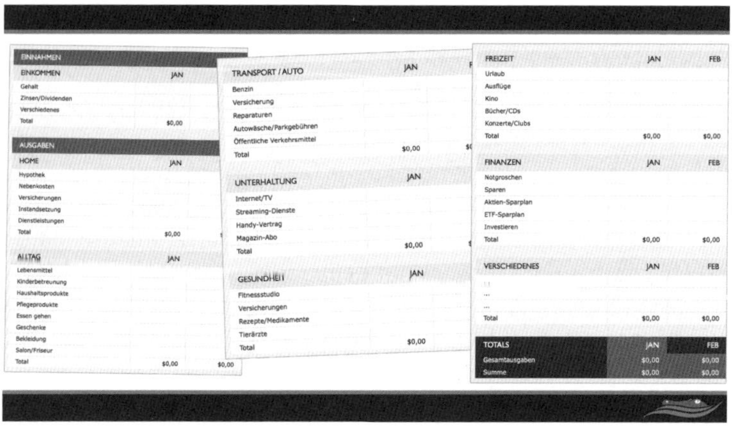

Abb. 5.1: Haushaltsbuch als Excel-Tabelle.

Starte zunächst mit deinen Einnahmen, inklusive eventueller Nebenjobs und Ähnliches. Ich empfehle die Berechnung zunächst für ein ganzes Jahr. Die Gesamtsumme kannst du später durch zwölf teilen, um deine monatliche Sparrate zu ermitteln. So stellst du sicher, dass auch einmaliges Einkommen (z.B. Weihnachtsgeld und Urlaubsgeld) enthalten ist.

Anschließend kannst du deine Ausgaben berechnen. Auch hier werden die jährlichen/halbjährigen/quartalsweisen Ausgaben (Kfz- und ähnliche Versicherungen, Kfz-Steuer, Sommer/Winterreifen, Rundfunkbeitrag, Müllgebühren, Mitgliedsbeiträge für Vereine ...)

gerne übersehen. Zusammen mit deinen monatlichen Kosten für Miete, Strom, Transport, Fitnessstudio, Essen, Streaming-Dienste, Handy etc. (multipliziert mit 12) ergeben sich deine jährlichen Ausgaben. Nun ziehen wir die Ausgaben von unseren Einnahmen ab und – voilà – du hast ermittelt, wie viel Geld du pro Monat investieren kannst!

2. Wie sehen deine Lebensumstände aus?

Wohnst du zur Miete oder verfügst du über Wohneigentum? Bist du alleinstehend oder hast du eine Familie, die auf dein Einkommen angewiesen ist? Planst du vielleicht bald einen Umzug, einen Jobwechsel, eine Weltreise, musst du Angehörige pflegen ... Die Liste ist extrem lang. Die Absicht hinter all diesen Fragen ist zu ermitteln, wie lange du dein Geld anlegen kannst, welches Risiko für dich passend ist und für welchen Zweck du am besten Vermögen aufbauen solltest.

3. Was möchtest du finanziell erreichen?

Egal, was du mit deinem Investment erreichen willst: Setze deine Ziele am besten jetzt fest, bevor du mit der nächsten Frage weitermachst.

4. Wie viel Zeit hast du, um deine Ziele zu erreichen?

Hier gilt: Realistisch bleiben! Es ist zwar gut, sich selbst etwas Druck zu machen und so für Motivation zu sorgen; es sollte jedoch im Rahmen des Möglichen bleiben und dich zudem nicht jeden Tag stressen!

5. Wie viel Risiko bist du bereit einzugehen?

Ob und wie viel Risiko du eingehen kannst, hängt von zwei zentralen Faktoren ab: Wie viel Risiko lässt deine finanzielle Situation zu (kannst du es dir leisten, etwas Geld zu verlieren) und wie viel Risiko lässt deine Persönlichkeit zu (kannst du damit leben, etwas Geld zu verlieren)? Es ist keine Schande, sich einzugestehen, dass das eigene Portfolio im Minus für Unbehagen sorgt und man lieber in sichere Assets mit geringer Volatilität investieren möchte, um die Strategie daraufhin entsprechend anzupassen.

Das war es schon – mehr als diese fünf Fragen sind nicht notwendig, um eine Strategie zu finden, die zu dir passt. Nun geht es daran, diesen „Steckbrief" mit den vielen Anlagestrategien abzugleichen und die beste für dich zu finden. Sobald du deine ideale Strategie gefunden hast, geht es an die Umsetzung. Dann sind Ausdauer und Disziplin gefragt: **Keinesfalls solltest du beim ersten Anzeichen von Problemen deine Vorgehensweise ändern!** Eine Anlagestrategie kann ihre Wirkung nur entfalten, wenn du sie strikt befolgst – häufige Wechsel führen nachweislich zu großen Verlusten. Lass dich also nicht von kurzfristigen Rückschlägen aus der Ruhe bringen, denn diese kann es an der Börse immer geben. Nur wenn du mit deiner Anlagestrategie langfristig unzufrieden bist, kannst du über eine Veränderung nachdenken. Stelle jedoch sicher, dass du den richtigen Zeitpunkt dafür abpasst und die Entscheidung für eine neue Strategie nüchtern und logisch erfolgt, nicht aus Panik. Eine gute Faustregel ist: Strategieänderungen frühestens nach 5 Jahren.

Bevor ich dir nun meine Lieblingsstrategien vorstelle, noch ein Tipp: Egal, ob du Anlagestrategien recherchierst oder über mögliche Investments grübelst – zu langes Warten und Unsicherheit helfen dir nicht weiter. Trotz aller Vorsicht und akkuraten Planung ist irgendwann der Punkt gekommen, an dem du einfach loslegen musst. Mache dir daher nicht zu viele Gedanken. Selbst eine nicht ganz perfekte Anlagestrategie ist immer noch besser, als dein Geld überhaupt nicht zu investieren!

Im Folgenden stelle ich dir die meiner Meinung nach beste Anlagestrategie überhaupt vor: **die Dividendenstrategie**. Mit ihr kannst du den langfristigen Vermögensaufbau mit geringem Risiko und garantiertem Erfolg bewerkstelligen. Man unterscheidet üblicherweise drei Arten der Dividendenstrategie, die ich dir ebenfalls vorstelle. Welche davon für dich am besten geeignet ist, hängt von deinen Umständen und Zielen ab.

So funktioniert die Dividendenstrategie

Gezielt auf Dividenden zu setzen, ist die älteste Anlagestrategie überhaupt. Schon die allererste Aktie (Anteile an einer Silbermine in Schweden, 13. Jahrhundert) basierte ausschließlich auf diesem Prinzip: Investoren wurden nur an den Gewinnen des Unternehmens beteiligt – ein Weiterverkauf war nicht vorgesehen. Kein Wunder, wurde doch die erste Börse, an der man das Wertpapier hätte handeln können, erst mehrere hundert Jahre später eingeführt!

Seither hat sich die Dividendenstrategie immer wieder bewährt. **Die Gewinnausschüttungen der Aktienunternehmen sorgen für ein passives Einkommen** und ermöglichen so einen effektiven Vermögensaufbau. Dividendenstrategien benötigen aber einiges an Zeit und Kapital, bis sie ihre Stärken voll ausspielen können.

Die passenden Wertpapiere zu finden, ist aber nicht so einfach, wie es zunächst scheint:

> Nur auf die höchsten Dividendenzahlungen zu setzen, führt nicht automatisch zum gewünschten Erfolg.

Wir müssen immer sicherstellen, dass die jeweilige Aktiengesellschaft ein solides Geschäftsmodell hat, gut gemanagt wird und die Zahlen einen guten Eindruck machen. Da wir mit einer Dividendenstrategie langfristig investieren, müssen wir auch auf die Zukunftsfähigkeit achten und entsprechende Prognosen betrachten.

Zahlreiche Unternehmen sind derzeit auf dem Weg zum „Dividendenaristokraten“: Aktien, deren Dividende seit mindestens 25 Jahren kontinuierlich ansteigt. Andere haben diesen Titel hingegen schon längst errungen. Es kann für langfristig orientierte Anleger sehr lukrativ sein, die Firmen auf diesem Weg ein Stück zu begleiten, anstatt direkt in die größten Dividendenbringer zu investieren. Am besten gelingt dies mit der Dividendenwachstumsstrategie.

Dividendenwachstumsstrategie

Wie du schon am Namen erkennst, setzt man bei der Dividendenwachstumsstrategie auf steigende Dividenden. Dieses Wachstum ist nicht bei allen ausschüttenden Aktien gegeben!

Warum sollte man auf Dividendenwachstum setzen?

Dividenden-zahlende Unternehmen lassen sich in weitere Unterkategorien einteilen. Eine davon bilden die **Firmen mit einem starken Dividendenwachstum**. Ihre Gewinnausschüttungen sind aktuell vielleicht noch nicht der Rede wert, wachsen aber dauerhaft und mit großem Tempo. Das heißt: Sie nehmen von Jahr zu Jahr in hohen Prozentwerten zu. Die Dividendenwachstumsstrategie setzt genau hier an: **Wir investieren dabei in Firmen, deren Gewinnausschüttungen stetig zunehmen**. Nach einigen Jahren ist aus der zu Beginn eher geringen Auszahlung eine stattliche Summe geworden. Der große Vorteil solcher Aktien: Es handelt sich dabei um Unternehmen, die selbst noch weiter wachsen! Mit den steigenden Dividenden gehen also oft auch steigende Kurse einher.

Klassische Dividendenaktien, wie etwa Coca-Cola, Procter & Gamble oder General Mills, verzeichnen oft nur ein minimales Wachstum der Umsätze und Gewinne. Auch ihre Dividende steigt nur geringfügig (3 bis 6 % pro Jahr). Im Gegenzug können sich Anleger aber auf stabile Kurse und die zuverlässige Zahlung verlassen: Alle drei genannten Unternehmen zahlen seit mehr als 100 Jahren eine Dividende!

Die Dividendenwachstumsstrategie nutzt hingegen **sowohl steigende Dividenden als auch zunehmende Kurswerte der Aktien. Anleger profitieren also gleich doppelt** von den Aktien in ihrem Portfolio. Damit ist diese Strategie auf halbem Weg zwischen den Dividendenstrategien (Wertpapiere mit hoher, konstanter Dividende kaufen und halten) und den verschiedenen Wachstumsstrategien (Wertpapiere mit Chance auf starkes Wachstum kaufen und später verkaufen) angesiedelt: Sie ist deutlich dynamischer als andere Dividendenstrategien, aber gleichzeitig sicherer und deutlich berechenbarer als Wachstumsansätze.

Bei Erfolg führt die Dividendenwachstumsstrategie zu **ansprechenden Einnahmen, die automatisch auf deinem Konto landen**. Unterschätze dabei auf keinen Fall die enorme Wirkung des Dividendenwachstums gegenüber hohen, initialen Ausschüttungen: Durch die regelmäßige Steigerung erzielst du auf lange Sicht sehr gute Ergebnisse! In der Praxis könnte das zum Beispiel so aussehen:

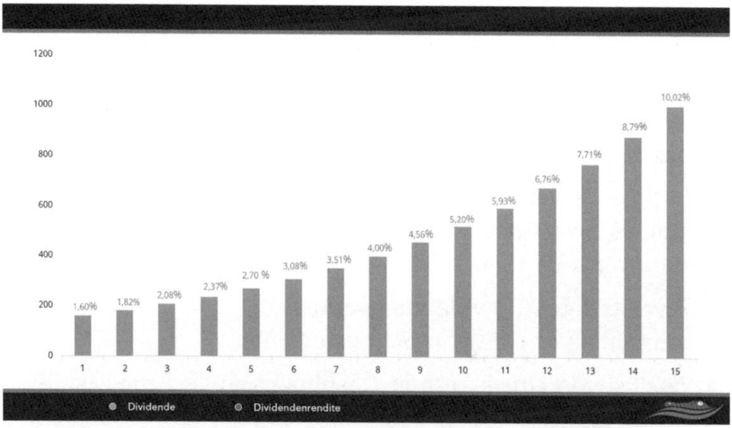

Abb. 5.2: Unterschätze nie ... niemals das Dividendenwachstum.

Hier siehst du ein Investment in Höhe von 10.000 Euro in eine Aktie mit „nur" 1,6 % Dividende, aber einem jährlichen Dividendenwachstum von 14 %! In der Folge nehmen die zu Beginn noch eher mickrigen Zahlungen schnell zu und haben sich nach 6 Jahren bereits verdoppelt und nach 12 Jahren mehr als vervierfacht. Nach 15 Jahren würde die Dividende bei 10 % liegen, was in der Realität quasi unmöglich ist. **Der rasante Anstieg verlangsamt sich früher oder später**. Hinzu kommt dann allerdings das Kurswachstum in den Jahren, was in dieser Grafik noch nicht erfasst ist.

So funktioniert die Strategie

Wie bei jeder Anlagestrategie ist auch hier **die schwierigste Aufgabe die Auswahl der passenden Assets**. Wir müssen Aktien finden, deren Dividendenzahlungen langfristig wachsen werden. Solche Prognosen sind nie einfach und können auch daneben liegen, was den Erfolg unserer Investments negativ beeinflussen kann. Wenn wir allerdings die Kennzahlen und Informationen zu den einzelnen Unternehmen analysieren, haben wir gute Chancen, die passenden Titel zu finden.

Worauf du besonders achten solltest:

- **Solides und zukunftsfähiges Geschäftsmodell.** Wir wollen in Firmen investieren, die langfristig wachsen und erfolgreich sind. Ist das Konzept eines Unternehmens zweifelhaft, besteht zu starker Konkurrenzdruck oder basiert alles nur auf einem Trend, der sich jederzeit umkehren könnte, passen die Aktien nicht zu unserer Strategie.
- **Initiale Dividende von 0,5 bis 2 % pro Jahr.** Dieser Wert hat sich als Sweetspot erwiesen, der – in Kombination mit einem starken Dividendenwachstum – für beste Ergebnisse sorgt.
- **Zweistelliges Dividendenwachstum,** damit dein Vermögensaufbau so richtig in Schwung kommt.
- **Wachsende Umsätze und Cashflow** sind die Grundvoraussetzung. Nur Unternehmen, die kontinuierlich mehr Produkte und Dienstleistungen verkaufen, kommen infrage.
- **Auch die Gewinne sollten jährlich um etwa 10 bis 15 % zunehmen**. Dieses Wachstum sollte außerdem **bereits seit mindestens 5 Jahren** anhalten. Nur dann können wir guten Gewissens auch in Zukunft steigende Gewinne erwarten, was wiederum die Grundlage für steigende Dividenden bildet.
- **Die Ausschüttungsquote sollte derzeit unter 50 % liegen**. Diese Zahl beschreibt, welchen Anteil der Gewinne ein Unternehmen an seine Investoren ausschüttet. Besonders hohe Werte machen weitere Dividendensteigerungen langfristig unmöglich, da in diesem Fall kein Geld für weitere Erhöhungen da ist. Die meisten Dividendenwachstumsunternehmen weisen sogar eine Ausschüttungsquote von unter 30 % auf.
- **Die Dividende wurde in der Vergangenheit kontinuierlich erhöht**. Da Unternehmen nicht verpflichtet sind, Dividenden zu zahlen oder die Ausschüttungen zu steigern, gibt es leider keine Garantien für zukünftige Zahlungen. Ein Blick auf die

Dividendenhistorie ist daher unser bestes Werkzeug, um die Entwicklungen der nächsten Jahre abzuschätzen.

- **Eine geringe Verschuldung** ist ein positiver Wert für ein Unternehmen, auf dessen Dividendenwachstum wir aus sind. Bei Firmen mit niedrigem Verschuldungsgrad stehen die Chancen auf steigende Ausschüttungen sehr gut. Auch für die generellen Erfolgsaussichten ist eine solche Kennzahl positiv. Besonders in Krisenzeiten ist eine geringe Verschuldung Gold wert!

Neben allen Kennzahlen solltest du aber auch auf dein Gespür vertrauen und sicherstellen, dass du dich mit dem Unternehmen „wohlfühlst“: Glaubst du, dass die betrachtete Firma auch noch in 10, 20 oder 30 Jahren erfolgreich sein könnte? Wenn die Antwort „Ja“ lautet und alle oben genannten Punkte gut aussehen, kannst du getrost zuschlagen. Bei Zweifeln oder eindeutig negativen Kennzahlen solltest du hingegen lieber die Finger von diesem Wertpapier lassen.

Für wen ist die Dividendenwachstumsstrategie geeignet?

Eine Strategie, die auf Dividendenwachstum setzt, ist auf jeden Fall **langfristig ausgerichtet und daher besonders für junge Leute geeignet**. Denn nur, wenn du den Unternehmen genügend Zeit gibst, ihre Gewinne, Kurse und Dividenden zu erhöhen, lohnt sich diese Methode. Je länger du auf diese Weise investieren kannst, desto besser. Solltest du nur einen begrenzten Zeitraum zur Geldanlage haben, ist diese Vorgehensweise für dich eher ungeeignet.

Bei einer Dividendenstrategie entsteht zudem ein kleiner Steuervorteil: In Deutschland steht Privatpersonen ein Freibetrag von derzeit 1.000 Euro pro Jahr zur Verfügung (2.000 Euro für verheiratete Paare und eingetragene Lebenspartnerschaften). Gewinne aus Dividenden, Aktienhandel etc. müssen erst versteuert werden, wenn sie diesen Betrag übersteigen.

Durch das Dividendenwachstum wirst du einige Jahre lang eher geringe Einnahmen erzielen und wahrscheinlich unter diesem Betrag bleiben. So kannst du Steuerzahlungen eine Zeit lang vermeiden. Später steigen die Ausschüttungen allerdings stark an und du wirst, wie bei allen Anlagestrategien, Kapitalertragssteuern an das Finanzamt abtreten müssen.

Dividendenertragsstrategie

Du hast keine Lust, mehrere Jahre auf das Wachstum deiner Dividenden zu warten? Dann könnte die Ertragsstrategie besser für dich geeignet sein. Hier **investieren wir in Firmen, die bereits starke Gewinnausschüttungen vornehmen**. Auf diese Weise profitierst du vom ersten Jahr bereits vom höheren Cashflow.

Gleichzeitig bleibt dein **Risiko vergleichsweise gering**, denn die Unternehmen, in die du hier investierst, sind überwiegend sehr stabil und alteingesessen. Wir peilen bei dieser Vorgehensweise eine Dividende zwischen 2 und 4 % an. Das Wachstum der Dividende hat nicht die höchste Priorität, sollte aber dennoch zwischen 2 und 8 % liegen. Hier kommen sehr oft bekannte Dividendenaktien zum Einsatz: Coca-Cola, JPMorgan, Allianz oder Nestlé sind typische Titel für ein solches Portfolio.

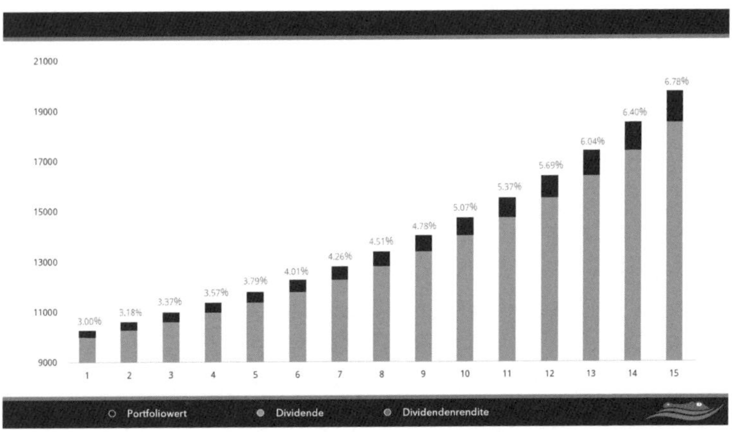

Abb. 5.3: Eine mögliche Entwicklung von einem Dividenden-Depot.

Zur besseren Demonstration habe ich eine Dividendenertragsstrategie mit einem Startkapital von 10.000 Euro, Dividende von 3 % und Dividendenwachstum von 6 % berechnet. Die Grafik zeigt sehr gut, dass es bei dieser Vorgehensweise durchgängig ein nettes Zusatzeinkommen durch Gewinnausschüttungen gibt, die langsam, aber stetig zunehmen. Kursgewinne sind hier nicht erfasst, dürften aber im Falle eines Verkaufs ebenfalls einige zusätzliche Euro in deine Kasse spülen.

Warum sollte man auf die Dividendenertragsstrategie setzen?

Diese Strategie ist besonders risikoarm, da wir hier in einige der ältesten und stabilsten Unternehmen der Welt investieren. Viele klassische Dividendentitel zahlen bereits seit über 100 Jahren eine Gewinnausschüttung oder erhöhen diese schon seit Jahrzehnten.

Hat ein Unternehmen seine Dividende bereits seit 25 Jahren ohne Unterbrechung erhöht, spricht man von einem „Dividendenaristokraten“. Nach 50 Jahren regelmäßiger Steigerung sogar von einem „Dividendenkönig“. Solche Firmen sind für unsere Strategie ideal geeignet, da sie mit sehr hoher Wahrscheinlichkeit auch in Zukunft weiter steigende Zahlungen leisten werden.

	Dividendenerhöhungen
König	min. 50 Jahre in Folge
Aristokrat	min. 25 Jahre in Folge
Contender	10 bis 24 Jahre in Folge
Challenger	5-bis 9 Jahre in Folge

Die Dividenden-Champions werden auch als Dividenden Aristokraten bezeichnet!

Abb. 5.4: Dividendenadel: Unternehmen, die ihre Dividende kontinuierlich jährlich ausschütten und anheben.

Dieses geringe Risiko verbindet sich mit einem attraktiven Cashflow. 3 % Dividendenrendite pro Jahr klingt zwar im aktuellen Umfeld hoher Zinsen nicht nach viel; du erhältst solche Zahlungen aber auch dann, wenn sich der Leitzins wieder normalisiert hat. Die Dividendenertragsstrategie bringt dadurch ein gutes, kontinuierliches Einkommen. Anders als bei Kursspekulationen kannst du dich recht gut auf diese Ausschüttungen verlassen, denn **Dividenden sind berechenbarer und schwanken nicht so stark wie Aktienkurse**.

So funktioniert die Strategie

Natürlich ist auch bei einer Dividendenertragsstrategie eine Untersuchung des jeweiligen Unternehmens notwendig, bevor du investierst! Die wichtigen Informationen sind dabei:

- **Solides und zukunftsfähiges Geschäftsmodell.** Hier sollte das Konzept des Unternehmens langfristig sinnvoll und lukrativ sein.
- **Die initiale Dividende sollte bei etwa 2 bis 4 % pro Jahr liegen.**
- **Mittelmäßiges Dividendenwachstum von etwa 2 bis 8 %.**
- **Umsätze und Gewinne sollten seit Jahren kontinuierlich leicht steigen**. Kurzfristige Einbrüche (zum Beispiel während größerer Krisen) sind kein Problem, solange der allgemeine Trend stimmt.
- Der **Cashflow** des Unternehmens sollte jährlich **um rund 5 % oder mehr steigen** – und das schon seit mindestens 5 Jahren!
- **Die Ausschüttungsquote kann höher liegen und durchaus bis zu 70 % betragen**. Von reiferen Unternehmen kann eine hohe Ausschüttung erwartet werden, da sie in der Regel kaum Kapital für neue Investments und Wachstum benötigen.
- **Eine möglichst lange Historie von Dividendenzahlungen und -erhöhungen**. Auch hier gilt: Die Ausschüttung von Dividenden oder deren Erhöhung bleibt dem Unternehmen überlassen und ist keineswegs garantiert. Durch einen Blick auf die Dividendengeschichte kannst du aber abschätzen, wie es in den nächsten Jahren weitergehen könnte.
- **Eine geringe Verschuldung** ist auch hier sehr wichtig und kann ein Unternehmen in Krisenzeiten vor bösen Überraschungen schützen.

Für wen ist die Dividendenstrategie geeignet?

Du möchtest langfristig dein **Vermögen aufbauen, regelmäßige Zahlungen erhalten und kein großes Risiko eingehen**? Dann ist die Dividendenertragsstrategie ideal für dich! Im Gegensatz zur Wachstumsstrategie erhältst du hier von Anfang an solide Zahlungen und musst nicht erst einige Jahre warten, bis sich diese summieren.

Ein weiterer Vorteil:

Viele der Unternehmen, die besonders gut in eine solche Dividendenertragsstrategie passen, zeichnen sich durch echt stabile Kurse aus (geringe Volatilität). Dadurch ist diese Strategie sehr gut **für Anleger geeignet, die schnell nervös werden** und nicht die Nerven für regelmäßige Preis-Achterbahnfahrten haben.

Du möchtest deine Dividendenzahlungen noch weiter steigern und bist bereit, dafür ein höheres Risiko einzugehen? Dann könnte vielleicht die Hochdividendenstrategie das richtige für dich sein:

Einkommensstrategie vs. Hochdividendenstrategie

Bei der Einkommensstrategie zielen wir – wie der Name bereits vermuten lässt – auf ein **möglichst hohes Einkommen** aus unseren Investments ab. Diese Vorgehensweise ist daher auch als „Hochdividendenstrategie" oder unter der englischen Bezeichnung „High Dividend Strategy" bekannt. Unter den drei Dividendenstrategien stellt sie die **aktivste und riskanteste Variante dar** – die Gefahren für dein Vermögen sind jedoch immer noch deutlich niedriger als bei Strategien, die auf Kursgewinne setzen.

Das gewünschte hohe Einkommen erzielen wir durch Assets, die eine möglichst hohe Dividende auszahlen. Auf das Wachstum der Gewinnausschüttung wird hingegen kein Wert gelegt – wir wollen sofortigen Cashflow und nicht erst einige Jahre warten! Im Gegensatz zur Dividendenwachstumsstrategie und der Dividendenertragsstrategie können wir allerdings kaum mit Kursgewinnen oder steigenden Auszahlungen rechnen.

Warum sollte man auf die Einkommensstrategie setzen?

Wer der Einkommensstrategie folgt, kann sich von Beginn an auf hohe, regelmäßige Zahlungen freuen. Hier sind **Erträge von bis zu 10 % pro Jahr möglich!** Dadurch ist eine solche Vorgehensweise schnell lukrativ und eignet sich auch für mittlere Anlagezeiträume – du musst hier nicht erst 15 Jahre und mehr abwarten, bis sich deine Strategie dank Zinseszinseffekt richtig lohnt.

So funktioniert die Strategie

Bei einer High Dividend Strategy suchen wir höchste Dividenden. Dabei müssen wir allerdings zahlreiche schwarze Schafe vermeiden: Es gibt immer einige Unternehmen, die extrem hohe Ausschüttungen bieten, aber nicht gewinnbringend arbeiten. Bei diesen Firmen gibt es große Probleme und oft ist sogar die Insolvenz bereits absehbar.

Die hohen Dividenden können in diesem Fall ein Schwanengesang sein, mit dem das Management noch letzte Gewinne aus dem Unternehmen pressen will. Wir können solche Firmen an hohen Dividenden oder Dividendensteigerungen trotz schlechter Geschäftszahlen oder Überschuldung erkennen. Auch eine Ausschüttungsquote über 100 % ist ein sehr deutliches Warnsignal.

Andere Unternehmen weisen nur eine hohe Dividende auf, weil ihr Kurs stark gesunken ist. Da die Dividende in Euro/Dollar angegeben wird, macht die Ausschüttung dann einen sehr hohen Prozentsatz des Kurses aus. Auch diese Situation ist für eine Einkommensstrategie ungeeignet, denn die Dividende wird nach einem Kurseinbruch mit hoher Wahrscheinlichkeit gekürzt!

Dank der hohen Dividenden kann sich ein lukratives Investment ergeben – auch, wenn du nur mit geringem Wachstum (sowohl in Sachen Dividende als auch Kurse) rechnen kannst. Ich habe ein typisches High-Dividend-Portfolio für dich berechnet.

Einmalige Einzahlung:	10.000 €
Dividendenrendite:	8 %
Dividendensteigerung:	2 % pro Jahr
Verwendung der Dividende:	vollständig reinvestiert
Ziel:	Einkommen

Jahre	Kapital	Dividende	Gesamtkapital	Dividendenrendite
1	10.000,00 €	800,00 €	10.800,00 €	8,00 %
2	10.800,00 €	881,28 €	11.681,28 €	8,16 %
3	11.681,28 €	972,26 €	12.653,54 €	8,32 %
4	12.653,54 €	1.074,24 €	13.727,78 €	8,49 %
5	13.727,78 €	1.188,75 €	14.916,53 €	8,66 %
6	14.916,53 €	1.317,52 €	16.234,05 €	8,83 %
7	16.234,05 €	1.462,57 €	17.696,63 €	9,01 %
8	17.696,63 €	1.626,23 €	19.322,86 €	9,19 %
9	19.322,86 €	1.811,18 €	21.134,04 €	9,37 %
10	21.134,04 €	2.020,57 €	23.154,61 €	9,56 %

Tab. 5.1: Dividendenrendite = 8 %; Dividendensteigerung = 2 % p. a.

Um die passenden Titel zu finden, solltest du bei der Auswahl deiner Aktien auf folgende Punkte achten:

- **Solides Geschäftsmodell.** Das Unternehmen sollte ein sinnvolles Konzept verfolgen und gegenüber seinen Konkurrenten gut aufgestellt sein. Zumindest für die nächsten 5 bis 10 Jahre sollten die Perspektiven gut aussehen.
- **Die Dividende sollte möglichst hoch sein**, ohne negative Konsequenzen für das Unternehmen zu bedeuten. Werte von 5 bis 10 % sind hier denkbar. Je höher die Dividende ausfällt, desto genauer solltest du untersuchen, ob die Firma gesund und rentabel ist.
- Ein **Dividendenwachstum ist vorteilhaft**, jedoch für diese Strategie nicht die oberste Priorität. Die Dividende sollte kontinuierlich wachsen, wobei die Höhe der Steigerung schwanken darf. Solange es immer nach oben geht, ist alles in Ordnung – sinkende Dividenden sind hingegen inakzeptabel!
- **Gewinne und Umsätze sollten zumindest leicht steigen**, keinesfalls jedoch sinken. Du willst niemals in ein Unternehmen in Schieflage investieren! Auch eine hohe Dividende kann nämlich die Kursverluste nicht ausgleichen, die in so einem Fall auf dich zukommen.
- **Die Ausschüttungsquote kann sehr hoch liegen** – die beliebten REITs sind zum Beispiel gesetzlich verpflichtet, mindestens 90 % ihrer Gewinne an die Investoren auszuschütten. Achte jedoch auf verdächtig hohe Werte: Einige Firmen schütten mehr als 100 % aus und nehmen dafür Schulden auf, nur um ihre Anleger zufriedenzustellen. Das ist natürlich keine gesunde, dauerhaft sinnvolle Vorgehensweise!

Für wen ist die Einkommensstrategie geeignet?

Im Gegensatz zu den anderen beiden vorgestellten Strategien ist bei der High Dividend Strategy etwas mehr Aufmerksamkeit erforderlich: Hier hast du in der Regel keine klassischen Dividendenkönige im Portfolio, die du ruhigen Gewissens mit einem Sparplan „blind" nachkaufen kannst. Stattdessen sind regelmäßige Checks nötig, um sicherzugehen, dass deine Dividendentitel weiterhin lukrativ sind und ein gesundes Bild abgeben.

Durch die hohen Dividendenzahlungen ist diese Strategie besonders für Anleger interessant, die bereits einiges an Kapital mitbringen und daraus sofort Einnahmen erzielen wollen. Die regelmäßigen Ausschüttungen sind bei allen Dividendenstrategien sehr motivierend und bereiten Freude; aufgrund der guten Höhe von Anfang an können sie aber bei der Einkommensstrategie besonders aufregend sein. Wenn du direkt von deinem Vermögen leben willst oder musst (zum Beispiel wegen Renteneintritt oder weil du weniger arbeiten möchtest), ist dieses Vorgehen gut geeignet.

Welche der Dividendenstrategien ist für mich geeignet?

Die drei vorgestellten Dividendenstrategien stellen leichte Variationen eines sehr lukrativen Grundkonzepts dar. Sie haben jeweils eigene Vor- und Nachteile, die du gegeneinander abwägen solltest. Möchtest du sofort Einnahmen erzielen (zum Beispiel, weil du von ihnen leben musst), ist die Einkommensstrategie wahrscheinlich am besten für dich geeignet. Hier gibt es allerdings kein oder nur minimales Wachstum.

Am anderen Ende des Spektrums finden wir die Dividendenwachstumsstrategie. Hier musst du eine recht langsame Startphase aussitzen, in der du nur geringe Ausschüttungen erhältst. Nach einigen Jahren hat sich das Wachstum jedoch ausgezahlt und du kannst auf hohe Erträge und gestiegene Kurse hoffen. Diese Strategie braucht nicht nur einiges an Geduld; du solltest auch in der Anfangszeit mit einem geringen Cashflow leben können. Aufgrund des langen Anlagehorizonts ist sie besonders für junge Leute geeignet.

Die Dividendenertragsstrategie liegt in der Mitte dieser beiden Extreme. Sie bietet solide Dividenden von Anfang an und die Chance auf ein generelles Wachstum. Sowohl in Sachen Ausschüttung als auch bei den Kursen solltest du hier allerdings keine Wunder erwarten. Im Gegenzug musst du dir nur wenig Sorgen um dein Portfolio machen, da hier besonders stabile und reife Unternehmen eingekauft werden.

Welche der Strategien am besten zu dir passt, kannst du anhand deiner persönlichen Lebensumstände und Ziele einschätzen.

Du kannst auch **verschiedene Dividendenstrategien mischen**. Starte zuerst mit einer Dividendenertragsstrategie und investiere deine Ausschüttungen in ein zweites Wachstumsportfolio. Mische Wachstums- und Ertrags-Aktien. Kaufe einen High-Dividend-ETF und ergänze ihn mit einzelnen Wachstumstiteln ... Deiner Fantasie sind kaum Grenzen gesetzt!

Kriterium	Dividenden-wachstums-strategie	Dividenden-ertragsstrategie	Hochdividenden-strategie
Dividende	0,5 – 2 %	2 – 4 %	5 – 10 %
Dividenden-wachstum	ab 10 %	2 – 8 %	keine Senkung
Dividenden-steigerung	mind. 3 Jahre	mind. 10 Jahre	kontinuierlich wachsen
Ausschüttungs-quote	unter 50 %	bis zu 70 %	bis zu 100 %
Cashflow-wachstum	10 % seit mind. 5 Jahren	5 % seit mind. 5 Jahren	leichte Steigerung
Gewinn-wachstum	10 – 15 % seit mind. 5 Jahren	5 – 10 % seit mind. 5 Jahren	leichte Steigerung
Verschuldung	max. 70 %	max. 70 %	max. 90 %
Beispiel	LVMH, Microsoft, Visa, MSCI	P&G, Amgen, PepsiCo, McDonald's	BAT, Realty Income, Ares C.

Tab. 5.2: Vergleich von Dividendenstrategien.

KAPITEL 6

DIE RICHTIGEN INVESTMENTS

Dividendenaktien analysieren und bewerten

Dividendenstrategien sind schön und gut, aber **welche Aktien soll man denn nun kaufen?** Um diese Frage zu beantworten, müssen wir einen Ausflug in die Welt der Aktienanalyse unternehmen. Dabei handelt es sich um ein weites und komplexes Feld, in dem professionelle Analysten Hunderte von Kennzahlen in komplizierten Modellen berechnen … Aber keine Sorge: Wir benötigen nur eine Handvoll Zahlen, die man jederzeit nachschlagen kann. Auch tiefgehende Mathekenntnisse sind nicht notwendig!

Ohne einen genauen Blick auf die jeweiligen Unternehmen funktioniert ein Investment leider nicht. Denn selbst die beste Dividendenrendite kann nichts mehr ausrichten, wenn die verantwortliche Firma kurz vor der Insolvenz steht und die Kurse im freien Fall sind. Damit du nicht versehentlich in ein solches Wertpapier investierst, habe ich die wichtigsten Kriterien für die Aktienanalyse in diesem Kapitel für dich zusammengefasst. Dabei sind die insgesamt acht Punkte nicht nur für Dividendenstrategien geeignet – du kannst die Liste für alle Arten von Aktieninvestments nutzen, bei denen gesunde, langfristig erfolgreiche Unternehmen gefragt sind.

Außerdem erfährst du, wie du anhand dieser Daten im nächsten Schritt bestimmst, welche Titel für eine Dividendenstrategie geeignet sind. Dies hilft dir, eine fundierte Entscheidung für oder gegen einen Kauf zu treffen.

> Durch eine gute Analyse reduzierst du das Risiko deiner Investments, da du Aktien mit schlechten Zukunftsaussichten gar nicht erst einkaufst!

Der dritte Punkt in diesem Kapitel sind praktische Beispiele: Ich analysiere mit dir gemeinsam einige typische Dividendenaktien, um Positiv- und Negativbeispiele zu entdecken. Beachte: Es handelt sich dabei nicht um eine Anlageberatung oder Kaufempfehlung! Ziel ist es lediglich, die Analyse von Aktien vorzustellen. Für konkrete Anlagetipps musst du dich an qualifizierte Berater wenden.

Aktienunternehmen richtig analysieren

Ein Unternehmen, das an einer Börse gelistet ist, hat immer eine gewisse Mindestgröße. Hier sind garantiert etliche Mitarbeiter und Führungskräfte am Werk und erwirtschaften Umsätze von mehreren Millionen. Aufgrund dieser Größe wird es allerdings auch recht schwierig, die wirtschaftliche Situation akkurat zu bestimmen!

Ein kleines Unternehmen, sagen wir zum Beispiel die Bäckerei in deiner Straße, bei der du deine Brötchen holst, ist leicht einzuschätzen. Anzahl verkaufter Brötchen, Entwicklung des Mehlpreises, Entfernung zur nächsten Konkurrenzbäckerei, Dichte des Verkehrs und Fußgänger-Anzahl, die die Bäckerei täglich passieren ... schon hast du einen grundsätzlichen Eindruck davon, ob der Laden läuft.

Bei einem börsengelisteten Aktienunternehmen sind hingegen Hunderte von Kennzahlen im Spiel, internationale Märkte, ständiger Konkurrenzdruck, neue Produktentwicklungen und ein gewaltiger Buchführungsapparat. Statt von einem Bäckermeister, der gerne Brötchen verkaufen will, werden solche Betriebe von hoch bezahlten Managern geführt, die komplexe strategische Ziele verfolgen.

Kurzum: Es ist sehr aufwendig für eine außenstehende Person, ein Aktienunternehmen zuverlässig einzuschätzen. Und selbst wenn alles an und in der Firma perfekt läuft, ist der wirtschaftliche Erfolg noch keineswegs garantiert! Die stärkere Konkurrenz, neue Produkte, Gesetze oder einfach das fehlende Interesse unter den Kunden können jederzeit für Umsatzrückgänge sorgen.

Um solche Probleme möglichst auszuschließen, müssen wir in die Materie eintauchen und einige Kennzahlen heranziehen. Glücklicherweise ist dafür kein Besuch im Accounting-Bereich des jeweiligen Unternehmens notwendig: Alle börsennotierten Unternehmen betreiben eine „Investor Relations“ Webseite, auf der du wichtige Daten und Informationen findest. Zusätzlich gibt es eine Fülle an Finanzportalen, die weitere Werte und komplexere Formeln bereits für dich berechnet haben. Bekannt sind zum Beispiel Aktienfinder.de, Aktie.Traderfox.com, SeekingAlpha.com (Englisch), finviz.com (Englisch). Aber welche der vielen Auskünfte und Abkürzungen sind nun für die Einschätzung eines Unternehmens wichtig?

Ich habe dir im Folgenden acht Punkte zusammengefasst, die ich bei einer Firmenanalyse betrachte.

1. Das Geschäftsmodell

> *„Investiere nur in eine Aktie, deren Geschäft du auch verstehst."*
>
> Warren Buffett

Die erste und wichtigste Frage bei der Analyse eines Unternehmens ist, **wie und womit die Firma überhaupt Geld verdient**. Nur wenn du das Geschäftsmodell verstehst, solltest du ein Investment in Betracht ziehen. Dabei ist es nicht nötig, sich mit jedem Detail auszukennen – du musst also nicht die chemische Formel aller Medikamente kennen, um in ein Pharmaunternehmen zu investieren. Andererseits ist jedoch „Die machen irgendwas mit künstlicher Intelligenz!" nicht genug!

Der wichtigste Grund, wieso du das Geschäftsmodell verstehen solltest, ist der Einblick in den Markt und die Konkurrenten: Nur wenn du weißt, woher die Einnahmen einer Firma stammen, kannst du die Marktlage abschätzen. Möglicherweise ist ein Mitbewerber im gleichen Feld deutlich besser aufgestellt oder der gesamte Bereich befindet sich im Niedergang.

Die Welt dreht sich immer weiter und die Wirtschaft ist ständig in Bewegung. Ehemalige Marktführer verschwanden schon einige Jahre später völlig in der Versenkung (Nokia, Kodak, Toys'R'us ...). Andere Firmen (Apple: 1997 kurz vor der Pleite, 2023 das wertvollste Unternehmen der Welt) erleben unglaubliche Achterbahnfahrten.

Vielleicht zeigt die Analyse des Geschäftsmodells auch, dass die betrachtete Firma hervorragende Produkte anbietet und damit wahrscheinlich bald einen deutlich größeren Marktanteil erringen wird. In diesem Fall ist die erste Hürde genommen – sehen auch die anderen Kennzahlen gut aus, könnte sich ein Investment lohnen.

Außerdem fällt es uns leichter, uns mit einem Unternehmen zu identifizieren, das wir kennen und verstehen. Das mag für alle, die noch keine Aktien besitzen, etwas übertrieben klingen; aber spätestens, wenn im Zuge einer Krise dein Investment rote Zahlen schreibt, werden solche Faktoren wichtig. Dann fällt es schwer, diszipliniert an der eigenen Strategie festzuhalten. Eine stärkere Identifikation mit der Firma ist von Vorteil und hilft uns, Panikverkäufe zu vermeiden.

2. Marktposition und Preissetzungsmacht

Nachdem wir das Geschäftsmodell analysiert und verstanden haben, müssen wir prüfen, ob sich dieses auch lohnt. Dazu werfen wir einen Blick auf den Markt und die Preispolitik der gesamten Branche. Die Position eines Unternehmens innerhalb der jeweiligen Branche ist von großer Bedeutung für uns Anleger. Eine etablierte Firma mit langjähriger Geschichte und einem hohen Marktanteil bietet uns dabei einige Vorteile: Es ist zum Beispiel äußerst unwahrscheinlich, dass solche Unternehmen kurzfristig von anderen Konkurrenten verdrängt werden.

Idealerweise sollte ein Unternehmen in der Lage sein, die Preise für die eigenen Produkte immer wieder anzuheben – auch in schlechten Zeiten, zum Beispiel während Phasen hoher Inflation. Das gelingt nicht allen Firmen! Die glücklichen Unternehmen, die ihre Preise so nach oben drehen können, haben die sogenannte „**Preissetzungsmacht**" errungen. Dies ist besonders häufig der Fall, wenn sie **einen sehr großen Marktanteil kontrollieren**. So haben zum Beispiel Coca-Cola und PepsiCo. den Markt für Softdrinks fast vollständig unter sich aufgeteilt. Die beiden Konkurrenten können problemlos Preiserhöhungen durchsetzen. Da es kaum nennenswerte Mitbewerber gibt, besteht auch keine Gefahr, dass bisherige Kunden abwandern.

Eine solche Preissetzungsmacht gibt es auch bei Angeboten mit Alleinstellungsmerkmal. Ist ein Produkt zum Beispiel durch Patente geschützt, kann es möglicherweise nicht von anderen Unternehmen kopiert werden. Handelt es sich um das einzige Exemplar am Markt, ist natürlich auch ein entsprechender Preis möglich.

Auch bei einem Markenprodukt besteht oft eine Preissetzungsmacht. Allein aufgrund der (meist globalen) Bekanntheit sind dann Preissteigerungen möglich. Ein ähnliches Bild zeigt sich auch bei Produkten, die als Statussymbol gelten: Hier liegt der Verkaufspreis in der Regel um ein Vielfaches über dem tatsächlichen Wert. Das erlaubt den Unternehmen auch dort, die Preise sehr freizügig zu erhöhen!

Auch wenn keine solche Preissetzungsmacht vorhanden ist, kann ein Unternehmen von der Marktsituation profitieren: Einige Branchen haben beispielsweise extrem hohe Hürden für Neueinsteiger. So müsste etwa ein neuer Kreditkartenanbieter, der Visa und Mastercard Konkurrenz machen möchte, ein gewaltiges Budget und viel Zeit mitbringen. Denn solche Zahlungsdienstleister müssen an möglichst vielen Stellen akzeptiert werden, um für Kunden attraktiv zu sein. Das gelingt nicht über Nacht!

Gleiches gilt auch für einige technische Bereiche, wie zum Beispiel die Produktion von Mikrochips: Um Produkte herzustellen, die mit einer NVIDIA Grafikkarte konkurrieren können, müssten Maschinen und Expertenwissen für mehrere Milliarden Euro eingekauft werden. Durch diese stolzen Summen begeben sich nur wenige Firmen überhaupt in diesen Bereich, was den Konkurrenzdruck vergleichsweise niedrig hält.

Sollte die betrachtete Firma aus einem der genannten Gründe (oder einem anderen Anlass) in der Lage sein, ihre Preise ohne größere Probleme jederzeit erhöhen zu können, liegt wahrscheinlich ein gutes Investment vor. Ist das Unternehmen jedoch an die Preisbildung der gesamten Branche gebunden oder wird von Konkurrenten „vor sich hergetrieben“, spricht das eher gegen den Kauf der Aktie.

Beachte jedoch: Immer wieder gibt es Newcomer, die eine scheinbar alteingesessene Branche mächtig aufwirbeln! Daher kannst du dich nie völlig auf die führende Position eines Unternehmens verlassen. Ein regelmäßiger Blick auf den Marktbereich und mögliche Konkurrenten ist daher empfehlenswert.

3. Das Management

Ein Unternehmen ist immer nur so erfolgreich wie das Management, von dem es geführt wird. Oder:

> *„Ich versuche Aktien von Unternehmen zu kaufen, die so wunderbar sind, dass ein Idiot sie leiten kann. Denn früher oder später wird es einer tun."*
>
> Warren Buffett

Wichtig ist dabei, die **Motivation des Managements zu erkennen**. Bei einem großen Teil der Aktienunternehmen liegt die Leitung in den Händen von Führungskräften, die durch hohe Gehälter und Erfolgsboni angelockt werden. Man kann diese Personen gut an ihren Erfahrungen erkennen: Sie wechseln häufig zwischen Branchen und Firmen, da sie immer auf der Suche nach dem besten Angebot sind. Da sie keine Bindung an das jeweilige Unternehmen haben, handeln sie in der Regel nur im eigenen Sinne: Das Erreichen der vertraglichen Ziele (zum Beispiel Quartalsergebnisse), um ihre Bonuszahlungen zu erhalten, hat oberste Priorität. Diese Vorgehensweise ist jedoch nicht immer ideal für die Firma und kann sogar zu ernsthaften Schäden führen, da die langfristige Sichtweise hier schnell untergeht.

Auf der anderen Seite gibt es nach wie vor einige Unternehmen, die sich in Familienhand befinden. Hier wechselt die Führungsriege selten und hat meist eine innige Verbindung zu Firma und Belegschaft. Ein solches Management ist nicht nur oft für ein geringeres Gehalt tätig (was für die Geschäftszahlen wiederum positiv ist), sondern denkt auch zuerst an die Interessen des Betriebs: Es soll eine möglichst lange, erfolgreiche Zukunft sichergestellt werden.

Auch Führungskräfte, die nicht mit dem Unternehmen verwandt sind, gehen teilweise eine ähnliche Bindung ein. Sie sind ebenfalls an oft geringeren Gehältern und kleinen oder gar nicht existenten Bonuszahlungen zu erkennen. Außerdem sind diese Manager oft bereits seit Jahren oder Jahrzehnten in der gleichen Firma aktiv.

Ein solcher „Familienbetrieb“ oder „familiärer Betrieb“ ist für Anleger deutlich attraktiver, da sich unsere Ziele hier mit denen des Managements überschneiden. Diese Führungsriege besitzt dann mit hoher Wahrscheinlichkeit auch eine große Anzahl Aktien des Unternehmens und hat so ein deutlich größeres Eigeninteresse.

Dementsprechend sollten wir bei der Analyse eines Aktienunternehmens zwei Faktoren prüfen: Wie lange ist das Management bereits im Unternehmen und wurde in der Vergangenheit im Sinne des Unternehmens oder eher aus Eigeninteresse entschieden? Erstere Variante spricht aus Anlegersicht für ein Investment, letztere dagegen.

4. Politische Risiken

Politische Risiken entstehen durch direkte oder indirekte Einflussnahme der Politik auf Unternehmen. Dies kann zum Beispiel durch gesetzliche Vorgaben (direkter Einfluss) oder als Folge auf politische Prozesse (indirekter Einfluss) geschehen. Der russische Angriff auf die Ukraine in 2022 ist ein Paradebeispiel für solche Prozesse: Der Krieg hat nicht nur eine allgemeine Rezession losgetreten und die Märkte kurzzeitig stark belastet, sondern auch zahlreiche Unternehmen, vor allem aus dem Öl- und Gasbereich, massiv betroffen.

Kurseinbrüche aufgrund Krisen und wirtschaftlich schwerer Zeiten sind bei keinem Unternehmen völlig vermeidbar. Durch Auswahl besonders stabiler Aktien, wie zum Beispiel nicht-zyklischer Konsumgüter, können Schwankungen allerdings reduziert werden.

Das Risiko einer direkten politischen Einflussnahme ist hingegen in einigen Branchen, Firmen und Regionen deutlich höher. So sind zum Beispiel Aktien aus China aufgrund der dortigen politischen Landschaft deutlich höheren Risiken ausgesetzt. Auch ein Investment in Tabakaktien ist heute mit einem massiven politischen Risiko verbunden.

Bei kurzfristigen Anlagestrategien sind solche gefährdeten Unternehmen beliebt: Mutige Anleger wetten zum Beispiel mit Leerverkäufen gern auf baldige Kurseinbrüche. Solche Spekulationen können enorme Gewinne generieren; in den meisten Fällen sorgen sie aber für massive Verluste! **Für eine langfristig erfolgreiche Dividendenstrategie sind solche Aktien ungeeignet**. Daher empfiehlt es sich, das politische Risiko im eigenen Portfolio so gering wie möglich zu halten – insbesondere, weil es für uns als Anleger unkontrollierbar ist.

5. Fairer Wert

Der „faire Wert" einer Aktie ist eine wichtige Kennzahl in der Finanzwelt, für die es leider keine einfache und sichere Berechnung gibt. Man versteht unter dem Begriff den tatsächlichen, realistischen Wert eines Unternehmens. Dieser Betrag kann sich vom Preis der jeweiligen Aktie enorm unterscheiden!

Ist ein Unternehmen überbewertet, kosten seine Aktien mehr, als die Firma mit allen Besitztümern, Umsätzen, Gewinnen etc. auf die Waage bringt. Bei einer Unterbewertung sind die Aktien im Gegensatz dazu günstiger zu haben. Solche Preisdifferenzen entstehen durch die Natur der Börsen: Die Nachfrage bestimmt den Preis von Wertpapieren. Investoren können zum Beispiel aufgrund von Prognosen und Trends ein großes Interesse an einzelnen Titeln entwickeln oder verlieren. In der Folge verändern sich die Kurse, obwohl das Unternehmen weiterhin den gleichen „fairen Wert" besitzt.

Oder:

„Aktien-Preise schwanken stärker als Aktien-Werte."

Sir John Templeton

Um herauszufinden, wo der faire Wert eines Unternehmens liegt, nutzen Investoren verschiedene Kennzahlen. Die beliebteste von ihnen ist das KGV, das Kurs-Gewinn-Verhältnis. Es stellt den Aktienkurs mit dem Gewinn des Unternehmens (gerechnet pro Aktie) ins Verhältnis und zeigt dir, zum Wievielfachen ihres Gewinns das Wertpapier an der Börse gehandelt wird.

Wir erhalten es, wenn wir den Kurs einer Aktie durch den Gewinn pro Aktie teilen. Deutlich simpler ist es allerdings, diese Zahl einfach nachzuschlagen. Du findest das KGV (oder Englisch: P/E Ratio) zu sämtlichen Aktien mit einer kurzen Internetsuche.

Anleger untersuchen diese Kennzahl, um den Unterschied zwischen Aktienpreis und Unternehmenswert zu erfassen. Je höher die Zahl, desto teurer der Titel. Ein niedriges KGV zeigt hingegen eine Unterbewertung an. Wo der faire Wert, also das Gleichgewicht der beiden Preise, liegt, lässt sich nicht eindeutig bestimmen. So unterscheidet sich dieser Punkt etwa von Branche zu Branche und Index zu Index. Für den S&P 500, den wichtigsten Index an den Finanzmärkten, gilt ein KGV von 20 (früher: 15) als fairer Wert.

Der isolierte Blick auf diese Kennzahl reicht aber nicht aus – eine einzelne Kennzahl ist nie genug! Stattdessen empfehle ich dir, das **durchschnittliche Kurs-Gewinn-Verhältnis einer Aktie über mehrere Jahre** (10 haben sich bewährt) zu nutzen. Anschließend kannst du diesen Durchschnittswert mit dem aktuellen KGV vergleichen. Dies erlaubt dir eine erste Einschätzung des aktuellen Wertes.

Noch interessanter wird es, wenn du das Durchschnitts-KGV mit dem aktuellen Gewinn pro Aktie multiplizierst. Das Ergebnis ist der faire Wert der jeweiligen Aktie in Euro/Dollar. Berechnest du auf diese Weise einen fairen Wert von 100 Dollar für eine Aktie, sie steht jedoch aktuell bei 120 Dollar, liegt eine Überbewertung vor. Ist der Kurs hingegen bei 80 Dollar, hast du eine Unterbewertung entdeckt. Hier kann sich das Investment besonders lohnen!

Hast du ein Unternehmen gefunden, das nach deiner Einschätzung tatsächlich unterbewertet ist, solltest du ein Investment in Betracht ziehen – wenn alle anderen Faktoren ebenfalls positiv aussehen. Ein niedriges KGV ist jedoch nicht alles; versteife dich daher nicht zu sehr auf diesen Wert.

6. Cashflow

Unter dem Cashflow versteht man die **tatsächlich erwirtschafteten Einnahmen eines Unternehmens**. Es handelt sich um eine Kennzahl aus der Bilanzanalyse, anhand derer man die finanzielle Situation und Liquidität sehr gut einschätzen kann. Anders als beim

Gewinn sind hier keine Tricks möglich, um die Zahlen zu beschönigen. Man sieht anhand des Cashflows also wirklich, wie es um die Finanzen der Firma steht. Konkret gibt der Cashflow Auskunft über den Verschuldungsgrad, das zur Verfügung stehende Kapital und die Finanzierungsstärke des Unternehmens. Ein hoher Cashflow gilt dabei als positiv und ist häufig mit einem Aufwärtstrend des Wertpapiers verbunden.

Als Unterkategorie ist außerdem der „Free Cashflow" wichtig. Er gibt an, welche Mittel das Unternehmen noch übrig hatte, nachdem alle notwendigen Investitionen getätigt wurden. Ein positiver Wert zeigt an, dass keine Schulden nötig waren, um alle Ziele zu erreichen.

7. Dividendenrendite

Was die Dividendenrendite ist, haben wir bereits ausgiebig analysiert. Solltest du dich für die Aktie eines Unternehmens interessieren, ist eine genaue Betrachtung der Dividende enorm wichtig. **Die Dividendenrendite beschreibt die Gewinnausschüttung in Prozent vom Aktienkurs**. Denn die Gewinnausschüttung wird im Rahmen der Hauptversammlung in Dollar, Euro etc. festgelegt. So könnten die Aktionäre also zum Beispiel bestimmen, dass die Dividende einen Euro pro Aktie beträgt. Hat die Aktie zu diesem Zeitpunkt einen Wert von 100 Euro, entspräche dies einer Dividendenrendite von 1 %. Stünde der Kurs bei 50 Euro, wären es hingegen 2 % Dividendenrendite.

Da die Angabe in Euro- und Centbeträgen also wenig Aussagekraft hat, berechnet man stattdessen die Dividendenrendite als Prozentwert. Ein hoher Wert ist dabei für unsere Dividendenstrategie generell positiv; allerdings solltest du nicht nur ausschließlich auf diese Kennzahl achten! Auch die **Wachstumsrate der Dividende** von Jahr zu Jahr ist von großer Bedeutung.

Zudem sollte das Unternehmen idealerweise **schon seit vielen Jahren eine Dividende ausschütten und diese auch kontinuierlich erhöhen**. Achte darauf, dass keine zu hohe Ausschüttungsquote vorliegt. Bis zu maximal 70 % haben sich für Dividendenstrategien bewährt. Andere Assets (zum Beispiel REITs mit mindestens 90 % Ausschüttung) können andere Werte aufweisen.

Für Wachstumsunternehmen ist eine Dividendenrendite von weniger als 1 % üblich. Werte bis zu 4 % gelten allgemein als Sweetspot für Dividendenstrategien, da hier oft eine lukrative Kombination aus Dividendenzahlungen und Kurswachstum vorliegt. Höhere Ausschüttungen von über 4 % finden wir hingegen oft bei sehr reifen Unternehmen, die kaum noch nennenswertes Wachstum vorweisen.

Generell gilt: Je höher die Dividendenrendite, desto wichtiger ist die Analyse von Unternehmen und Kursen. Besonders hohe Ausschüttungen können auf Missstände hindeuten und mit sinkenden Aktienpreisen einhergehen. Eine Dividende von 10 % nützt uns nichts, wenn die Aktie im gleichen Zeitraum 20 % an Wert verliert.

8. Aktienrückkaufprogramme

Unternehmen können ausgegebene Aktien zurückkaufen, wenn die Aktionäre während der Hauptversammlung diesem Vorhaben zustimmen. Gründe sind zum Beispiel, sich vor Übernahmen zu schützen, die Wertpapiere als Belohnung an die Mitarbeiter auszugeben, die Kurse zu unterstützen oder einfach, weil es aktuell keine besseren Investitionsmöglichkeiten gibt.

Da der Aktienrückkauf allgemein als **positives Zeichen eines lukrativen Unternehmens** gilt, wird diese Zustimmung der Anleger fast immer erteilt. Im Rahmen eines Rückkaufs erhöht sich auch der Preis der Aktie aufgrund der hohen Nachfrage, sodass die Investoren von diesem Vorgang profitieren. Zudem **steigt durch diesen Schritt der Gewinn pro Aktie und die Gesamtkapitalrendite**. Im Gegenzug sinkt jedoch das Grund- und Eigenkapital.

Stößt du bei deiner Analyse eines Unternehmens auf ein Aktienrückkaufprogramm, ist das zunächst positiv, da es für eine gute finanzielle Lage der Firma spricht. Dennoch ist es wichtig herauszufinden, ob die steigenden Kurse und der hohe Gewinn pro Aktie nur durch einen Rückkauf verursacht wurden! Als ideale Kombination gelten der Aktienrückkauf gemeinsam mit Dividendenausschüttungen. Diese beiden Aspekte bilden zusammen ein sehr positives Signal und weisen auf ein lukratives Unternehmen hin.

Aktienanalyse: „Dividendenaktien-Qualitäts-Score"

Die wichtigsten Aspekte eines Unternehmens zu kennen, ist der erste Schritt. Nun müssen wir diese Faktoren einschätzen, um Vergleichbarkeit und nutzbare Ergebnisse zu schaffen. Dafür können verschiedene Methoden zum Einsatz kommen; meine Empfehlung ist das Bilden eines Qualitäts-Scores für Dividendenaktien.

Das Konzept ist denkbar einfach: Wir betrachten wichtige und gut vergleichbare Kriterien (in erster Linie solche, die in absoluten Zahlen ausgedrückt werden können), vergeben dafür Punkte und berechnen daraus einen Gesamtwert. Ein Unternehmen, das eine hohe Punktzahl hat, ist in der Folge besser für deine Dividendenstrategie geeignet als eine Firma mit niedrigem Ergebnis. Sämtliche Werte für ein Unternehmen kannst du problemlos im Internet nachschlagen.

Welche Aspekte du vergleichst, ist grundsätzlich dir überlassen. Ich würde jedoch zunächst mit den von mir empfohlenen Werten beginnen, da sich diese für den Aufbau eines Dividendenportfolios besonders bewährt haben. Später kannst du weitere Punkte hinzufügen oder entfernen.

	10 Punkte bei
Dividendenrendite	> 3 %
Dividendenwachstum (5 Jahre)	> 10 %
Ausschüttungsquote	< 70 %
Cashflow (5 Jahre)	> 10 %
Gewinnwachstum (5 Jahre)	> 15 %
Gewinnstabilität	> 1
Eigenkapitalquote	> 30 %
Bewertung (KGV)	< 20
10-Jahres-KGV (Durchschnitt)	> KGV (aktuell)
5-Jahresperformance (p.a.)	> 10%

8-10

4-7

0-3

Abb. 6.1: Mein Dividendenaktien-Qualitäts-Score.

Für jedes Kriterium in meinem Qualitäts-Score werden maximal 10 Punkte vergeben. Den Idealwert (= volle 10 Punkte) habe ich für jede Kategorie festgelegt. Sollte ein Unternehmen besser als dieser Idealwert abschneiden, gibt es trotzdem maximal

10 Punkte – das ist ein kleiner Nachteil dieses Systems, aber nur so lassen sich vergleichbare Ergebnisse erzielen.

Erreicht ein Unternehmen nicht den Idealwert in einer Kategorie, werden entsprechend Punkte abgezogen. **Im schlechtesten Fall gibt es 0 Punkte für ein Kriterium.** So vergebe ich zum Beispiel für eine Dividendenrendite von 3 % volle 10 Punkte, für eine Dividendenrendite von 0 % natürlich 0 Punkte. Bietet ein Unternehmen 1,5 % Dividende, erhält es 5 Punkte.

Aus der Praxis: Analyse typischer Dividendenaktien

Nachdem wir mehrere Methoden und Kennzahlen zur **Bestimmung lukrativer Dividendenaktien** sowie den Dividendenaktien-Qualitäts-Score kennengelernt haben, wollen wir dieses Wissen jetzt auch anwenden. Die folgenden Unternehmen wurden ausgewählt, weil sie unter Dividenden-Freunden besonders beliebt sind. Das bedeutet jedoch keineswegs, dass alle von ihnen auch sinnvolle Investments darstellen, wie die folgende Analyse zeigen wird.

Bei der Untersuchung handelt es sich nur um Anschauungsbeispiele, nicht um eine Anlageberatung! Es wird keine Empfehlung für den Kauf oder Verkauf der genannten Aktien gegeben.

Bitte beachte außerdem: Alle Zahlen, Kurse und weitere Daten sind zum Verfassungszeitpunkt dieses Buches aktuell – am Tag nach der Veröffentlichung aber schon veraltet! Die folgenden Analysen dienen daher nur als Erklärung, um die Funktionsweise des Dividendenaktien-Qualitäts-Scores besser zu verdeutlichen.

Um passende Dividendenaktien zu finden, musst du die Rechnung also in jedem Fall selbst, mit aktuellen Zahlen und Informationen, durchführen. Alternativ kannst du auch auf die Analysen meines Finanzkroko Blogs, Instagram oder YouTube-Kanal zurückgreifen.

1. Union Pacific

Das US-amerikanische Schienennetz ist im Vergleich zu anderen westlichen Staaten nur extrem schwach ausgebaut. Die kleine Anzahl an vorhandenen Verbindungen ist in dem riesigen Land dadurch aber umso lukrativer! Union Pacific ist eines der größten und ein seit Jahrzehnten erfolgreiches Unternehmen im Schienenverkehr der Vereinigten Staaten.

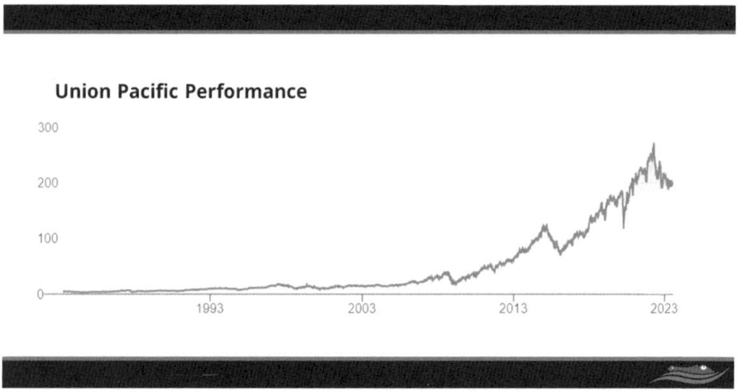

Abb. 6.2: Aktienkurs von Union Pacific.

Union Pacific: Analyse

Durch sein leicht verständliches Geschäftsmodell macht uns Union Pacific die Aktienanalyse sehr einfach: Der Transport von Gütern durch die USA ist sehr lukrativ. Das Unternehmen ist mit seinen über 8.000 Lokomotiven auf zwei Dritteln des US-Schienennetzes vertreten. Für den Gütertransport zwischen Ost- und Westküste stehen nur Union Pacific und Konkurrent BSNF (gehört zu Berkshire Hathaway) zur Verfügung, sodass man über eine sehr gute Marktposition verfügt.

Das Management wechselt vergleichsweise selten und identifiziert sich stark mit dem Unternehmen. Wichtige Persönlichkeiten wie Chairman Fritz oder CFO Hamann sind bereits seit 20 bzw. über 30 Jahren für Union Pacific tätig und haben sich oft von einfachen Tätigkeiten hochgearbeitet. Die politischen Risiken des Bahnbetriebs dürften eher gering ausfallen – aufgrund der hohen Bedeutung für die Versorgung besteht sogar ein starkes öffentliches Interesse an Erhalt und Unterstützung des Unternehmens.

Die Unternehmensgeschichte ist ebenfalls schnell abgehandelt: Bereits seit 1862 bewegt man Menschen und Güter durch die USA. Seither hat man dutzende Konkurrenten aufgekauft und muss sich heute in Sachen Größe nur Konkurrent BSNF geschlagen geben.

Der faire Wert der Aktie scheint mit 200 US-Dollar (durchschnittliches KGV, multipliziert mit dem Gewinn pro Aktie) etwas über dem aktuellen Kurs von 196 US-Dollar zu liegen, sodass man von einer kaum wahrnehmbaren Unterbewertung sprechen kann. Das Kurs-Gewinn-Verhältnis (KGV) liegt derzeit bei 17,4 und damit unter dem Durchschnitt der letzten Jahre von ca. 19. Der Cashflow ist mit 5,8 % mittelmäßig.

Die Dividende steht aktuell bei soliden 2,7 %. Historisch betrachtet wächst sie im Schnitt 13,5 % pro Jahr – ein sehr guter Wert, der hervorragend in unsere Dividendenstrategie passen könnte. Union Pacific kauft fast kontinuierlich eigene Aktien zurück, was den Kurs entsprechend positiv beeinflusst.

Kriterium	Wert	Soll	Punkte
Dividendenrendite	2,7%	3%	9/10
Jährl. Dividendenwachstum (5 Jahre)	13,5%	10%	10/10
Ausschüttungsquote	46%	Max. 70%	10/10
Jährl. Cashflow Zuwachs (5 Jahre)	5,8%	10%	6/10
Jährl. Gewinnwachstum (5 Jahre)	9%	15%	6/10
Gewinnstabiltät	0,98	1	10/10
Eigenkapitalquote	19%	Min. 30%	6/10
Bewertung (KGV)	17,4	Max. 20	10/10
10-Jahres-KGV (Durchschnitt)	19,2	17,4	10/10
5-Jahresperformance (p.a.)	8,8%	10%	9/10
Wertung			8/10

Union Pacific

Abb. 6.3: Finanzkroko Qualitäts-Score: Union Pacific mit 8 von 10 Punkten in der Wertung.

Qualitäts-Score: 8 von 10 Punkten

Damit ist Union Pacific insgesamt eine sehr gute Dividendenaktie. Durch die schnell wachsende Dividende und die geringe Ausschüttungsquote vor allem für langfristige Anleger sehr interessant.

2. Johnson & Johnson

Das US-Unternehmen Johnson & Johnson ist rund um die Welt im Bereich Pharma, Medizingeräte und Konsumgüter aus dem Bereich Beauty und Körperpflege tätig.

2023 gliederte Johnson & Johnson seine Beauty- und Gesundheitssparte aus, um sich vermehrt auf die Bereiche Medizingeräte und Pharma zu konzentrieren. Die vielen äußerst bekannten Marken, von Listerine Mundspülung bis hin zu Neutrogena Cremes, die das Unternehmen hervorbrachte, sind nun Teil des neuen Unternehmens Kenvue. Johnson & Johnson hält aktuell mehr als 80 % der Firmenanteile an Kenvue.

Durch die verlässlichen Ergebnisse hat sich das Unternehmen einen AAA Creditscore erarbeitet und ist damit besser aufgestellt als die US-Regierung! Johnson & Johnson zeichnet sich vor allem durch eine enorme Krisenfestigkeit aus. Phasen wie die Finanzkrise oder die Covid-Krise sind nur als minimale Einbrüche im Kursverlauf zu erkennen.

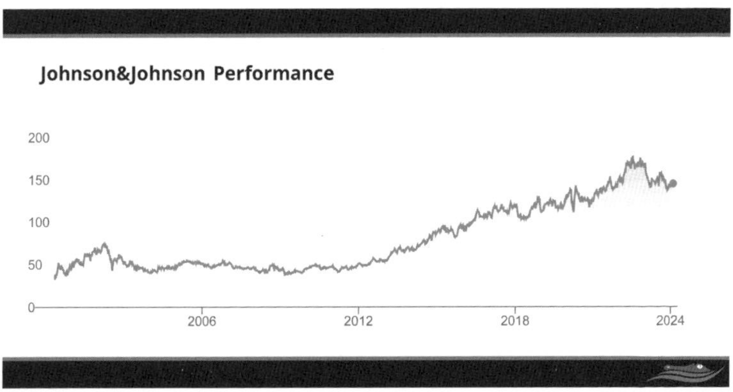

Abb. 6.4: Aktienkurs von Johnson & Johnson.

Johnson & Johnson: Analyse

Auch Johnson & Johnson verfügt über ein sehr simples Geschäftsmodell, an dem sich seit über hundert Jahren kaum etwas geändert hat. Das Unternehmen hat immer wieder bahnbrechende Neuerungen entwickelt und erfolgreich vermarktet. Mit aktuell 518 Milliarden

USD ist Johnson & Johnson das 15. größte Unternehmen der Welt nach Marktkapitalisierung. Konkurrenten wie Roche, Stryker oder Merck verfügen ebenfalls über eine enorme Größe und sind eine ernstzunehmende Gefahr. Die Marktpositionen sind jedoch weitgehend gesichert und werden sich wohl auf absehbare Zeit kaum verändern.

Der aktuelle CEO, Joaquin Duato, ist bereits seit 1989 für Johnson & Johnson tätig. Obwohl er erst in 2022 seine derzeitige Position einnahm, kann man ihm eine hohe Verbundenheit zum Unternehmen unterstellen. Politische Risiken sind in der Pharmaindustrie eher weniger ausgeprägt. Die Versorgung mit Rohstoffen ist allerdings durchaus krisenanfällig, wie Versorgungsengpässe in den letzten Monaten bewiesen haben. Pharmaunternehmen sind für extrem starke Lobbytätigkeit bekannt und können durch diese „legale Korruption" die politischen Entscheidungen problemlos in ihrem Sinne lenken.

Johnson & Johnson ist bereits seit 1886 erfolgreich tätig und hat dabei immer wieder enorme Krisenfestigkeit bewiesen: Das Unternehmen überstand zum Beispiel die große Depression, Weltkriege und die Ölkrise unbeschadet. Der gewaltige Covid-Crash im Frühjahr 2020 erwischte die Aktie massiv; es kam jedoch im Anschluss zu einer enorm schnellen und intensiven Erholung, die schon nach wenigen Wochen in Kursgewinnen resultierte.

Das Kurs-Gewinn-Verhältnis der Johnson & Johnson Aktie liegt im Durchschnitt bei 16 und ist damit ideal. Der faire Wert liegt bei ca. 170 US-Dollar und damit minimal über dem aktuellen Kurs von 166 US-Dollar. Das Unternehmen war seit etwa 2021 mit verschiedenen Schwierigkeiten und der allgemeinen Rezession konfrontiert, durch die der Gewinn sowie der Cashflow auf 5 % schrumpfte.

Die Dividendenrendite beträgt derzeit 2,7 % und wurde seit 61 Jahren stets erhöht. Sie entspricht einer Ausschüttungsquote von lediglich 45 %, sodass hier noch viel Luft nach oben ist. Zuletzt wurde eine Dividendenerhöhung von 6,6 % beschlossen. Trotz der aktuell eher negativen Geschäftszahlen hat das Unternehmen im Dezember 2022 noch einmal einen Aktienrückkauf in Höhe von 5 Milliarden US-Dollar angekündigt. Anhand dieser Informationen ergibt sich folgender Dividendenaktien-Qualitäts-Score für Johnson & Johnson:

Kriterium	Wert	Soll	Punkte
Dividendenrendite	3,1%	3%	10/10
Jährl. Dividendenwachstum (5 Jahre)	5,9%	10%	6/10
Ausschüttungsquote	45%	Max. 70%	10/10
Jährl. Cashflow Zuwachs (5 Jahre)	4,7%	10%	5/10
Jährl. Gewinnwachstum (5 Jahre)	5,3%	15%	4/10
Gewinnstabiltät	0,98	1	10/10
Eigenkapitalquote	40%	Min. 30%	10/10
Bewertung (KGV)	16	Max. 20	10/10
10-Jahres-KGV (Durchschnitt)	18,8	16	10/10
5-Jahresperformance (p.a.)	4,5%	10%	5/10
Wertung			8/10

Johnson & Johnson

Abb. 6.5: Finanzkroko Qualitäts-Score: Johnson & Johnson mit 8 von 10 Punkten in der Wertung.

Qualitäts-Score: 8 von 10 Punkten

Das Unternehmen glänzt mit einer niedrigen Ausschüttungsquote und einer soliden, finanziellen Basis. Die Dividende wächst zwar nur langsam, dürfte aber auf lange Sicht relativ sicher sein und kann sich dadurch für eine Dividendenstrategie eignen.

3. Apple

Mit einer breiten Palette erfolgreiche Elektronikprodukte ist Apple die wahrscheinlich bekannteste Marke der Welt – auf jeden Fall aber die wertvollste! Das kalifornische Unternehmen ist aktuell 2,6 Billionen US-Dollar wert. Im Gegensatz zu den bisher analysierten Wertpapieren ist Apple nicht unbedingt eine klassische Dividendenaktie. Anleger schlagen hier vor allem wegen der enormen Wachstumschancen zu! Immerhin hat die Aktie seit dem Börsengang in den 80er-Jahren über 4.000 % zugelegt, davon ca. 1.000 % in den letzten 10 Jahren! Eine kleine, aber feine Dividende gibt es für die Investoren dennoch.

Die Apple-Aktie zeigte in den letzten Jahren ein gewaltiges Wachstum. Aktuell befindet sich das Wertpapier wieder im Aufschwung.

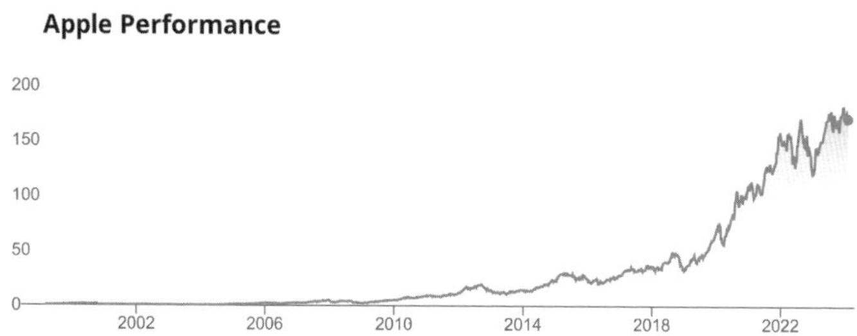

Abb. 6.6: Aktienkurs von Apple.

Apple: Analyse

Das Geschäftsmodell von Apple braucht nicht viel Erklärung: Man stellt hochwertige und ästhetisch ansprechende Elektronikgeräte her, die für einen sehr hohen Preis an viele eingefleischte Fans verkauft werden. Mit dem iPod, dem iPhone und der Apple-Watch hat man innovative Produkte auf den Markt gebracht und damit riesige Trends losgetreten.

Auch im Computer- und Laptop-Bereich verkaufen sich die Apple-Produkte nach wie vor sehr gut. Besonders lukrativ ist die Tatsache, dass Apple-Nutzer nur sehr schwer auf andere Geräte wechseln können: Sämtliche Daten, Kontakte etc. sind im Apple-Ökosystem gelagert, sodass die meisten Anwender schon aus Bequemlichkeit hierbleiben. Mit fast 25 % der weltweiten Smartphone-Verkäufe hat man eine hervorragende Marktposition.

Die Preise des Unternehmens sind dabei bekanntermaßen sehr hoch. So können etwa im Computer-Bereich für einzelne Bauteile durchaus 10- bis 20-fach höhere Kosten für gleiche Leistung gegenüber anderen Markenprodukten fällig werden. Dass diese Produkte dennoch bereitwillig gekauft werden, spricht für die enorme Preissetzungsmacht des Unternehmens!

Das Management ist seit 2011 fest in der Hand von Tim Cook. Politische Risiken sind für Apple durchaus ernst zu nehmen. Aktuell werden 95 % der Produkte in China hergestellt. Die Beziehungen zwischen der größten Volkswirtschaft der Welt und westlichen Unternehmen, insbesondere aus den USA, sind nicht gerade rosig. Apple bemüht sich jedoch bereits seit längerem, die Herstellung in andere Staaten zu verlagern und hat zuletzt neue Fabriken in Indien und Vietnam in Betrieb genommen.

Die Unternehmensgeschichte dürfte allgemein bekannt sein, da sie in Büchern und Hollywood-Filmen ausgiebig behandelt wurde. Wichtig ist dabei zu erwähnen, dass Apple auch nach dem Tod von Gründer Steve Jobs seinem Erfolgsrezept treu geblieben ist.

Kriterium	Wert	Soll	Punkte
Dividendenrendite	0,5%	3%	2/10
Jährl. Dividendenwachstum (5 Jahre)	6,1%	10%	6/10
Ausschüttungsquote	15%	Max. 70%	10/10
Jährl. Cashflow Zuwachs (5 Jahre)	14%	10%	10/10
Jährl. Gewinnwachstum (5 Jahre)	17%	15%	10/10
Gewinnstabiltät	0,96	1	10/10
Eigenkapitalquote	14,3%	Min. 30%	5/10
Bewertung (KGV)	32	Max. 20	4/10
10-Jahres-KGV (Durchschnitt)	19	32	3/10
5-Jahresperformance (p.a.)	38%	10%	10/10
Wertung			7/10

Apple

Abb. 6.7: Finanzkroko Qualitäts-Score: Apple mit 7 von 10 Punkten in der Wertung.

Der faire Wert der Aktie liegt aktuell bei etwa 103 US-Dollar (10-Jahres-KGV x Gewinn pro Aktie), der Aktienpreis bei 165 US-Dollar und dürfte damit überbewertet sein. Da es sich jedoch um einen Wachstumstitel handelt, müssen solche Aussagen vorsichtig getroffen werden. Der Cashflow ist mit knapp 5 % solide. Die Dividendenrendite beträgt derzeit schmale 0,56 %. Sie steigt jedoch um durchschnittlich 7,4 % pro Jahr, sodass sich hier langfristig eine attraktive Dividendenaktie entwickeln könnte. Apple kauft stetig Aktien zurück: In den letzten 10 Jahren wurden über 500 Milliarden US-Dollar in Rückkaufprogramme gesteckt. Zuletzt wurden auf diese Weise 88 Milliarden in 2022 eingesetzt. In der Folge kann ein erheblicher Teil der aktuell hohen Kurse auf diesen Einflussfaktor zurückgeführt werden.

Qualitäts-Score: 7 von 10 Punkten

Mit nur 7 Punkten von 10 möglichen Punkten ist Apple auf den ersten Blick keine besonders gute Dividendenaktie. Das Unternehmen ist zwar aufgrund der hohen Wachstumschancen für viele Anleger interessant; für eine Dividendenstrategie ist es aufgrund der geringen Auszahlungen nur für wenige geeignet.

4. Altria

Tabak-Riese Altria ist vielen besser unter dem früheren Namen „Philip Morris“ bekannt. 2003 führte man ein Re-Branding und eine Ausgliederung durch: Die bisherige Firma Philip Morris wurde in Altria umbenannt und die Marke Philip Morris in ein eigenes, neues Unternehmen überführt. Unabhängig von der Namensänderung ist das US-Unternehmen Altria weiter im Bereich Zigaretten, Zigarren, Cannabis und E-Zigaretten tätig. Die bekannte Marke „Kraft“ war bis 2008 auch Teils des Konzerns, wurde seither aber ebenfalls verselbstständigt.

Das Kurswachstum der Altria-Aktie ist enttäuschend. Besonders in den letzten Jahren zeigt sich eine schwache Performance.

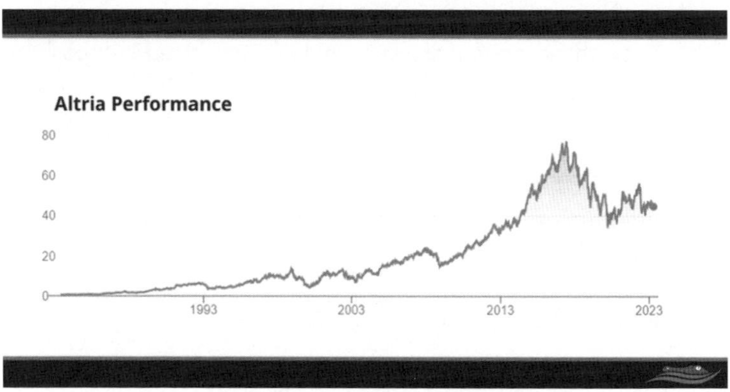

Abb. 6.8: Aktienkurs von Altria.

Ein schwieriges politisches Umfeld und eine stetig sinkende Bedeutung gleicht das Unternehmen (aus Anlegersicht) durch sehr hohe Dividenden aus. Ungewisse Zukunftsaussichten machen Altria zu einem riskanten Investment. Zahlreiche Skandale, die in Gerichtsurteilen mit hohen Strafzahlungen resultierten, tragen zum zweifelhaften Ruf bei.

Altria: Analyse

Die Tabakindustrie mag auf den ersten Blick wie ein simples Geschäftsfeld aussehen, ist aber tatsächlich extrem komplex. Obwohl die Anzahl der Raucher seit Jahren stetig zurückgeht, konnten mit Produkten wie rauchlosem Tabak, der Legalisierung von Cannabis oder E-Zigaretten neue Märkte erschlossen werden. Die Umsätze und Gewinne von Altria sind traditionell wechselhaft, machten zuletzt aber einen guten Eindruck. So konnte das Unternehmen in 2023 seine Gewinne um 1,3 % steigern, da man Produktpreise deutlich anhob. In anderen Jahren sanken die Einnahmen um 50 % zum Vorjahr oder stiegen um 100 % – eine echte Achterbahnfahrt!

Der Untergang der „klassischen" Tabakindustrie (Zigaretten etc.) ist recht offenkundig – zumindest in den westlichen Märkten: Rauchen wird durch restriktive Gesetze und die Meinung der breiten Bevölkerung in den USA und Europa immer unattraktiver. Wachstumsmärkte finden sich noch in Afrika oder Südasien – Regionen, in denen Altria jedoch kaum aktiv ist.

Dementsprechend zweifelhaft ist auch die langfristige Marktposition von Altria. Als einer der größten Tabakkonzerne der Welt beherrscht man weiterhin weite Teile der schrumpfenden Branche. Die Ausgliederung von Philip Morris International als eigenes Unternehmen hatte zweifelhaften Erfolg: Heute ist die ehemalige Konzerntochter bereits deutlich erfolgreicher als Altria selbst! Das Management besteht zu einem großen Teil aus erfahrenen Personen, die oft schon seit Jahrzehnten für das Unternehmen tätig sind. Der letzte Wechsel in der Führungsriege fand 2020 statt.

Der wichtigste Punkt in der Analyse dürften die politischen Risiken sein. Obwohl Altria gewaltige Summen in die Lobbyarbeit pumpt (Anfang der 2000er-Jahre wendete der Konzern unter allen Firmen und Institutionen die zweithöchste Summe für solche Beeinflussung in den USA auf), nimmt der Druck immer weiter zu. Vor allem das Kerngeschäft Tabak verliert durch Gesetze und die Meinung der breiten Bevölkerung immer weiter an Bedeutung. Versuche, diese Einbußen über Produkte wie E-Zigaretten zu kompensieren, waren nur bedingt erfolgreich, da derartige Geräte ebenfalls mit erheblichen Gesundheitsrisiken einhergehen und immer schärfer reglementiert werden. Ein Umschwenken der Gesetzgeber und Konsumenten scheint unwahrscheinlich. Solche „Nicht-Tabak-Produkte" machen heute bereits ein Drittel der Einnahmen aus.

Das Unternehmen hat seit Jahrzehnten mit dem schlechten Ruf der Tabakprodukte zu kämpfen, dem man mit der Umbenennung in Altria entkommen wollte. Natürlich sah dies im Gründungsjahr 1902 noch ganz anders aus: Philip Morris erlebte mit Marken wie Marlboro, Chesterfield oder L&M große Erfolge und enormes Wachstum. Der Höhepunkt kam etwa in 2003, als man Platz 11 auf der Fortune 500 Liste erreichte. Seither ging es deutlich bergab: Derzeit reicht es nur noch für Platz 165.

Der faire Wert der Aktie liegt nun bei etwa 70 US-Dollar (Gewinn pro Aktie von 4,84 US-Dollar x 10-Jahres-KGV von 14,4). Ihr Kurs betrug zum Verfassungszeitpunkt aber lediglich 45 US-Dollar, sodass man von einer starken Unterbewertung sprechen kann. Aufgrund der düsteren Zukunftsaussichten ist es aber nicht verwunderlich, dass nur wenige Investoren Interesse haben und so für einen niedrigen Preis sorgen. Der Cashflow ist mit 10 % gut.

Hauptargument für den Kauf einer Altria-Aktie dürfte jedoch die Dividende sein: Aktuell werden hier stattliche 8,5 % ausgezahlt! Bei derart hohen Werten ist eine geringe Steigerung von zuletzt nur 4,4 % völlig normal. Die große Frage ist in diesem Fall aber, ob die hohe Dividende die Kurseinbrüche langfristig kompensieren kann. Die Dividenden entsprechen einer Ausschüttungsquote von 75 % der Gewinne und das Unternehmen ist recht hoch verschuldet.

Zu bedenken ist dabei auch, dass die aktuellen Kurse bereits von drastischen Rückkaufprogrammen stabilisiert werden. Für 2023 sind weitere Rückkäufe in Höhe von einer Milliarde US-Dollar geplant. Anleger könnten von diesem Effekt kurzzeitig profitieren; auf lange Sicht kann eine solche Entwicklung aber nicht über Probleme im Geschäftsmodell hinwegtäuschen.

Kriterium	Wert	Soll	Punkte
Dividendenrendite	8,5%	3%	10/10
Jährl. Dividendenwachstum (5 Jahre)	7%	10%	7/10
Ausschüttungsquote	75%	Max. 70%	9/10
Jährl. Cashflow Zuwachs (5 Jahre)	2,4%	10%	2/10
Jährl. Gewinnwachstum (5 Jahre)	4,6%	15%	3/10
Gewinnstabiltät	0,99	1	10/10
Eigenkapitalquote	10%	Min. 30%	0/10
Bewertung (KGV)	8,3	Max. 20	10/10
10-Jahres-KGV (Durchschnitt)	14,4	17,4	10/10
5-Jahresperformance (p.a.)	-1,5%	10%	0/10
Wertung			6/10

Altria Group

Abb. 6.9: Finanzkroko Qualitäts-Score: Altria Group mit 6 von 10 Punkten in der Wertung.

Qualitäts-Score: 6 von 10 Punkten

Damit schafft es Altria auf lediglich 6 von 10 möglichen Punkten. Das Unternehmen zahlt zwar eine attraktive Dividende; diese ist jedoch aufgrund der hohen Verschuldung nicht langfristig haltbar. Sofern es nicht zu wundersamen Erfolgen kommt, muss Altria entweder seine Dividende kürzen oder weitere Schulden aufnehmen, die den Betrieb noch weiter lähmen. Damit zeigt Altria sehr anschaulich, dass Dividende allein eben nicht alles ist.

Unter-nehmen	Land	Div. nicht gesenkt seit	Dividenden-wachstum (ø 5 J.)	Cashflow-zuwachs (ø 5 J.)	Gewinn-zuwachs (ø 5 J.)
Paychex	US	34 Jahren	12 %	6 %	11 %
Fastenal	US	33 Jahren	13 %	13 %	7 %
ADP	US	50 Jahren	13 %	11 %	11 %
Hershey	US	33 Jahren	14 %	9 %	7 %
Blackrock	US	21 Jahren	9 %	4 %	7 %
Broadcom	US	13 Jahren	13 %	24 %	24 %
LVMH	FR	30 Jahren	16 %	13 %	24 %
Home Depot	US	36 Jahren	10 %	8 %	8 %
Brenntag	DE	15 Jahren	13 %	18 %	0 %
Novo Nordisk	DK	7 Jahren	25 %	30 %	25 %
Infosys	IN	14 Jahren	17 %	11 %	8 %
MSCI	US	10 Jahren	22 %	18 %	18 %
DHL Gr.	DE	16 Jahren	12 %	5 %	4 %
Linde	IE	28 Jahren	10 %	9 %	16 %
Microsoft	US	21 Jahren	11 %	18 %	19 %
Kroger	US	17 Jahren	16 %	7 %	12 %
Visa	US	16 Jahren	15 %	21 %	18 %
United Health	US	25 Jahren	14 %	7 %	12 %
Cintas	US	27 Jahren	15 %	13 %	17 %
L'Oreal	FR	43 Jahren	14 %	7 %	13 %
Amphenol	US	19 Jahren	24 %	15 %	21 %
Danaher	US	7 Jahren	12 %	1 %	7 %
Itochu	JP	11 Jahren	21 %	4 %	12 %
TSMC	TW	12 Jahren	13 %	24 %	24 %
Mastercard	US	18 Jahren	15 %	23 %	22 %
KLA Corp.	US	19 Jahren	17 %	26 %	22 %
Zoetis	US	11 Jahren	22 %	10 %	11 %
DBS Gr.	SG	4 Jahren	21 %	22 %	21 %

ASML	NL	1 Jahr	24 %	25 %	25 %
JPMorgan	US	15 Jahren	9 %	0 %	19 %
FactSet	US	25 Jahren	8 %	6 %	8 %
Caterpillar	US	32 Jahren	7 %	18 %	30 %
John Deere	US	37 Jahren	18 %	7 %	21 %
Stryker	US	15 Jahren	8 %	6 %	13 %
Republic Services	US	21 Jahren	8 %	13 %	15 %
Canadian N. Railway	CA	27 Jahren	10 %	5 %	7 %
Marsh & McLennan	US	19 Jahren	14 %	7 %	11 %
Apple	US	12 Jahren	5 %	11 %	18 %
ASSA ABLOY	SE	25 Jahren	11 %	10 %	15 %
Bahnhof	SE	16 Jahren	32 %	11 %	12 %
Logitech	CH	11 Jahren	9 %	14 %	16 %
Siemens	DE	4 Jahren	7 %	7 %	17 %
Safestore Holdings	GB	18 Jahren	12 %	3 %	6 %
Northern Star Res.	AU	11 Jahren	27 %	18 %	16 %
UNIQA Gr.	AT	5 Jahren	30 %	31 %	24 %
Starbucks	US	14 Jahren	9 %	33 %	21 %
Walmart	US	52 Jahren	5 %	9 %	8 %
Hannover Rueck	DE	13 Jahren	14 %	14 %	25 %
Komatsu	JP	4 Jahren	41 %	12 %	27 %
Allegion	IE	10 Jahren	11 %	11 %	11 %
Carlisle	US	48 Jahren	17 %	10 %	33 %
Alphabet	US	1 Jahr	35 %	21 %	27 %
Ahold Delhaize	NL	3 Jahren	5 %	4 %	3 %
Rollins	US	4 Jahren	26 %	9 %	16 %

Rational	DE	4 Jahren	25 %	31 %	31 %
Muenchener Rueck	DE	31 Jahren	17 %	8 %	35 %
London Stock E.	GB	9 Jahren	14 %	21 %	13 %
Hermes	FR	27 Jahren	32 %	28 %	32 %
Novartis	CH	28 Jahren	4 %	10 %	10 %
Waste Management	US	25 Jahren	9 %	12 %	14 %

Tab. 6.1: Wachstumsstarke Dividenden-Aktien aus unterschiedlichen Ländern und Branchen mit einer soliden Dividendenhistorie.

KAPITEL

7

PASSIVES EINKOMMEN

Mein Geld geht für mich arbeiten

Das Geld muss arbeiten und nicht faul herumliegen, bis es schlecht wird. Im Einsatz generiert das Geld Dividenden. Dadurch gewinnst du Zeit und musst selbst entsprechend weniger arbeiten. Dies führt wiederum dazu, dass man finanzielle Freiheit erreichen kann.

> *„Geld ist von fruchtbarer, erzeugender Natur. Geld kann Geld zeugen, und der Nachwuchs zeugt noch mehr."*
>
> Benjamin Franklin

Dividenden hören sich gut an!

Mit dem Kauf von Aktien beteiligst du dich am jeweiligen Unternehmen! Die Aktiengesellschaft schüttet einen Teil der Gewinne in Form von Dividenden an ihre Aktionäre aus. Im Normalfall ist die Dividendenhöhe von der Konjunkturlage, Ertragskraft und Dividendenpolitik des Unternehmens abhängig.

Ich persönlich favorisiere Titel, die eine stabile und steigende Dividende vorzuweisen haben. Der Aktienkurs spielt nach dem Kauf nur noch eine untergeordnete Rolle.

Vergleichen kann man das am besten mit einer vermieteten Immobilie. Sobald eine Immobilie erworben wurde und diese eine monatliche Miete (bei Aktien sind es die Dividenden) abwirft, ist der aktuelle Wert der Immobilie nicht mehr von Interesse (außer beim Verkauf). Genauso sehe ich es auch bei den Dividenden-Aktien, die Geld-Rückflüsse (Dividenden) sind für mich entscheidend, nicht der Aktien-Kurs – da im idealen Fall die Aktie ein Leben lang gehalten werden soll und daher eine steigende Dividende im Fokus steht.

Es gibt Unternehmen, die seit vielen Jahren eine Dividende ausschütten und diese auch jährlich erhöhen. Wie ich bereits erwähnt habe, kann dies durchaus als Qualitätsmerkmal betrachtet werden.

Dennoch kann man sich nicht auf das Recht auf eine Dividende verlassen. Die Aktiengesellschaften müssen nicht zwangsläufig eine Dividende auszahlen. Stehen beispielsweise unternehmerische Gründe im Wege, so kann die Dividende ausbleiben.

In Deutschland wird in den meisten Fällen nur einmal im Jahr die Dividende ausgeschüttet, wogegen in den USA die monatliche oder quartalsweise Ausschüttung der Regel entspricht. Da sich der Aktienkurs nach Angebot und Nachfrage richtet, sinkt der Wert der Aktie oftmals, nachdem eine Dividende ausgezahlt wurde. Dieses Phänomen wird als Dividendenabschlag bezeichnet. Die Erklärung ist einfach – die Dividende wird vom Kurs der Aktie abgezogen. Beispiel: der Aktienkurs beträgt vor der Auszahlung 100 Euro und die Dividende wurde auf 2 Euro festgelegt. So wird der Aktienkurs nach der Auszahlung in der Regel etwa auf 98 Euro sinken.

Unternehmen mit jahrzehntelanger Dividenden-Steigerung

Es gibt Unternehmen, die seit Jahrzehnten eine Dividende ausschütten und diese zudem auch Jahr für Jahr erhöhen. Einige dieser Aktien möchte ich dir hier einmal aufzeigen:

Unternehmen	Dividendensteigerung	Dividendenrendite	Dividendenzuwachs (ø 5 J.)	Ausschüttungsquote (Gewinn)
Procter & Gamble	69 Jahre	2,6 %	6 %	60 %
Parker-Hannifin	69 Jahre	0,9 %	16 %	25 %
Coca-Cola	63 Jahre	2,9 %	5 %	69 %
Johnson & Johnson	63 Jahre	3,2 %	6 %	50 %
Colgate-Palmolive	62 Jahre	2,2 %	3 %	56 %
PepsiCo	53 Jahre	4,1 %	7 %	68 %
McDonald's	49 Jahre	2,4 %	8 %	60 %

Caterpillar	31 Jahre	1,4 %	7 %	28 %
Nestlé	29 Jahre	3,9 %	3 %	64 %
Nike	22 Jahre	2,1 %	10 %	72 %

Tab. 7.2: Unternehmen, die seit Jahrzehnten ihre Dividenden Jahr für Jahr steigern.

Jeden Monat Dividende

Geld verdienen mit Nichtstun – monatlich ein passives Einkommen mit Dividenden über einen Aktien-Sparplan generieren. Etwas Arbeit muss dann aber doch sein. Solide und fundamentalstarke Aktien heraussuchen und diese anschließend als Sparplan einrichten. Zudem kommt dann die jährliche Überprüfung, ob sich an den Annahmen etwas geändert hat – falls ja, wird die Aktie gegen eine andere ausgetauscht. Falls nein, läuft der Sparplan einfach weiter und generiert weiterhin Dividenden.

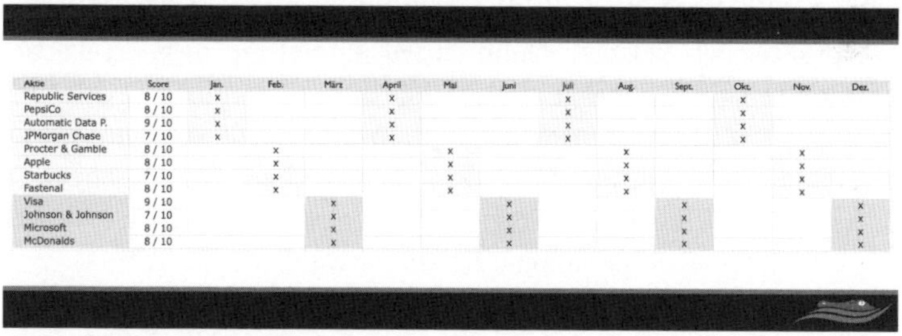

Aktie	Score	Jan.	Feb.	März	April	Mai	Juni	Juli	Aug.	Sept.	Okt.	Nov.	Dez.
Republic Services	8 / 10	x			x			x			x		
PepsiCo	8 / 10	x			x			x			x		
Automatic Data P.	9 / 10	x			x			x			x		
JPMorgan Chase	7 / 10	x			x			x			x		
Procter & Gamble	8 / 10		x			x			x			x	
Apple	8 / 10		x			x			x			x	
Starbucks	7 / 10		x			x			x			x	
Fastenal	8 / 10		x			x			x			x	
Visa	9 / 10			x			x			x			x
Johnson & Johnson	7 / 10			x			x			x			x
Microsoft	8 / 10			x			x			x			x
McDonalds	8 / 10			x			x			x			x

Abb. 7.1: Beispiel für einen Aktien-Sparplan mit 12 Aktien, die versetzt ihre Dividende ausschütten. Die monatl. Dividende ist somit keine Illusion mehr.

Mit einem Aktien-Sparplan lässt sich bereits mit kleinen Beiträgen (ab 1 Euro) am Erfolg des ausgewählten Unternehmens (z. B. Porsche, Allianz oder Walt-Disney) beteiligen. So erwirbt man mit den regelmäßigen Sparraten jeden Monat Unternehmensanteile. Die Sparpläne können jederzeit gestartet, pausiert und die Beiträge angepasst werden.

Das Einzige, was man tun muss, um monatlich Dividenden zu erhalten, sind solide und fundamentalstarke Aktien mit einem Wachstumspotenzial herauszusuchen, die zudem ihre **Dividende versetzt auszahlen**.

Cashflow: Leben von der Dividende

In diesem Abschnitt gehen wir der Frage nach, ob man von der Dividende leben könnte – ein Ziel und Traum vieler Investoren.

Um monatlich zum Beispiel 2.000 Euro netto an Dividenden zu erhalten, muss das Portfolio 2.720 Euro an Dividenden bei einer Steuerlast von 26,375 % (Kapitalertragssteuer plus Soli) generieren. Bedeutet demnach, dass das Aktien- oder ETF-Portfolio jährlich 32.600 Euro Dividenden abwerfen muss. Bei einer Dividendenrendite von etwa 2 % werden somit 1,65 Millionen Euro benötigt. Das werden die meisten vermutlich nicht auf der hohen Kante liegen haben. Und dennoch kann das Ziel erreicht werden. Dazu wird **Zeit, Disziplin, Geduld und eine solide Auswahl an Aktien benötigt**. Und so gelingt es ...

Ziel: 2.000 Euro im Monat mit einem Aktien-Sparplan

Ein praktisches Beispiel: Nehmen wir einmal an, dass du die benötigte Zeit für das große Ziel „2.000 Euro monatliche Dividende" mitbringst. Zudem kannst du 750 Euro pro Monat für den Vermögensaufbau nutzen, um dieses Ziel zu erreichen. Du entscheidest dich für eine Dividendenstrategie mit den oben genannten 12 Aktien, um dein passives Einkommensziel zu verwirklichen.

Wir rechnen dazu mit einer jährlichen Dividendenrendite von 2 % und einer Dividendensteigerung von 10 %. Das sind die tatsächlichen Werte von den 12 oben genannten Aktien zum aktuellen Zeitpunkt. Auch Kursgewinne sind üblich, das heißt, dein investiertes Geld vermehrt sich im Laufe der Zeit unabhängig von den Dividenden. Aus Gründen der Einfachheit lassen wir solche Kurssteigerungen aber außen vor. In der Praxis könntest du mit 4 bis 8 % pro Jahr rechnen. Ebenso lassen wir auch die durchschnittliche Inflation von etwa 2 % außer Acht.

Monatliche Einzahlung: 750 €
Dividendenrendite: 2 %
Dividendensteigerung: 10 % pro Jahr
Verwendung der Dividende: vollständig reinvestiert
Ziel: 32.600 € brutto Dividende pro Jahr

Jahre	Anfangskapital	Dividende	Endkapital
1	9.000,00 €	180,00 €	9.180,00 €
2	18.180,00 €	399,96 €	18.579,96 €
3	27.579,96 €	667,44 €	28.247,40 €
4	37.247,40 €	991,53 €	38.238,92 €
5	47.238,92 €	1.383,25 €	48.622,17 €
6	57.622,17 €	1.856,02 €	59.478,19 €
7	68.478,19 €	2.426,27 €	70.904,46 €
8	79.904,46 €	3.114,22 €	83.018,68 €
9	92.018,68 €	3.945,00 €	95.963,69 €
10	104.963,69 €	4.949,98 €	109.913,66 €
11	118.913,66 €	6.168,63 €	125.082,29 €
12	134.082,29 €	7.651,05 €	141.733,34 €
13	150.733,34 €	9.461,32 €	160.194,66 €
14	169.194,66 €	11.682,12 €	180.876,77 €
15	189.876,77 €	14.421,13 €	204.297,91 €
16	213.297,91 €	17.819,97 €	231.117,87 €

17	240.117,87 €	22.066,70 €	262.184,58 €
18	271.184,58 €	27.413,89 €	298.598,46 €
19	307.598,46 €	**34.204,44 €**	341.802,91 €
20	350.802,91 €	42.909,57 €	393.712,48 €

Tab. 7.4: Nach 19 Jahren wird das Ziel, über 34.000 € an Dividenden pro Jahr zu erhalten, übertroffen.

Falls du, wie angenommen, die 1,65 Millionen Euro aktuell nicht unter dem Kopfkissen hast, kannst du es mit einer monatlichen Sparrate von 750 Euro in 19 Jahren ausgleichen.

Heißt also nach 19 Jahren beträgt deine jährliche Dividende 34.204 Euro – du hast dein Ziel zu diesem Zeitpunkt erreicht! Diesen Betrag erhältst du nun jährlich ganz ohne Arbeit. Und das Schöne dabei ist – es steigt weiterhin. Ist der Schneeball erst in Fahrt, ist er nicht mehr aufzuhalten.

Natürlich sind 19 Jahre eine recht lange Zeit, aber das Ergebnis lohnt diesen Aufwand, wenn wir uns bewusst machen: Du erhältst 2.850 Euro brutto von diesem Zeitpunkt an jeden Monat, nicht nur für einen begrenzten Zeitraum.

In der Praxis dürfte zudem noch das erwähnte Kurswachstum hinzukommen und den Wert deines Investments deutlich erhöhen. Zudem solltest du nicht vergessen, dass du deine Dividendenstrategie keineswegs nach 19 Jahren beenden musst! Auch wenn du kein Geld (750 Euro monatlich) mehr einzahlst, wächst dein Vermögen und damit deine Auszahlung durch Dividendenwachstum weiter an.

Lebensunterhalt durch Dividenden finanzieren

Mit kleinen Schritten und Erfolgserlebnissen motiviert durchs Leben gehen – und dabei Dividenden kassieren.

Es muss nicht immer gleich das ganz große Ziel sein. Es können auch Etappenziele mit auf dem Weg dorthin eingebaut werden. Somit wird das Leben bereits von Beginn an genossen und die Motivation für den Vermögensaufbau steigt.

Bei einer Sparrate von 250 Euro pro Monat und einer Rendite von 7 % sowie 3 % Dividendenrendite mit einer jährlichen Steigerung von 5 % kannst du dir bereits nach einem Jahr monatlich einen Döner leisten. Nach 2 Jahren ist ein monatliches Netflix-Abo schon drin. Der Fitnessstudiobeitrag von 57 Euro monatlich wäre nach 5 Jahren möglich. Nach 10 Jahren kann die erhaltene Dividende bereits die monatliche Tankfüllung von 135 Euro ausgleichen. Nach 15 Jahren bereits den monatlichen Lebensmittelbedarf von 250 Euro decken. Mit 415 Euro monatlich an Dividenden, die nach 20 Jahren generiert werden, lassen sich zum Beispiel alle Kosten fürs Auto begleichen. Nach 25 Jahren gibt es etwa 600 Euro monatlich, dieses Geld kann dann beispielsweise für die Miete genutzt werden.

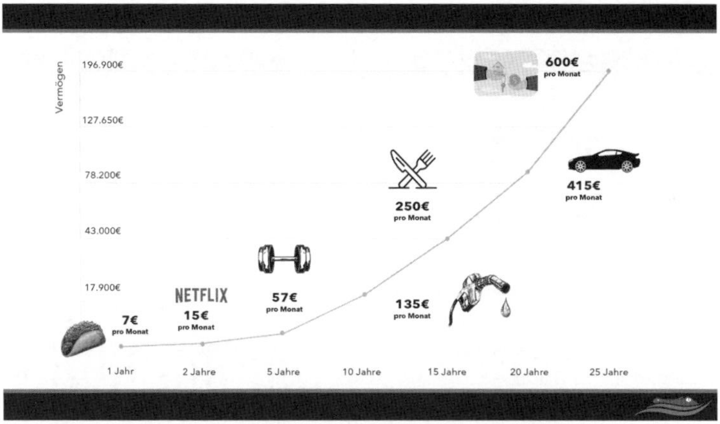

Abb. 7.2: So lange dauert es, bis die Dividenden deine Ausgaben decken können.

Du erhältst nach 25 Jahren nicht nur die 600 Euro monatlich an Dividenden, sondern hast dir mit den Einzahlungen von insgesamt 75.000 Euro zusätzlich einen Depotwert von etwa 196.900 Euro geschaffen. In diesen 25 Jahren hast du deine Einzahlungen bereits fast vollständig in Form von Dividenden zurückerhalten (66.500 Euro).

Die ersten 100.000 Euro sind die schwersten

Für die ersten 100.000 Euro wird in der Regel die meiste Zeit benötigt. Auch der bekannte Investmentmilliardär Charlie Munger, Geschäftspartner und rechte Hand von Warren Buffett, betonte, wie wichtig und schwierig die ersten 100.000 ohne Startkapital sind – er muss es wissen, denn er startete bei Null.

> *„The first $100,000 is a b*tch, but you gotta do it."*
>
> Charlie Munger

Zu Deutsch: Die ersten 100.000 US-Dollar sind beschissen, aber du musst es schaffen.

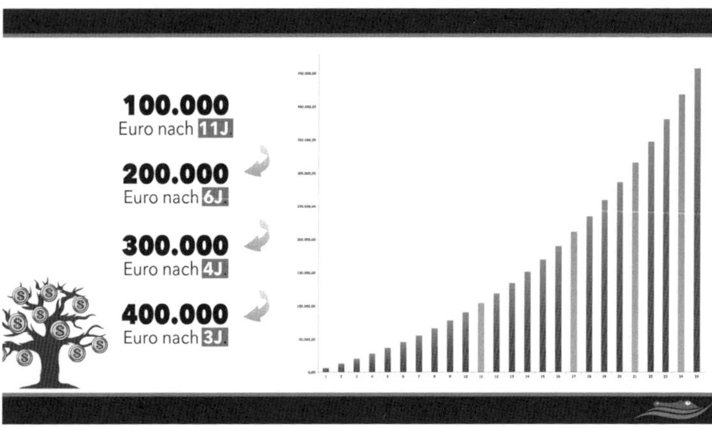

Abb. 7.3: Vermögensaufbau: Die ersten 100.000 € dauern am längsten.

Ohne Vermögensaufbau wird die finanzielle Freiheit und Unabhängigkeit nie erreicht werden. Zudem spielt auch die Zeit eine wichtige Rolle. Je länger gewartet wird, desto mehr muss gespart und investiert werden – um irgendwann vom Geld aus dem eigenen Vermögen leben zu können, oder die Freiheit zu haben, weniger arbeiten zu müssen. Zu Beginn wird es mühsam sein und es wird nur in kleinen Schritten vorangehen.

Wichtig ist hierbei, das Geld so anzulegen, damit es mehr wird. Auf dem Girokonto wird das Geld durch die Inflation immer weniger wert. Deshalb nehmen wir als Beispiel den MSCI World mit einer durchschnittlich jährlichen Rendite von 8 %.

Um auf die ersten 100.000 Euro zu kommen, werden bei einer monatlichen Sparrate von 500 Euro 11 Jahre benötigt. Nach weiteren 6 Jahren wird das Ganze bereits verdoppelt und es wird ein Vermögen von 200.000 Euro erreicht. Für die nächsten 100.000 Euro werden nur noch 4 Jahre benötigt. Und nach weiteren 3 Jahren hat man die 400.000 Euro.

Zu verdanken haben wir es dem Zinseszins, unserem neuen besten Freund!

KAPITEL

8

DER WEG ZUR FINANZIELLEN UNABHÄNGIGKEIT

Tipps und Tricks für erfolgreiches Anlegen

> Die sicherste und zuverlässigste Methode, ein Vermögen aufzubauen, ist das langfristige Investment.

Das haben die vorherigen Kapitel bereits bewiesen. Probleme macht dabei aber dieses kleine Wort: „Langfristig". **Geduldig und diszipliniert am Erfolg unserer Strategie zu arbeiten, ist keine leichte Aufgabe.** Wir müssen uns immer wieder motivieren, unsere Ziele vor Augen zu halten und die nötige Energie aufbringen.

Denn es gibt von verschiedenen Seiten Gefahren: Unsere schnelllebige, digitale Welt, in der wir ständig mit Informationen, Werbung und Unterhaltung bombardiert werden, erzieht uns dazu, ungeduldig zu sein. Alles ist entweder sofort verfügbar oder automatisch uninteressant. Der Vermögensaufbau funktioniert jedoch nach anderen Regeln und lässt sich eben nicht überstürzen oder abkürzen!

Auch die vielen Ausgaben, die auf uns zukommen, stellen eine Gefahr für unsere Pläne dar. Vom neuen Handy bis hin zum reparaturbedürftigen Auto: Immer wieder müssen wir Geld in die Hand nehmen, das uns dann beim Vermögensaufbau fehlt. Deshalb ist der Notgroschen ein unumgängliches Werkzeug, das jeder Anleger benötigt!

Nichts gefährdet unseren Vermögensaufbau aber so sehr wie wir selbst! Immer wieder nagt der Zweifel an uns: Kann das überhaupt funktionieren? Sollte ich mein Geld nicht lieber ausgeben? Kann ich nicht auch später noch mit dem Sparen anfangen? Und lohnt sich der ganze Aufwand überhaupt, oder sollte ich mein Geld lieber gleich hier und jetzt genießen?

Unsicherheit ist in diesem Fall ganz normal und kann immer wieder auftreten, aber es gibt Möglichkeiten, sie zu überwinden. Im folgenden Kapitel habe ich einige einfache Wahrheiten, Tipps und Tricks zusammengestellt, mit denen du dich besser auf dein Ziel konzentrieren und Ablenkungen ausblenden kannst.

Das größte Vermögen wird in der Krise erzielt

Etwa alle 12 Jahre kommt es an der Börse zu einem vorübergehenden Crash und ca. alle 2 Jahre gibt es eine „Korrekturphase", in denen die Kurse etwas sinken – bis zu 15 % kurzfristiger Einbrüche zählen als Korrektur, höhere Werte als Krise oder Crash. Diese kommen aber glücklicherweise deutlich seltener vor!

Marktrückgang	Häufigkeit
> 5 Prozent	ca. 3 mal pro Jahr
> 10 Prozent	ca. 1 mal pro Jahr
> 15 Prozent	ca. alle 2 Jahre
> 20 Prozent	ca. alle 3,5 Jahre

Quelle: CNBC Statistik aus 2020

Abb. 8.1: Marktrückgang und Häufigkeit. Quelle: CNBC Statistik aus 2020

Besonders während solcher Börsencrashs, Krisen und Korrekturphasen machen sich Panik und Verzweiflung breit. Wir leben in besonders turbulenten Zeiten – Pandemien, Kriege, zweistellige Inflation und mehr erschüttern unser Leben und die Märkte. Selbst ein großer Index wie der S&P 500, der sich früher nur eine Handvoll Prozent pro Jahr bewegte, machte in den letzten Monaten manchmal Sprünge von 3 % pro Tag!

Finanzwirtschaftlich betrachtet ist dies für Anleger kein Problem, denn die Richtung der Märkte zeigt weiterhin nach oben – zumindest, wenn wir längere Zeiträume betrachten. Im vorherigen Kapitel hast du anhand verschiedener Beispiele gesehen, wie gut einige Unternehmen Krisen überstehen und sogar von ihnen profitieren.

Aus emotionaler Sicht ist es jedoch eine gewaltige Herausforderung: Wir müssen die (vorübergehenden) Rückschläge verkraften und dennoch weiter diszipliniert an unserer Strategie arbeiten. Gleichzeitig werden wir während einer Krise mit Hiobsbotschaften bombardiert.

Die wichtigste Erkenntnis lautet dabei, dass eine **Krise keinen finanziellen Schaden darstellt, sondern eine Chance auf weitere Gewinne**. So haben zum Beispiel während der Corona-Krise Millionen von Menschen ihre Jobs verloren und die Wirtschaftsleistung sank weltweit um etwa 3,3 %. Gleichzeitig haben 2.700 der Milliardäre ihr Vermögen aber um 60 % gesteigert!

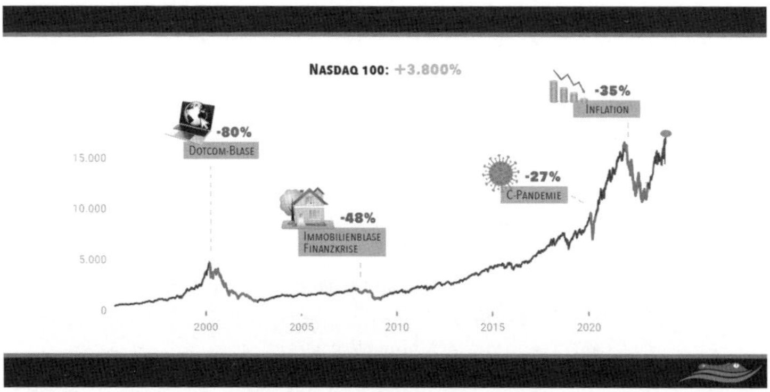

Abb. 8.2: Bärenmärkte:
Nasdaq 100 – die letzten 29 Jahre.

„Moment mal“, wirst du jetzt wahrscheinlich sagen, „ich bin leider kein Milliardär!“. Richtig – aber das Konzept bleibt das gleiche, egal ob du 100 Milliarden Euro oder 100 Euro besitzt: **Du kaufst während Krisenzeiten Aktien von Unternehmen, die gesund sind und nachhaltig wirtschaften.** Aufgrund der schwierigen wirtschaftlichen Zeiten sind die Titel unterbewertet und somit ein echtes Schnäppchen! Später, wenn sich die Lage wieder normalisiert hat, steigen auch die Kurse einer solchen Firma wieder und du kannst auf steigende Dividenden hoffen.

Das haben Anleger zum Beispiel bei der beliebten Aktie von Procter & Gamble erlebt: Vor dem Covid-Crash im Frühjahr 2020 stand der Titel bei 126 US-Dollar und fiel dann im März auf 102 Dollar – ein Einbruch um 19 %! Die Erholung folgte jedoch rasch und heute (Frühjahr 2024) notiert die Aktie bei 160 US-Dollar!

Ein toller Nebeneffekt: **Aktien zählen zu den Sachwerten** (du erwirbst einen Anteil am Unternehmen, also letztlich einer „Sache") und sind einige der wenigen Möglichkeiten, sich halbwegs vor hoher Inflation zu schützen. Denn die Wertpapiere folgen den Bewegungen der inflationären Achterbahnfahrt. Am Ende, wenn sich die Geldentwertung wieder normalisiert hat, stehen du und deine Aktien wieder genauso gut dar wie zu Beginn.

Natürlich tragen auch die Kursgewinne und Dividenden dazu bei, die Auswirkungen der Inflation abzumildern. Nur wenn die Geldentwertung gar zu sehr aus dem Ruder läuft, kommen auch Wertpapiere an ihre Grenzen und können unser Vermögen nicht mehr vor Schäden bewahren. Selbst dann gilt jedoch: Ohne Aktien wäre es noch schlimmer gekommen!

In Krisen kaufen und langfristig profitieren

> *„Unser Ziel ist bescheiden: Wir versuchen einfach, ängstlich zu sein, wenn andere gierig sind, und nur dann gierig zu sein, wenn andere ängstlich sind."*
>
> Warren Buffett

Krisenzeiten bieten für Anleger enorme Potenziale, wenn wir wirtschaftlich gesunde, erfolgreiche Unternehmen zu unserem Depot hinzufügen. Denn für diese Firmen geht es langfristig bergauf – ein Börsencrash oder mehrere Monate Rezession sind nur ein kleiner Knick auf dem Weg zu weiteren Erfolgen und Aktien-Höchstwerten.

Für uns Anleger sind diese Momente **vorübergehender Kursrückgänge aber ideal: Wir kaufen an dieser Stelle besonders große Mengen Aktien** und unser Portfolio wächst dadurch stark an. Ist die schwierige Phase an den Börsen überwunden, steigen auch die Kurse wieder. Nun profitieren wir von unserem Einkauf, denn unser Depot ist mit wertvollen Aktien gefüllt, die nun allesamt an Wert zulegen. Dabei zählt die Aufwärtsbewegung nach einem Einbruch zu den stärksten, die der Aktienmarkt zu bieten hat – und du bist als Aktionär an diesem Erfolg beteiligt!

Auch wenn du während einer Krise kein Kapital für zusätzliche Einkäufe zur Verfügung hast, profitierst du – sofern du meiner Strategie folgst und Sparpläne für den Vermögensaufbau nutzt. Die

Ausführung deines Sparplans erfolgt auch in Krisenzeiten entsprechend deiner Vorgaben: gleicher Betrag, gleiches Zeitintervall.

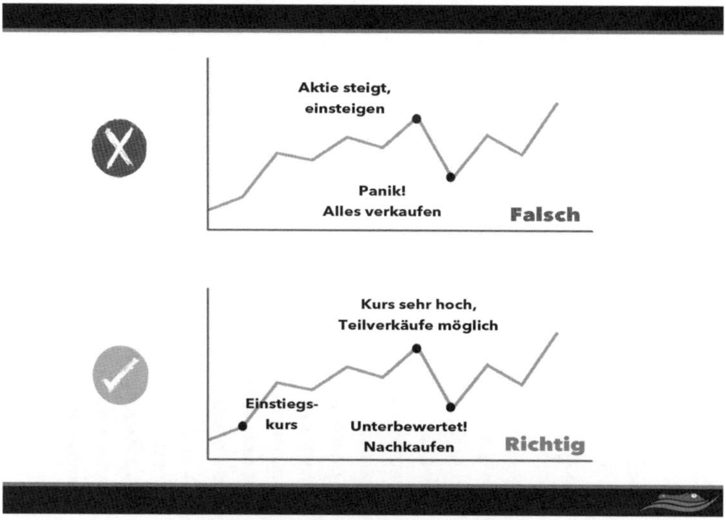

Abb. 8.3: Die falsche und richtige Vorgehensweise bei Qualitätsaktien.

Der Unterschied ist jedoch, dass du deutlich mehr Aktien erhältst, wenn die Kurse im Keller sind. Sobald sich die Preise wieder erholen, zeigt sich der Effekt in deinem Portfolio und du siehst ein dickes Plus! Anleger, die Vermögensaufbau via Sparplan betreiben, sollten sich daher **auf Krisen freuen und sie nicht fürchten** – sie verdienen an ihnen stattliche Summen!

Natürlich ist es leicht, dieses Vorgehen zu empfehlen – die tatsächliche Ausführung ist deutlich schwieriger! Umso wichtiger ist es daher, die selbst ernannten „Crash Propheten" auszublenden und sich in Krisenzeiten auf die eigene Strategie zu konzentrieren.

Halte dir deine Rendite vor Augen

Eine der einfachsten, aber wirkungsvollsten Maßnahmen gegen Finanz-Frust: **Halte dir vor Augen, wie hoch deine Rendite ausfällt, wenn du am Ball bleibst!** Die Aussicht auf dein eigenes

Vermögen und das starke Wachstum deines Kapitals kann dir helfen, wenn es mal schwerfällt, diszipliniert weiter zu sparen.

Nutze dazu auch Kalkulationsprogramme, um deine Ziele zu visualisieren. Erinnerst du dich noch an den Anfang dieses Buches? Dort habe ich erklärt, wie du mit einer (für die Börse) durchschnittlichen Rendite von 8 % pro Jahr dein Vermögen in 20 Jahren fast verfünffachen kannst!

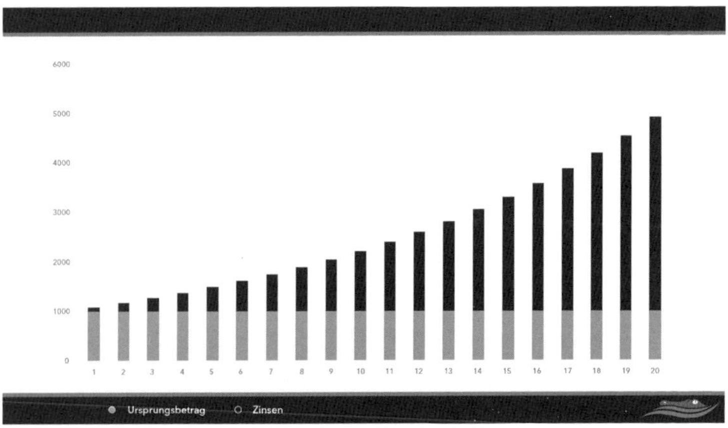

Abb. 8.4: Mit 1.000 € initialer Einzahlung und 8 % durchschnittlicher Rendite erzielst du nach 20 Jahren stolze 4.926 €!

Auch wenn du noch mit dem Gedanken haderst, mit dem Vermögensaufbau zu starten, solltest du dir diese Zahlen vor Augen halten. Denn **je früher du beginnst, desto drastischer wirkt sich der Zinseszinseffekt aus.** Jeder Monat, ja sogar jeder Tag, kann einen spürbaren Unterschied machen, wenn du langfristig investierst.

Wie lange brauche ich zur ersten Million?

Eine Million Euro zu besitzen, ist ein sehr gutes, „griffiges" Ziel und eignet sich daher perfekt für Momente, in denen deine Motivation nachlässt. Viele Privatpersonen mit einem durchschnittlichen Gehalt würden es für unmöglich halten, jemals eine solche Summe anzuhäufen – und tatsächlich schaffen es die meisten Menschen auch niemals! Das liegt allerdings nicht daran, dass es unmöglich wäre, sondern lediglich, dass sie es nicht versuchen.

Doch **eine Million Euro ist mit Disziplin und Geduld sehr gut zu erreichen** – und das sogar in einem überschaubaren Zeitraum. Gehen wir zum Beispiel davon aus, dass du mit 10.000 Euro Kapital loslegst und jeden Monat 500 Euro an der Börse ansparst. Hier erhältst du durchschnittlich etwa 8 % Rendite pro Jahr. Das Ergebnis: Schon nach 33 Jahren bist du Millionär!

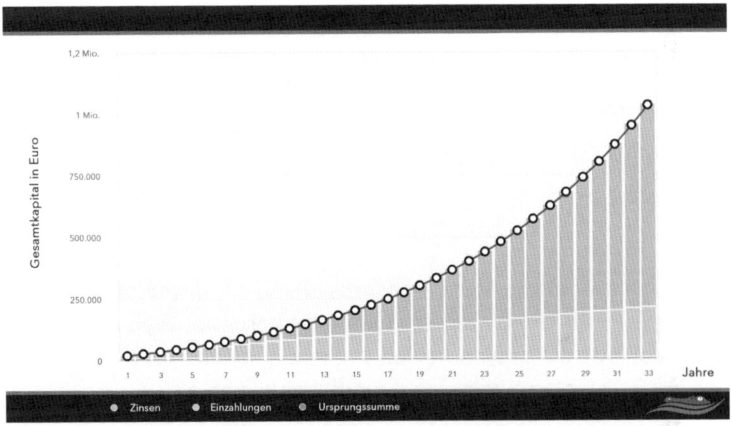

Abb. 8.5: Über 33 Jahre werden durch monatliche Einzahlungen über eine Million Euro erreicht.

Die 500 Euro pro Monat klingen zunächst nach viel Geld – vor allem für junge Leute zu Beginn ihrer beruflichen Laufbahn. Später, nach einigen Gehaltserhöhungen und Beförderungen, ist diese Summe hingegen machbar. Du kannst deine Sparrate dann entsprechend erhöhen und **den nötigen Zeitraum um viele Jahre verringern!**

Du musst dich mit deinem finanziellen Plan wohlfühlen

Wenn du Schwierigkeiten hast, deinen Vermögensaufbau diszipliniert durchzuführen, ist das in der Regel eine völlig normale, menschliche Reaktion auf die Herausforderung: Du musst **heute in den sauren Apfel beißen, um in naher Zukunft dafür vielfach belohnt zu werden**. Unser Gehirn ist evolutionsbiologisch nicht darauf ausgelegt, diesen Zusammenhang zu verstehen. Es will jetzt und sofort belohnt werden, auch wenn die langfristige Strategie so viel besser ist.

Mit etwas Selbstbeherrschung und einigen einfachen Motivations-Tricks lassen sich diese Phasen aber locker überwinden. Es gibt jedoch auch Situationen, in denen das nicht mehr ausreicht und wirklich etwas faul ist: Vielleicht passt dein finanzieller Plan gar nicht zu dir und deiner Persönlichkeit?

Typische Anzeichen sind zum Beispiel:

- Du kannst nicht mehr ruhig schlafen.
- Du fühlst dich generell unwohl und denkst ständig an deine Finanzen.
- Du checkst ständig panisch dein Portfolio.
- Du liest/schaust immer wieder dieselben Artikel und Videos an, die deine Ängste beruhigen.

Solche und ähnliche Verhaltensweisen zeigen, dass deine Finanzstrategie nicht zu dir passt. Das ist aber kein Weltuntergang! Vielleicht bist du einfach nur über das Ziel hinausgeschossen. Lass uns zunächst einige wichtige Grundlagen klären:

1. Du solltest nur so viel Geld investieren, wie du übrig hast

Es versteht sich eigentlich von selbst, aber viele motivierte Anleger übertreiben es direkt zu Beginn: Nur Geld, das du nicht zum Leben brauchst, kommt für ein Investment infrage! Die Aussicht auf ein stattliches Vermögen bringt viele Menschen dazu, viel zu hohe Summen in ihr Portfolio zu stecken – dieses Geld fehlt dann im Alltag und sie müssen an allen Ecken sparen oder haben ständig Geldsorgen.

Der Vermögensaufbau sollte vernünftig und in gesunden Verhältnissen erfolgen. Mache eine kurze Bestandsaufnahme und sei ehrlich zu dir selbst: Ist deine Sparrate übertrieben? Dann ist es kein Wunder, dass du dich mit deiner Finanzplanung unwohl fühlst! Reduziere deine Investments zunächst und mache dir keine Sorgen um die längere Wartezeit bis zur ersten Million – du kannst später immer noch zusätzliches Geld anlegen. Vielleicht kannst du auch weitere Einnahmequellen erschließen und so das Problem des mangelnden Kapitals beheben.

2. Du kannst schon mit 10 Euro pro Monat beginnen!

Oft kommt es zu Missverständnissen bezüglich Sparplänen und möglichen Investments: **Du kannst schon ab 10 Euro pro Monat investieren!** Klar, mit diesem Betrag wirst du nicht weit kommen, aber es ist dennoch besser, als gar nicht loszulegen! Solltest du von größeren Mindestsummen eingeschüchtert sein, hast du wahrscheinlich einfach den falschen Broker gewählt. Heute gibt es Dutzende von Anbietern, die minimale Beträge erlauben.

Besonders wichtig zu erwähnen: Es ist keine Schande, deine Sparrate bei Geldsorgen für einige Zeit auf den Minimalbetrag zu reduzieren! Von einem kompletten Stopp würde ich jedoch abraten, da dann der spätere „Neustart" oft schwerfällt. Dabei kann es jeden erwischen – Jobverlust, unvorhergesehene Ausgaben, längere Krankheit ... schon wird es finanziell eng.

3. Du musst dich nicht aktiv um deine Finanzen kümmern!

Die Auswahl und Analyse von Aktienunternehmen, kontinuierliches Portfolio-Management und alle Aufgaben, die mit dem Vermögensaufbau einhergehen, sind dir zu viel? Kein Problem! Du kannst auch ohne großen Aufwand Geld investieren. ETFs sind ideale Anlageprodukte, die du automatisiert besparen kannst. Schon eine Handvoll – oder sogar nur ein einziger allgemeiner ETF, wie der Klassiker Vanguard FTSE All-World ETF (WKN A1JX52) – sind ausreichend!

> Ist dein Sparplan für einen solchen ETF einmal eingerichtet, musst du keinen Gedanken mehr an deine Finanzplanung verschwenden.

„Kaufen Sie Aktien, nehmen Sie Schlaftabletten und schauen Sie die Papiere nicht mehr an. Nach vielen Jahren werden Sie sehen: Sie sind reich."

André Kostolany

Verzicht vs. Verdienst

Einer der Hauptgründe, warum Menschen vor dem Vermögensaufbau zurückschrecken, ist der Verzichts-Gedanke: Sie glauben, man müsse auf Annehmlichkeiten verzichten und ständig sparen, um es einmal zu etwas Kapital zu bringen. Weit gefehlt, denn letztlich bezahlst du dich durch das Sparen selbst!

Generell ist Sparsamkeit natürlich eine nützliche Eigenschaft, die dir bei deinen finanziellen Plänen sicher helfen wird. Du musst jedoch nicht wie ein asketischer Mönch leben, um es zur ersten Million zu bringen! Ein vernünftiges Gleichgewicht zwischen deinen Wünschen und Bedürfnissen und dem, was finanziell machbar ist, reicht bereits aus.

Entscheide dich für einen angenehmen Lebensstil ohne übertriebenen Luxus und du bist bereits auf der richtigen Bahn. Die Fragen „Brauche ich das?" oder „Ist es das wirklich wert?" können helfen, unnötige Anschaffungen von vornherein zu vermeiden. Bedenke, dass du beim Sparen nicht wirklich auf diese Annehmlichkeiten verzichtest, sondern sie lediglich auf einen späteren Zeitpunkt verschiebst – sie werden später aber umso angenehmer, weil du in einigen Jahren viel mehr Kapital zur Verfügung hast!

Denn Verzicht ist ein Instrument mit sehr begrenzter Effektivität. Du kannst auf alle Annehmlichkeiten verzichten – sogar am Essen und Trinken sparen oder im Winter nicht mehr heizen. Was würdest du dadurch gewinnen? Einige Hundert Euro pro Monat? Keineswegs genug, um ein Leben ohne Bequemlichkeit und Vergnügen zu rechtfertigen!

Die deutlich bessere Stellschraube ist hingegen dein Verdienst: Während nämlich Verzicht nur bis zu einem gewissen Punkt möglich ist, kannst du deinen Verdienst endlos nach oben drehen! Investiere zum Beispiel etwas Energie in deine Karriere, bilde dich weiter und qualifiziere dich so für eine Beförderung oder finde einen neuen, besseren Job.

Auch zusätzliche Aufgaben oder ein Nebenverdienst sind gute Möglichkeiten, weitere Einnahmen zu generieren. Das gilt besonders, wenn du über spezielle Talente oder Qualifikationen verfügst. Und wer weiß, vielleicht wird aus deinem Nebengewerbe einmal ein florierendes Unternehmen!

Deine Einnahmen zu optimieren und gleichzeitig ein gesundes Maß an Sparsamkeit zu betreiben, ist die ideale Mischung für einen erfolgreichen Vermögensaufbau. Auf diese Weise stellst du sicher, dass du ein komfortables Leben führst und ausreichend Spaß hast – nur so lässt sich langfristig die Motivation für deine finanziellen Ziele erhalten.

Nutze das „Drei-Konten-Modell"

Apropos Spaß: Das Vergnügen sollte nicht zu kurz kommen – aber auch nicht dein gesamtes Kapital verschlingen. Es hat sich bewährt, einen monatlichen Betrag für all die angenehmen Dinge einzuplanen. Gemeinsam mit dem Girokonto für deine typischen Einnahmen und Ausgaben und dem Konto/Depot, über das du deine Investments abwickelst, ergibt sich ein sogenanntes Drei-Konten-Modell.

Diese Aufteilung ist ein einfacher Trick, mit dem sich deine finanzielle Planung verbessern lässt. Durch die klare Aufteilung kannst du außerdem problemlos Anschaffungen realisieren oder einfach nur Spaß haben – ohne dabei deine Anlagestrategie negativ zu beeinflussen! Das Drei-Konten-Modell hat folgende Bestandteile:

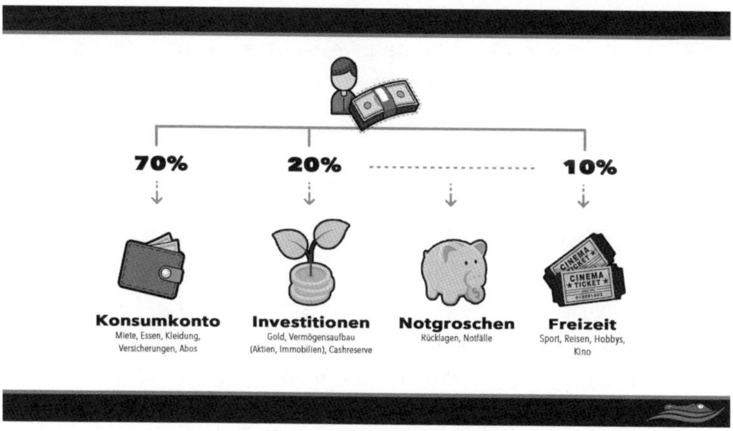

Abb. 8.6: Vermögensaufbau:
Mit diesem System wird man früher oder später finanziell frei.

1. Dein Girokonto

Dein **Girokonto ist der Bereich, in dem alltägliche Transaktionen durchgeführt werden.** Hier treffen dein Gehalt und andere Einnahmen ein und deine Ausgaben (Miete, Bargeldabhebung, Kartenzahlungen, Überweisungen, Abos etc.) gehen ab. Sind die monatlichen Kosten beglichen, sollte nicht mehr zu viel Geld auf diesem Konto übrig bleiben – überschüssiges Kapital sendest du am besten zu deinem Sparkonto.

Von deinem Girokonto solltest du einen Dauerauftrag anlegen, der einen festen Betrag an dein Depot oder ein Sparkonto schickt. Am besten ist der Anfang des Monats oder der Zeitpunkt direkt nach deinem Gehaltseingang geeignet, da dann keine Gefahr besteht, das Geld auszugeben. Auch dein Spaßkonto wird von hier aus mit einem Dauerauftrag befüllt.

2. Dein Depot / Sparkonto

Der zweite Bereich besteht aus deinem **Depot oder einem separaten Konto für deine Investments.** Es **wird automatisch über einen Dauerauftrag von deinem Girokonto gefüllt** und mit diesem Geld werden deine Sparpläne ausgeführt. 10 bis 30 % haben sich als guter Wert für den Vermögensaufbau gezeigt – letztlich kommt es aber auf deine Möglichkeiten und Ziele an. Umfasst deine Anlagestrategie auch andere Investitionen, werden sie ebenfalls von diesem Konto aus durchgeführt. Tipp: Denke an eine kleine Cashreserve, die du bei Kurseinbrüchen nutzen kannst.

3. Dein „Spaßkonto“

Das Spaßkonto ist, wie der Name schon vermuten lässt, **für alle Vergnügungen vorgesehen**. Was dir Vergnügen bereitet, weißt du natürlich selbst am besten. Urlaubsreisen, Shopping, Hobbys oder fein essen gehen ... Du kannst dieses Geld auch für die Spekulation mit riskanten Aktien, Kryptowährungen, Futures, CFDs und Co. verwenden. Auch wenn die Erfolgschancen eher gering sind, bringen solche riskanten Investments Nervenkitzel und können manchmal sogar Gewinne abwerfen.

4. Sonderkonto: Notgroschen

Der bereits erwähnte Notgroschen nimmt eine Sonderrolle ein: Er gehört zwar nicht zu den eigentlichen drei Konten, ist aber trotzdem unbedingt erforderlich! Hier bewahrst du deine Rücklagen auf, die du für unvorhergesehene Kostenpunkte benötigst.

Wenn dein Auto in die Werkstatt muss, deine Waschmaschine den Geist aufgibt oder das Finanzamt eine Nachzahlung fordert, kommt dein Notgroschen ins Spiel. Er sorgt dafür, dass du in solchen Situationen keine kurzfristigen Kredite aufnehmen (extrem teuer!) oder schnell Aktien verkaufen musst (ärgerlich und kann zu Verlusten führen).

Dein Notgroschen kann ebenfalls ein Girokonto sein – Hauptsache, er ist separat von deinen anderen Konten gelagert. Auch Anlageprodukte wie Tagesgeldkonten sind sehr gut geeignet. Wichtig ist, dass du schnell an dein Geld kommst und es im Notfall ohne Wartezeit einsetzen kannst. Wurde Geld vom Notgroschen abgezogen, muss du diesen erst wieder auffüllen, bevor du mit Investments und Vergnügungen weitermachen kannst.

Für das Drei-Konten-Modell will ich dir noch **folgende Tipps** mit auf den Weg geben:

- **Lege das Größenverhältnis der einzelnen Konten fest.** Das Sparkonto sollte dabei mindestens doppelt so hohe Einzahlungen erhalten wie das Spaßkonto. Je sparsamer du lebst und je ernsthafter du den Vermögensaufbau betreibst, desto größer kann dein Depot/Sparkonto ausfallen.
- Führe eine **physische Trennung deiner Konten** durch, das heißt: für jeden Bereich ein eigenes Girokonto. Viele Banken bieten heute bereits völlig kostenlose Konten an, sodass keine zusätzlichen Ausgaben auf dich zukommen.
- Ich empfehle dir, **Daueraufträge** einzurichten, um dein Geld auf die einzelnen Konten zu verteilen – am besten sollten diese direkt nach Eingang deines Gehalts ausgeführt werden. Sie sorgen dafür, dass dein Vermögensaufbau automatisiert abläuft und nehmen dir Arbeit ab. Außerdem musst du weniger Motivation und Energie aufwenden, wenn alles von selbst geht.

- **Vergiss nicht den Notgroschen!** Auch wenn es schwerfällt, einige Tausend Euro „rumliegen“ zu haben und du sie lieber investieren würdest.
- Du kannst deine **Konten weiter unterteilen** und zum Beispiel einen eigenen Topf für Urlaub, Lebensmittel, Kleidung etc. einrichten. Einige Banken bieten solche praktischen Unterteilungen an, ohne dass du dafür eigene Konten eröffnen musst.

KAPITEL

9

EIN FRÜHER START

Vermögensaufbau für Kinder: Junior-Depot und finanzielle Bildung

Dieses Kapitel richtet sich an Eltern und solche, die einmal Eltern werden möchten. Wenn du die vorherigen Kapitel gelesen und vielleicht selbst die ein oder andere Kalkulation angestellt hast, ist dir bestimmt schon der Gedanke gekommen: „**Wie genial wäre es gewesen, wenn ich schon vor X Jahren mit dem Vermögensaufbau begonnen hätte?** Dann wäre ich heute schon reich!"

Tatsächlich ist **Zeit der wichtigste Faktor, wenn man Reichtum anhäufen will**. Denn der Zinseszinseffekt benötigt einige Jahre, um seine volle Wirkung zu entfalten. Ein früher Start ist dementsprechend das A und O.

Einer der wichtigsten Wünsche, den Eltern hegen, ist, dass es die eigenen Kinder einmal besser haben sollen. Zinseszinseffekt und Vorsorge lassen sich ideal verbinden: Mit einem Junior-Depot kannst du den Vermögensaufbau für dein Kind ab 0 Jahren starten und so den maximalen Zinseszinseffekt erzielen. Dadurch stellst du sicher, dass dein Nachwuchs den bestmöglichen Start hat und sich im Alter nicht darüber ärgert, so spät mit der Finanzplanung begonnen zu haben.

Früher Start mit einem Junior-Depot

Ein Kind kostet dich bis zum 18. Lebensjahr durchschnittlich 150.000 Euro – bis zum Studium-Ende sogar 230.000 Euro. Ein Schulkind kostet rund 600 Euro pro Monat. Die Entscheidung für ein Kind will also auch finanziell gut überlegt sein.

Bei diesen erheblichen Kosten kommt es auf ein paar Euro mehr oder weniger auch nicht mehr an. Gleichzeitig kannst du aber **schon mit kleinen Beträgen einen gewaltigen Unterschied im Leben deines Kindes bewirken:** Von Anfang an auf ein Junior-Depot eingezahlt, vermehrt sich dieses Geld durch Zinsen und Zinseszinsen immer weiter, während deine Kinder aufwachsen. Es entsteht so ein richtiges Vermögen für deinen Nachwuchs.

Ein solches Junior-Depot ist nötig, weil dein Kind selbst noch nicht geschäftsfähig ist – du kannst deinen Säugling zwar zur Bank tragen, aber ein Depot wird man ihm nicht anbieten. Die Erziehungsberechtigten eröffnen stattdessen ein Junior-Depot im Namen des Nachwuchses. Am 18. Geburtstag geht dieses Konto dann in den vollen Besitz deines nun erwachsenen Kindes über.

Dabei funktioniert dieses Junior-Depot genauso wie dein reguläres Depot: Du kannst hier Geld einzahlen und börsengehandelte Produkte kaufen oder verkaufen. Damit lässt sich jede beliebige Investment- oder Trading-Strategie ausführen. Aufgrund des zeitlichen Vorsprungs und der geringen Risiken (du willst das Geld deines Kindes auf keinen Fall verzocken!), empfehle ich natürlich die langfristige, Sparplan-basierte Strategie, die ich in diesem Buch beschrieben habe.

> Schon vergleichsweise kleine Einzahlungen sind bei einem Junior-Depot ausreichend und lohnen sich dank der langen Laufzeit erheblich!

Dieses Kapital kann später das Studium, den Führerschein, ein Auslandsjahr und viele andere Annehmlichkeiten finanzieren. Alternativ kann dein Spross natürlich auch an diesem Vermögen weiterarbeiten (also weiter sparen und investieren) und es so zu neuen Rekorden bringen.

Rechenbeispiele: So sehr lohnt sich der frühe Start

Schauen wir uns nun einige Rechenbeispiele für ein Junior-Depot an – so siehst du am besten, welchen gewaltigen Effekt ein früher Start beim Vermögensaufbau hat! Wir treffen folgende Annahmen:

- Du startest das Junior-Depot bei Geburt deines Kindes, also mit 0 Jahren.
- Die Volljährigkeit wird mit 18 erreicht. An diesem Punkt kann es sein, dass dein Kind Geld entnimmt, z. B. für den Führerschein, das Studium etc.
- Dein Kind erreicht das Rentenalter mit 67 Jahren.

Beispiel 1: Du startest das Junior-Depot mit einer initialen Einzahlung von 1.000 Euro. Jeden Monat zahlst du weitere 100 Euro ein. Dein Kind entnimmt zum 18. Geburtstag kein Geld, sondern führt das Depot mit dem gleichen monatlichen Betrag weiter. Die durchschnittliche Rendite beträgt 8 %.

Das Ergebnis ist beachtlich: Zum Renteneintritt deines Kindes mit 67 Jahren hätte sich ein gewaltiges Vermögen von 2.856.484,26 Euro angehäuft! Schon Anfang 50 ist dein Kind in diesem Beispiel Millionär.

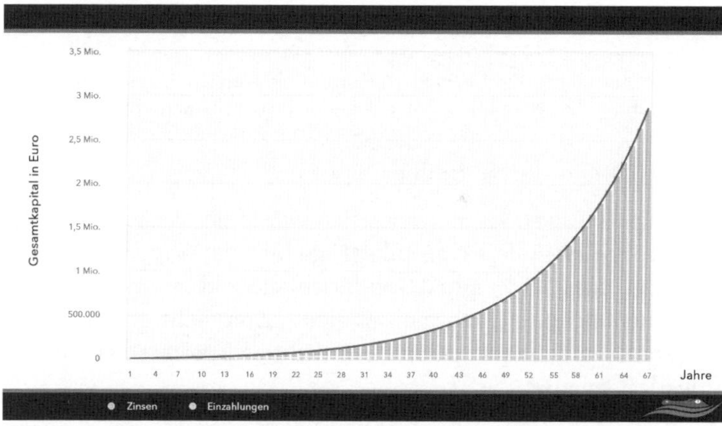

Abb. 9.1: Schon 100 € pro Monat sind genug, um es auf fast drei Millionen Euro bis zum Renteneintritt deines Kindes zu bringen.

Beispiel 2: Derzeit erhalten Familien pro Kind **255 Euro Kindergeld** pro Monat. Nehmen wir nun an, dass du diese 255 Euro in das Junior-Depot einzahlst. Als Startschuss setzen wir eine initiale Einzahlung von 1.000 Euro an. Kindergeld kann bis zum vollendeten 25. Lebensjahr bezogen werden, endet aber meist schon früher.

Wir gehen davon aus, dass du bis zum 18. Geburtstag die erhaltenen Kindergeldzahlungen in das Junior-Depot einzahlst. Dann startet dein Nachwuchs mit 122.800 Euro ins Erwachsenenleben! Wird bis zum 26. Geburtstag Kindergeld gezahlt, summiert sich dies auf enorme 261.000 Euro!

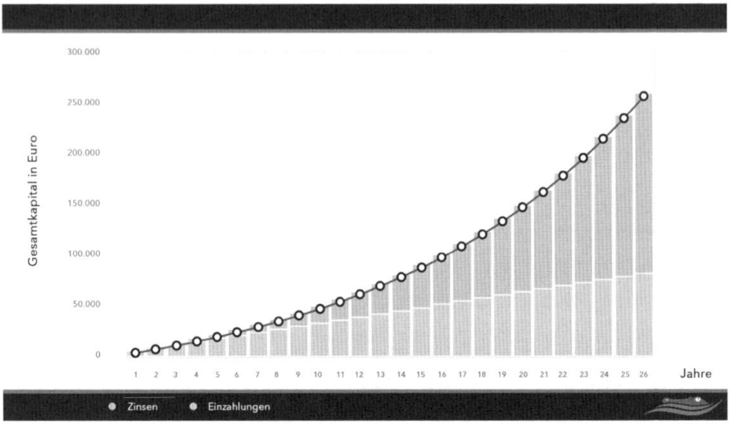

Abb. 9.2: Nur durch Kindergeldeinzahlungen bis zum 26. Lebensjahr kannst du mehr als 260.000 € für deinen Nachwuchs generieren!

Steuervorteile durch Junior-Depot

Achtung! Bei allen Rechenbeispielen wurde ein wichtiger Faktor außen vor gelassen: **Für Kapitalerträge fällt die Abgeltungsteuer in Höhe von 25 % plus Solidaritätszuschlag an.** Auch die Investments deines Nachwuchses sind davon nicht grundsätzlich ausgenommen – es gibt jedoch eine wichtige Erleichterung, die die Steuerlast mindert.

Denn aus steuerrechtlicher Sicht stehen **Kindern, wie allen anderen Personen auch, die üblichen Steuer-Freibeträge zur Verfügung:** Wer **weniger als 12.096 Euro** (Stand: 2025) Einkommen erzielt, muss auf diese Einkünfte keine Einkommensteuern zahlen. Einnahmen aus Kapitalerträgen zählen ebenfalls zu diesem Freibetrag. Solange die Gewinne des Junior-Depots den Betrag nicht übersteigen (und dein Kind keine anderen „Einnahmen" erzielt), fallen also keine Abgaben an.

Sollten die Einnahmen aus dem Junior-Depot den Freibetrag übersteigen, greift zunächst der **Sparer-Pauschbetrag von 1.000 Euro**. Erst dann wird die Abgeltungsteuer in Höhe von 25 % plus Solidaritätszuschlag auf den Betrag erhoben. Somit ergibt sich ein gesamter steuerfreier Gewinn für dein Kind von 13.096 Euro pro Jahr.

Voraussetzung für diesen steuerlichen Luxus ist allerdings eine sogenannte „Nichtveranlagungsbescheinigung", die du beim Finanzamt für dein Kind anfordern musst. Sie gilt 3 Jahre und muss anschließend erneuert werden. Um in den Genuss des Sparer-Pauschbetrags von 1.000 Euro zu kommen, ist außerdem ein Freistellungsauftrag erforderlich. Dieser lässt sich jedoch in der Regel sehr einfach direkt beim Broker einrichten.

Insgesamt kann dein Kind also Gewinne von fast 13.000 Euro pro Jahr steuerfrei erhalten. Das sorgt dafür, dass sich Dividendenaktien und ETFs besonders lohnen: Ihre regelmäßigen Ausschüttungen lassen das Junior-Depot durch Reinvestition schnell anwachsen, verursachen aber gleichzeitig durch die Freibeträge wenig bis gar keine Steuerlast!

Anders sieht es hingegen aus, wenn das Depot auf Kursgewinne ausgelegt ist: Steigt der Wert der enthaltenen Aktien und ETFs, sind zunächst überhaupt keine Steuern fällig. Verkauft dein Kind dann später jedoch seine Wertpapiere, greift das Finanzamt zu! Hier muss Abgeltungsteuer gezahlt werden – der Freibetrag von 1.000 Euro dürfte, in Anbetracht des hohen Betrags, kaum eine Rolle spielen. Dadurch entsteht eine deutlich höhere Steuerbelastung bei Verkäufen im Vergleich zu Dividenden.

Achtung! Ein Junior Depot kann auch einen finanziellen Nachteil bedeuten: Möchte dein Kind für Studium oder Schule einmal **BAföG beantragen**, fließen persönliches Vermögen und Einkünfte in die Berechnung mit ein. Hat dein Nachwuchs mehr als 15.000 Euro Kapital (Stand: 2025) oder ein entsprechendes Einkommen (zum Beispiel durch Dividenden), kann die Förderungssumme stark sinken.

So eröffnest du ein Junior-Depot

Ein Junior-Depot für deinen Nachwuchs anzulegen, ist ein sehr einfaches Unterfangen. Zunächst solltest du verschiedene Anbieter prüfen.

Hast du den passenden Broker gefunden, kannst du das Junior-Depot beantragen. Dazu müssen alle Sorgeberechtigten (in der

Regel beide Elternteile) ein entsprechendes Formular unterzeichnen. Außerdem wird eine Kopie der Geburtsurkunde verlangt. Auch die Eltern müssen sich entsprechend ausweisen – in der Regel funktioniert dies heute über digitale Video-Ident-Verfahren. Der gesamte Prozess ist üblicherweise nach wenigen Tagen abgeschlossen und das Depot eröffnet.

Das solltest du beachten

Eröffnest du ein **Junior-Depot** für deinen Nachwuchs, ist das dort eingezahlte Geld im Besitz deiner Kinder. Du darfst es nicht mehr abheben und für dich selbst nutzen. Lediglich Entnahmen „zum Wohl der Kinder“ sind möglich – der rechtliche Rahmen ist hierbei aber vergleichsweise eng gesteckt: Das Geld gilt als unwiderrufliche Schenkung an die Kinder. Daher solltest du nur Beträge für deine Kinder anlegen, auf die du auch verzichten kannst.

Außerdem solltest du auf ein ausgewogenes Verhältnis zwischen Rendite und Risiko achten. Da du für einen sehr langen Zeitraum (18+ Jahre) und im Interesse deiner Kinder anlegst, sind riskante Investments ungeeignet. Stattdessen empfehlen sich **breit gestreute Produkte wie ETFs oder eine Mischung aus Aktien.** Die in diesem Buch vorgestellte Dividendenstrategie bietet eine ideale Basis für ein erfolgreiches und risikoarmes Junior-Depot.

Sobald dein Kind das 18. Lebensjahr erreicht, geht das Junior-Depot vollständig in seinen Besitz über. Du hast ab diesem Zeitpunkt kein Mitspracherecht oder Möglichkeit zur Einflussnahme – dein Spross könnte also theoretisch das gesamte, mühsam angesparte Kapital sofort verprassen. Falls dir diese Vorstellung schlaflose Nächte bereitet, könnte als Alternative ein Zweitdepot infrage kommen.

Hier behältst du die Kontrolle über die Investments deines Nachwuchses und kannst auch nach dem 18. Geburtstag noch über das Kapital bestimmen. **Im Gegenzug sind allerdings keine steuerlichen Erleichterungen möglich:** Das Vermögen befindet sich offiziell unter deinem Namen und ist entsprechend zu versteuern. Da das Zweitdepot unter deinem Namen läuft, wird das Vermögen darin nicht offiziell deinem Kind zugerechnet. Somit können deine Kleinen auf mehr BAföG-Förderung hoffen.

Bringe deinen Kindern den Umgang mit Geld bei

Du möchtest sicherstellen, dass dein Kind sorgsam mit dem im Junior-Depot angehäuften Vermögen umgeht? Dann bringe es ihm am besten bei! Die finanzielle Bildung deines Nachwuchses ist ein wichtiger Aspekt, den du schon früh angehen solltest. Ein sinnvoller Umgang mit den eigenen Finanzen, ein gesundes Maß an Sparsamkeit und Verzicht sowie die Kenntnis über den Finanzmarkt und seine Angebote sind wichtige Inhalte.

> Beginne schon frühzeitig damit, deinen Spross spielerisch an Geld, Konten und Investments zu gewöhnen.

Mit steigendem Alter kannst du auch komplexere Sachverhalte erklären und später zum Beispiel die Auswahl von Aktien gemeinsam durchführen. Den Zinseszinseffekt und seine enorme Wirkung zu verstehen, fällt schon den meisten Erwachsenen schwer; ein Kind wird zunächst heillos überfordert sein. Dennoch kannst du das Konzept bereits vorstellen und anhand von einfachen Rechenbeispielen aufzeigen. Dabei sollte die Tatsache im Mittelpunkt stehen, dass regelmäßiges Sparen und Investieren zum Reichtum führt – auch, wenn es sich nur um kleine Beträge handelt.

So erzeugst du Interesse bei deinen Kindern

Als Elternteil willst du deinen Kids einen gesunden und vorausschauenden Umgang mit Geld beibringen. Dabei kommt es natürlich auf das Alter und den Entwicklungsstand deines Nachwuchses an. Stück für Stück solltest du dein Kind an folgende Punkte heranführen:

- **Du hast mehr von deinem Geld** (= du kannst mehr kaufen, hast mehr Spaß, weniger Geldsorgen etc.), **wenn du es ansparst und sinnvoll investierst.**
- Wer sein gesamtes **Kapital sofort ausgibt**, hat vielleicht kurzfristig Freude an seinen neuen Besitztümern, ärgert sich aber, wenn das Geld ausgeht. Zudem bereiten uns die meisten Dinge, die wir aus einem Impuls heraus erwerben, nicht das Vergnügen, das wir erwartet haben. Man sollte daher vor jeder Anschaffung

mindestens eine Woche abwarten und sehen, ob der Wunsch immer noch besteht.

- Obwohl er auf den ersten Blick einschüchternd, trocken oder langweilig wirken kann, ist der **Vermögensaufbau tatsächlich ein spannendes und abwechslungsreiches Feld!** Die Auswahl passender Investments, der regelmäßige Eingang der Dividenden und der Blick ins eigene Portfolio kann und sollte vor allem Spaß bringen.

Deinem Kind einen solchen Umgang mit Geld zu vermitteln, ist leichter gesagt als getan. Speziell der Spagat zwischen einem generellen Vertrauen in Banken und dem Finanzsektor auf der einen Seite und einem gesunden Misstrauen gegenüber ihren Angeboten auf der anderen kann schwerfallen.

Hier solltest du in jedem Fall auf dein Gefühl vertrauen. Du kennst deinen Spross selbst am besten und weißt intuitiv, wann, wo und wie du ihm diese Inhalte vermitteln kannst.

Zur Unterstützung habe ich außerdem ein paar **nützliche Methoden und Tipps** zusammengestellt:

- **Beteilige dein Kind an deinen eigenen Finanzgeschäften.** Planst du den Kauf einer Aktie, könntet ihr auch gemeinsam das jeweilige Unternehmen besichtigen. Natürlich musst du keine Werksführung durch die Schokoladenfabrik machen, bevor du Milka-Aktien kaufst; für deinen Nachwuchs ist es jedoch eine spannende Aktivität, die eine Verbindung zwischen den Aktien und einem „echten“, greifbaren Unternehmen herstellt. Mit einem interessierten Jugendlichen wäre auch der Besuch einer Jahreshauptversammlung eines Aktienunternehmens denkbar.
- **Vermittle deinem Kind, dass seine eigenen Wünsche mit dem Vermögensaufbau zusammenhängen.** Neues Lego-Set, Puzzle oder Taschenmesser? Durch das Zusatzeinkommen aus Dividenden lassen sich diese Bedürfnisse erfüllen! Auf diese Weise verbinden deine Kids Finanzen, Aktien und Co. mit etwas Angenehmem (ihre Bedürfnisse werden erfüllt) und entwickeln mit hoher Wahrscheinlichkeit ein eigenes Interesse. Zudem kannst

du deinen Kindern Geduld beibringen: Man kann im Leben nicht immer alles sofort haben, sondern muss sich manchmal gedulden – in diesem Fall bis zur nächsten Dividende.

- **Nutze einen Dividendenkalender.** Sobald du mit deinen Kindern erste Investments durchgeführt hast, kannst du mit ihnen gemeinsam den nächsten Dividendenzahlungen entgegenfiebern. Ein hilfreiches Werkzeug ist der Dividendenkalender: Er markiert die Zahlung und steigert die Vorfreude auf das zusätzliche Taschengeld! Der Kalender zeigt sehr grafisch auf, wie sehr sich der Vermögensaufbau lohnt und motiviert in regelmäßigen Abständen aufs Neue.
- **Stelle einen direkten Bezug zu den Aktien her.** Unternehmensanteile von Firmen mit schwer auszusprechenden Titeln aus spezialisierten Branchen dürften kaum das Interesse deiner Kinder wecken. Ganz anders sieht es hingegen bei Namen aus, die sie aus dem „echten Leben" kennen! McDonald's, Coca-Cola, Disney, Netflix, Milka, Mattel und Co. spielen für unsere Kids jeden Tag eine wichtige Rolle! Anteile am Unternehmen und damit letztlich an jeder verkauften Barbie, jedem neuen Animationsfilm oder jeder Flasche Cola zu besitzen, stellt einen ganz neuen Bezug zu den eigenen Finanzen und dem eigenen Aktienportfolio her.

Das etwas abstrakte Konzept von Aktien, Renditen und Zinseszinseffekt zu erklären, ist keine leichte Aufgabe. Mit diesen Tipps und deinen natürlichen Eltern-Instinkten wirst du es aber sicherlich schaffen, deinen Kids einen positiven Umgang mit Geld beizubringen. Mach dir jedoch nicht zu viele Gedanken: Die finanzielle Reife kann auch im Jugendalter noch erfolgreich vermittelt werden – es reicht, wenn du den Grundstein legst.

Teil II

Vertiefung und neue Strategien

KAPITEL 10

RÜCKBLICK UND VERTIEFUNG DER GRUNDLAGEN

Drei Säulen erfolgreicher Geldanlage: Diversifikation, Risikomanagement und Mindset

Erfolgreiches Investieren ist kein Glücksspiel – es basiert auf Struktur, Disziplin und Weitsicht. Die Grundlage jeder erfolgreichen Anlagestrategie besteht aus drei zentralen Erfolgsfaktoren, die oft übersehen werden: einer durchdachten Vermögensaufteilung (Asset-Allokation), einer breiten Diversifikation über verschiedene Anlageklassen und Märkte sowie dem richtigen Mindset, um in turbulenten Phasen ruhig und konsequent zu bleiben. Diese drei Säulen bieten Stabilität, Kontrolle und mentale Stärke, die für langfristigen Erfolg unerlässlich sind.

Ein oft übersehener Aspekt der **Diversifikation** ist die psychologische Rolle, die sie spielt. Indem du dein Portfolio breit aufstellst, reduzierst du nicht nur das finanzielle Risiko, sondern schützt dich auch vor emotionalen Reaktionen auf Marktschwankungen, da du das Gefühl der Sicherheit und Kontrolle erhöhst. Ein gut diversifiziertes Portfolio gibt dir das Vertrauen, auch in unsicheren Zeiten ruhig zu bleiben und nicht impulsiv zu verkaufen. Die Wahrnehmung von Sicherheit ist ein wesentlicher Bestandteil erfolgreicher Investitionen, der durch Diversifikation gestärkt wird.

Ein weiterer oft unterschätzter Faktor der Diversifikation ist ihre dynamische Natur. Märkte und Wirtschaftslagen verändern sich ständig, und was in einer bestimmten Phase des Lebens sinnvoll war, muss nicht zwangsläufig auch in der Zukunft die beste Option bleiben. Durch die regelmäßige Anpassung und Überprüfung deines Portfolios stellst du sicher, dass es weiterhin optimal diversifiziert bleibt und zu deinen langfristigen Zielen passt. **Weitsicht** bedeutet hier, nicht nur aktuelle Marktbedingungen zu betrachten, sondern auch zukünftige Entwicklungen und potenzielle Herausforderungen vorauszusehen.

Ein weiteres Schlüsselkriterium für den Erfolg ist das richtige **Mindset**. Das bedeutet, diszipliniert zu bleiben, auch wenn der Markt volatil wird, und in turbulenten Phasen nicht impulsiv zu handeln.

Emotionen wie Angst und Gier können zu Fehlentscheidungen führen und das Risiko erhöhen. Wer jedoch in der Lage ist, Ruhe zu bewahren und seinen langfristigen Plan konsequent zu verfolgen, stärkt seine mentale Widerstandsfähigkeit und nutzt die Vorteile der Diversifikation und des Risikomanagements.

Erfolgreiches Investieren erfordert also mehr als nur den Kauf und Verkauf von Aktien oder Fonds. Es erfordert eine klare Struktur, Kontrolle über das Portfolio und vor allem mentale Stärke, um in turbulenten Phasen durchzuhalten und diszipliniert an der Strategie festzuhalten. Mit einer durchdachten Asset-Allokation, einer breiten Diversifikation und einem festen Mindset legst du den Grundstein für den langfristigen Vermögensaufbau.

Asset-Allokation und Diversifikation: Die Kunst des ausgewogenen Portfolios

In diesem Kapitel lernst du, wie du dein Vermögen auf verschiedene Anlageklassen verteilen kannst, um Risiken zu minimieren und deine Renditechancen zu optimieren. Diese Methode, bekannt als **Asset-Allokation**, bildet das Fundament eines erfolgreichen Portfolios. Zudem erfährst du, wie **Diversifikation** dir hilft, Verluste abzufedern, und warum es sinnvoll sein kann, auch international zu investieren.

Asset-Allokation

Asset-Allokation beschreibt die strategische Verteilung deines Vermögens auf verschiedene Anlageklassen wie Aktien, Anleihen, Immobilien, Rohstoffe oder liquide Mittel (z. B. Bargeld).

Jede dieser Klassen hat eigene Merkmale:

- **Aktien**
  bieten hohe Renditechancen, aber auch höhere Schwankungen.
- **Anleihen**
  liefern stabilere Erträge bei geringerem Risiko.
- **Immobilien**
  schützen als Sachwerte vor Inflation und bieten langfristige Stabilität.

- **Rohstoffe**
  können vor Inflation schützen, sind jedoch volatil.
- **Liquide Mittel**
  sind sehr sicher, aber mit minimaler Rendite.

Die Kunst besteht darin, diese Anlageklassen so zu kombinieren, dass sie zu deinen Zielen, deinem Anlagehorizont und deiner Risikobereitschaft passen. Studien zeigen, dass die Asset-Allokation den größten Einfluss auf die langfristige Portfolio-Performance hat.

Diversifikation

Diversifikation bedeutet, dein Geld nicht nur auf verschiedene Anlageklassen, sondern auch auf unterschiedliche Branchen, Regionen und Unternehmen zu verteilen. Ziel ist es, das Risiko zu streuen: Wenn eine Anlage schlecht läuft, können andere dies ausgleichen.

Stell dir vor, du investierst nur in Technologieaktien. Sinkt dieser Sektor, trifft es dein gesamtes Portfolio hart. Hast du jedoch auch in stabilere Branchen wie Gesundheitswesen oder Konsumgüter investiert, können diese die Verluste abmildern. Diversifikation senkt also das Risiko, ohne deine Rendite zwangsläufig zu reduzieren.

Grenzen der Diversifikation

Studien zeigen, dass der Großteil des unsystematischen (aktienspezifischen) Risikos bereits mit rund 25 Titeln eliminiert ist. Nobelpreisträger William Sharpe schreibt, dass ab etwa 25 bis 30 Aktien ein weiterer Risikorückgang nur noch marginal ausfällt. Andere Untersuchungen kommen auf 12 bis 18 Aktien für 90 % des Diversifikationseffekts – zusätzliche Titel senken das Risiko weiter nur minimal, verwässern aber tendenziell die Rendite. Über einem bestimmten Punkt bringt also „mehr" Diversifikation kaum noch einen Mehrwert, kann aber deine Performance drücken.

> Konzentriere dich auf rund 15 bis 35 sorgfältig ausgewählte Aktien bzw. Titel aus unterschiedlichen Branchen und Regionen in deinem Portfolio. Damit bist du für die meisten Marktphasen gut diversifiziert, ohne unnötig Renditepotenzial zu verschenken.

In der nachfolgenden Grafik enthalten:

- Systematisches Risiko (z. B. Marktrisiko):

$$0{,}04 \rightarrow \sqrt{0{,}04} = 20\,\%$$

- Idiosynkratisches Risiko:

$$0{,}16 \rightarrow \text{bei 1 Aktie: } \sqrt{0{,}04 + 0{,}16} \approx 45\,\%$$

- Bei 50 Aktien:

$$\sqrt{0{,}04 + \frac{0{,}16}{50}} \approx 21\,\%$$

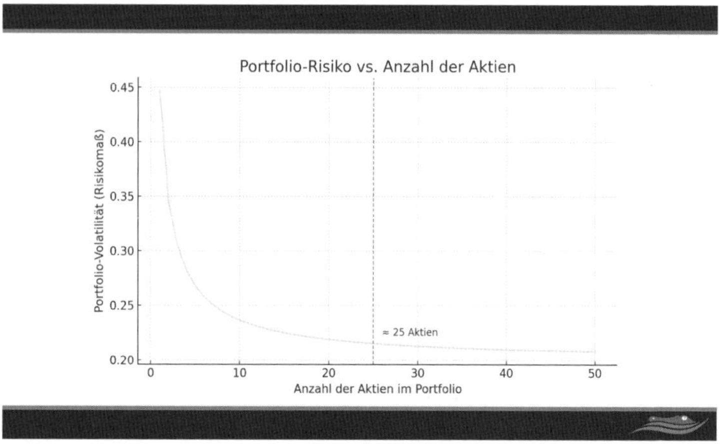

Abb. 10.1: Die Portfolio-Volatilität (als Risikomaß) sinkt mit zunehmender Anzahl von Titeln – jedoch ab rund 25 Werten kaum noch nennenswert.

Damit wird grafisch deutlich, dass weitergehende Diversifikation über diesen Bereich hinaus zwar möglich, aber wenig effektiv ist. Die Volatilität wird als Dezimalzahl (z. B. 0,20 = 20 %) angezeigt.

Zum Vergleich: Ein MSCI World ETF schwankt typischerweise mit 15 bis 20 % pro Jahr, während einzelne Tech-Aktien sogar 30 bis 60 % erreichen können. Bei Staatsanleihen (10 Jahre) liegt die durchschnittliche Volatilität (jährlich, Standardabweichung) bei 4 bis 7 %.

Vermögen auf verschiedene Anlageklassen verteilen

Deine Vermögensaufteilung hängt von drei Schlüsselfaktoren ab:

1. **Anlageziel**:
   Sparst du für den Ruhestand oder für ein kurzfristiges Projekt?
2. **Anlagehorizont**:
   Wie lange kannst du dein Geld investiert lassen?
3. **Risikotoleranz**:
   Wie gut verkraftest du Kursschwankungen?

Hier sind drei Beispiele für Portfolios, die unterschiedliche Risikoprofile widerspiegeln:

Anlageklasse	Konservatives Portfolio	Ausgewogenes Portfolio	Chancen-orientiertes Portfolio
Aktien	40 %	55 %	70 %
Anleihen	30 %	20 %	10 %
Immobilien (REITs)	20 %	15 %	10 %
Rohstoffe	–	–	5 %
Liquide Mittel	10 %	10 %	5 %

Tab. 10.1: Diese Beispiele sind flexibel. Passe sie an deine Bedürfnisse an – etwa mehr Aktien für langfristiges Wachstum oder mehr Anleihen für Stabilität.

Risikostreuung und Renditechance stehen in einem sinnvollen Verhältnis. **Diversifikation** über 4 bis 5 Anlageklassen adressiert unterschiedliche Marktphasen (z.B. Immobilien in Niedrigzins-Phasen, Rohstoffe bei Inflation).

- **Konservativ**:
  Dieses Profil dämpft Kursschwankungen stark durch einen hohen Anleihen- und Immobilienanteil. Für Anleger mit niedrigem Zeithorizont oder geringer Risikotoleranz ist es gut geeignet.

- **Ausgewogen**:
  Die Aktienquote ist hier moderat erhöht, um etwas höheres Wachstumspotenzial zu erzielen, ohne die Volatilität allzu sehr in die Höhe zu treiben. Ein Klassiker für mittlere Anlagehorizonte.
- **Chancenorientiert**:
  Mit 70 % Aktien ist dieses Portfolio auf langfristiges Wachstum ausgerichtet. Die Beimischung von Rohstoffen sorgt für zusätzlichen Inflationsschutz; die kleineren Anleihen- und Liquiditätsanteile bieten minimale Stabilitäts- bzw. Flexibilitäts-Puffer.

Internationale Diversifikation: Über den Heimatmarkt hinaus

Viele Anleger investieren vor allem in ihren Heimatmarkt, doch das kann riskant sein. Lokale Wirtschaftskrisen oder politische Unsicherheiten könnten dein Portfolio belasten. **Internationale Diversifikation** schafft Abhilfe, indem du dein Geld auch in ausländische Märkte investierst.

Wichtig ist auch die **Währungsdiversifikation**: Durch Anlagen in Fremdwährungen schützt du dein Portfolio vor Wechselkursrisiken und profitierst von Währungsgewinnen. Achte also darauf, nicht nur geografisch, sondern vor allem auch währungstechnisch zu streuen, zum Beispiel USD, CHF oder GBP.

<u>Vorteile:</u>

- **Wachstumschancen**:
  Schwellenländer oder globale Unternehmen bieten oft höhere Renditen.
- **Risikoverteilung**:
  Unterschiedliche Märkte entwickeln sich unabhängig.
- **Währungsschutz**:
  Fremdwährungen können vor Inflation schützen.

Ein einfacher Einstieg gelingt mit globalen ETFs, etwa solchen, die den MSCI All Country World Index abbilden. Dieser umfasst Unternehmen aus 23 Industrieländern sowie 24 Schwellenländern und sorgt für breite Streuung.

Mit einer klugen **Asset-Allokation** und **Diversifikation** kannst du dein Portfolio stabiler und ertragreicher gestalten. Indem du dein Vermögen auf verschiedene Anlageklassen und Märkte verteilst – auch international sowie währungstechnisch –, minimierst du Risiken und nutzt globale Chancen. Beginne mit einer Aufteilung, die zu deinem Anlageziel und -horizont sowie deiner Risikotoleranz passt, und überprüfe sie regelmäßig. So baust du langfristig Vermögen auf, ohne dich unnötigen Schwankungen auszusetzen.

Erweiterte Risikomanagement-Techniken

Risikomanagement ist ein zentraler Baustein für erfolgreiche Investments, insbesondere wenn du dein Vermögen langfristig aufbauen und schützen möchtest. Kapitel 4 behandelt das Risikoparadoxon und den Fokus auf stabile Unternehmen, lässt jedoch spezifische, praxisorientierte Techniken zur Bewältigung volatiler Märkte und unterschiedlicher Marktphasen vermissen. In diesem Abschnitt vertiefst du dein Verständnis von Risikomanagement und lernst konkrete Werkzeuge kennen, wie z. B. Hedging mit Optionen, Stop-Loss-Orders und Portfolioanpassungen. Zudem erfährst du, wie du in verschiedenen Marktphasen – Aufschwung, Abschwung oder Seitwärtsbewegungen – gezielt handeln kannst, um Risiken zu minimieren und Renditen zu optimieren.

Hedging mit Optionen

Hedging bedeutet, dein Portfolio mithilfe von Derivaten, wie z. B. Optionen, gegen ungünstige Marktbewegungen abzusichern. Optionen sind Verträge, die dir das Recht (aber nicht die Pflicht) geben, eine Aktie zu einem festgelegten Preis – dem sogenannten Ausübungspreis – zu kaufen (Call-Option) oder zu verkaufen (Put-Option).

Besonders Put-Optionen sind nützlich, um dich gegen Kursverluste zu schützen: Wenn der Markt fällt, steigt der Wert der Put-Option und gleicht Verluste in deinem Portfolio aus.

Beispiel: Du hältst Aktien eines volatilen Unternehmens, z. B. eine Tech-Aktie mit einem aktuellen Kurs von 100 Euro. Du kaufst eine Put-Option mit einem Ausübungspreis von 95 Euro. Dafür zahlst du eine Prämie, etwa 2 Euro, die der Preis für diese Absicherung ist. Die Option ist zeitlich begrenzt, z. B. auf 3 Monate – verfällt sie ungenutzt, verlierst du die Prämie. Sinkt die Aktie innerhalb dieser Zeit auf z. B. 80 Euro, kannst du sie dank der Option zu 95 Euro verkaufen und begrenzt so deinen Verlust auf 7 Euro pro Aktie (inklusive der Prämie), statt 20 Euro ohne Absicherung.

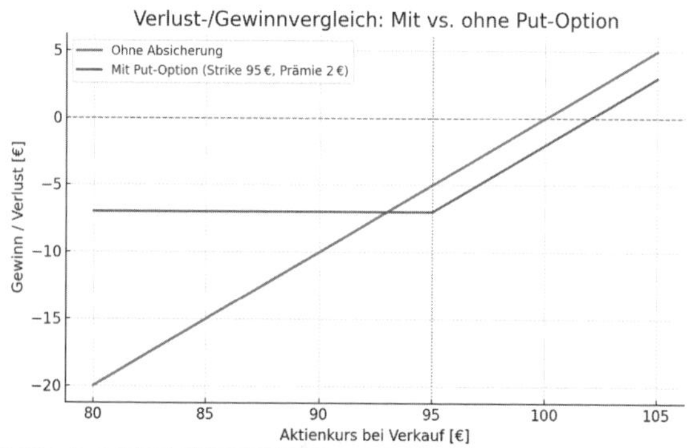

Abb. 10.2: Linie mit konstanter Steigung: Ohne Absicherung – bei fallendem Kurs entstehen direkte Verluste ab 100 €. Linie mit Knick: Mit Put-Option – der Verlust ist unterhalb von 95 € auf -7 € begrenzt, da der Put greift, unabhängig davon, wie stark der Kurs fällt.

Stop-Loss-Order: Verluste begrenzen mit Bedacht

Eine Stop-Loss-Order ist eine automatische Verkaufsorder, die ausgelöst wird, sobald eine Aktie dein zuvor festgelegtes Stop-Level erreicht oder unterschreitet. In der Regel wird sie dann als Market-Order zum nächstbesten verfügbaren Kurs ausgeführt. Damit schützt du dein Depot vor größeren Verlusten und vermeidest impulsive Entscheidungen in turbulenten Marktphasen.

Beispiel: Du kaufst eine Aktie für 50 Euro und legst eine Stop-Loss-Order bei 45 Euro fest. Erreicht oder unterschreitet der Kurs diese Marke, löst dein Broker eine Market-Order aus. In ruhigen Märkten entspricht der Verkaufskurs meist dem Stopp-Level, dein Verlust liegt dann bei 5 Euro pro Aktie. In volatilen Phasen oder bei Kurssprüngen (Gaps) kann der Ausführungskurs jedoch unter deinem Stop-Level liegen – sogenanntes Slippage –, sodass dein tatsächlicher Verlust etwas höher ausfallen kann.

Stop-Limit-Order als Alternative

Möchtest du Slippage vermeiden, kannst du stattdessen eine Stop-Limit-Order nutzen. Hier definierst du zusätzlich ein Limit, zu dem die Order maximal ausgeführt werden darf (z. B. 44 Euro). Fällt der Kurs darunter, wird nicht verkauft, was jedoch das Risiko birgt, dass deine Position im Extremfall ungeschützt bleibt.

Mit der Stop-Loss-Order hast du ein einfaches, wirkungsvolles Instrument, um dein Verlustrisiko zu begrenzen – solange du die Ausführungsmechanismen und eine mögliche Slippage im Blick behältst.

Portfolioanpassungen in volatilen Märkten

In volatilen Märkten ist Flexibilität entscheidend. Eine bewährte Methode ist das **Rebalancing**, also das regelmäßige Anpassen der Gewichtung deiner Anlageklassen (z. B. Aktien, Anleihen, liquide Mittel), um deine ursprüngliche Risikostrategie beizubehalten. Wenn eine Anlageklasse überproportional wächst, verschiebst du Anteile zurück in untergewichtete Bereiche – etwa in Anleihen oder Cash –, um das Risiko zu senken.

Beispiel: Dein Ziel ist ein Portfolio mit 60 % Aktien und 40 % Anleihen. Nach einem starken Aktienboom machen Aktien 70 % aus. Du verkaufst 10 % der Aktien und investierst das Geld in Anleihen, sodass du wieder die 60/40-Allokation erreichst.

Alternative Rebalancing-Ansätze

- **Cashflow-Rebalancing**:
  Nutze neue Einzahlungen (Sparraten, Dividenden) automatisch für Nachkäufe in untergewichteten Klassen statt für Verkäufe in Übergewichtungen. So schonst du deine Top-Performer und sparst Transaktionskosten.

- **Toleranzband-Rebalancing**:
  Arbeite mit Bändern um dein Ziel. Zum Beispiel 60 % ± 3 % Aktien: Erst bei Unter-/Überschreiten der Bänder wird umgeschichtet – weniger Trades bei moderaten Schwankungen.
- **Risiko-Rebalancing**:
  Richte dich nach Risikomaßen (Volatilität, Value-at-Risk) statt nach starren Prozentsätzen. Nach starken Kursbewegungen wird übergewichtete Volatilität ausgeglichen.

Überprüfe dein Portfolio mindestens jährlich oder bei Abweichungen von mehr als 5 bis 10 % vom Ziel. Kombiniere idealerweise **Cashflow-Rebalancing** mit **Toleranzbändern**, um Gewinne diszipliniert mitzunehmen, Risiken zu steuern und zugleich deine besten Investments nicht unnötig zu verkaufen. So sicherst du deinen Erfolg, ohne dich von Marktschwankungen leiten zu lassen.

Reaktion auf unterschiedliche Marktphasen

Erfolgreiches Risikomanagement erfordert, dass du deine Strategie an die jeweilige Marktphase anpasst. Hier sind Ansätze für typische Szenarien:

- **Aufschwungphasen**:
  Nutze positive Trends, um Gewinne mitzunehmen und dein Portfolio zu diversifizieren. Überlege, einen Teil in defensivere Anlagen wie dividendenstarke Aktien zu verschieben, um dich auf mögliche Rückschläge vorzubereiten.
- **Abschwungphasen**:
  Fokussiere dich auf Kapitalerhalt. Setze Hedging-Strategien ein oder erhöhe den Anteil an liquiden Mitteln, um bei günstigen Gelegenheiten einzusteigen. Vermeide Panikverkäufe und halte an deiner langfristigen Strategie fest.
- **Seitwärtsmärkte**:
  Hier kannst du durch das **Schreiben von Optionen** zusätzliche Einnahmen erzielen. Verkaufe z. B. Call-Optionen auf Aktien in deinem Portfolio und kassiere Prämien, solange der Markt stagniert.

Jede Marktphase birgt Chancen – vorausgesetzt, du handelst überlegt und bleibst flexibel. Wer vorbereitet ist, kann nicht nur Verluste begrenzen, sondern gezielt antizyklisch investieren und langfristig profitieren.

Die vorgestellten Techniken – Hedging mit Optionen, Stop-Loss-Orders und Portfolioanpassungen – bieten dir praktische Werkzeuge, um dein Portfolio in volatilen Märkten zu schützen und auf unterschiedliche Marktphasen zu reagieren. Risikomanagement ist kein statischer Prozess, sondern erfordert kontinuierliche Anpassung und Überprüfung. Mit diesen Strategien kannst du nicht nur Verluste begrenzen, sondern auch langfristig stabile Renditen sichern.

Psychologie beim Investieren

Investieren ist mehr als nur Zahlen und Strategien – deine Emotionen und Denkweise beeinflussen maßgeblich, wie erfolgreich du bist. In Kapitel 3 hast du bereits etwas über Mindset und Geduld gelernt, aber jetzt tauchen wir tiefer ein: Psychologische Fallen wie Übermut, Panikverkäufe oder das blinde Mitlaufen mit der Masse können deine Rendite schmälern. In diesem Abschnitt erlernst du die Grundlagen der **Behavioral Finance** (Verhaltensökonomie), erkennst typische Denkfehler wie Herdenmentalität oder Verlustaversion und bekommst Werkzeuge an die Hand, um sie zu vermeiden. Das Ziel? **Rationale Entscheidungen treffen** – vor allem, wenn es emotional hoch hergeht.

Warum Behavioral Finance dich besser macht

Deine Anlageentscheidungen basieren nicht immer auf Logik. Emotionen und unbewusste Verzerrungen schleichen sich ein und verzerren dein Urteil. Behavioral Finance untersucht genau diese Muster. Wenn du verstehst, wie dein Kopf tickt, kannst du impulsives Handeln verhindern und deine Strategie auf ein solides Fundament stellen.

Typische Denkfehler und wie du sie überlistest

Hier sind die häufigsten Stolpersteine für Anleger und praktische Lösungen, um sie zu umgehen:

Denkfehler	Beschreibung	Gegenstrategie / Tipp
Herden-mentalität	Du kaufst oder verkaufst, weil „alle es tun" – in der Annahme, die Masse wüsste mehr. Das führt oft zu teuren Käufen im Hype oder Verlusten in der Panik.	Bleib bei deiner eigenen Recherche und deinem Plan, statt dich vom Markt mitreißen zu lassen.
Verlust-aversion	Ein Verlust fühlt sich schlimmer an als ein Gewinn. Deshalb hältst du Verlierer manchmal zu lange oder verkaufst Gewinner zu früh.	Definiere klare Regeln, etwa mit Stop-Loss-Marken, und richte deinen Blick auf den langfristigen Horizont.
Übermut	Nach ein paar Erfolgen fühlst du dich unschlagbar, unterschätzt Risiken und setzt zu viel.	Hinterfrage dich regelmäßig selbst und bleib auch im Hoch diszipliniert.
Panik-verkäufe	Wenn die Kurse stürzen, willst du vielleicht alles loswerden – oft genau dann, wenn du besser dranbleiben solltest.	Denk an dein Ziel, halte Liquidität bereit und nutze Rückschläge für günstige Nachkäufe (Qualitätsaktien).

Tab. 10.2: Häufige Denkfehler und Gegenstrategien.

Dividenden und Timing

Emotionen spielen auch bei taktischen Entscheidungen eine Rolle, wie beim Thema Dividenden. Um eine Dividende zu kassieren, musst du die Aktie vor dem **Ex-Dividenden-Datum** halten. Kaufst du erst am Ex-Tag, gehst du leer aus. Ungeduld oder Gier könnten dich dazu bringen, kurz vorher zuzuschlagen – oft zu einem überhöhten Preis und ohne richtige Recherche und Analyse.

Szenario: Eine Aktie steht bei 50 Euro und zahlt 2 Euro Dividende. Vor dem Ex-Datum steigt der Kurs auf 51,80 Euro, weil alle die Dividende wollen. Kaufst du jetzt, zahlst du drauf. Stattdessen: Analysiere ruhig, ob der Preis den Einstieg rechtfertigt, und lass dich nicht hetzen.

Krisenzeiten meistern mit Behavioral Finance

In Marktkrisen führen Denkfehler oft zu Verlusten: Angst bringt dich zum Verkauf, obwohl es meist klüger ist, ruhig zu bleiben oder sogar nachzukaufen. Wer seine Emotionen im Griff hat und am Plan festhält, kann Qualitätsaktien günstig kaufen – sofern die Finanzen es zulassen. Disziplin schlägt Panik. Immer.

Kopfsache: Investitionen und Alltag trennen

Stell dir vor, dein Depot fällt heute um 1 %. Bei einem Depotwert von 10.000 Euro entspricht das 100 Euro Verlust. Am selben Tag gehst du in den Laden und kaufst eine Tüte Äpfel, die im Angebot ist: Statt 4 Euro zahlst du nur 3 Euro und sparst damit 1 Euro. Auf den ersten Blick könntest du denken: „Na toll, 1 Euro gespart, aber 100 Euro verloren – das bringt doch nichts.“ Genau hier liegt ein typischer Denkfehler, den du vermeiden musst: Du darfst diese Dinge nicht miteinander vergleichen.

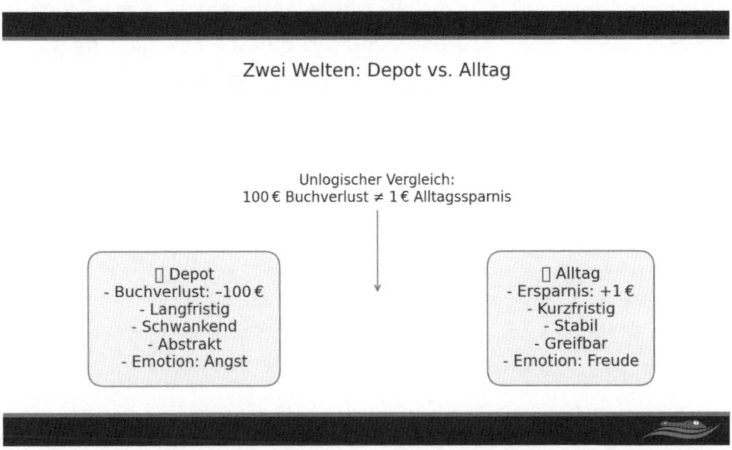

Abb. 10.3: Depot vs. Alltag: Es zeigt zwei kontrastierende Welten.

Warum nicht? Dein Depot ist eine langfristige Investition, die natürlichen Schwankungen unterliegt. Die 100 Euro Minus sind nur eine Momentaufnahme – solange du nicht verkaufst, ist das kein realer Verlust. Die 1 Euro Ersparnis beim Einkaufen ist hingegen eine kleine, kurzfristige Sache, die mit deinem täglichen Leben zu tun hat, nicht mit deiner finanziellen Zukunft. Diese beiden Perspektiven – Alltag und Investment – musst du kopftechnisch trennen.

So machst du es

Sieh dein Depot als eigenständige Firma, die du besitzt. Diese Firma hat mal bessere, mal schlechtere Tage, aber du beurteilst ihren Wert nicht nach einem einzelnen Tag, sondern nach ihrer Entwicklung über Jahre. Wenn du das schaffst, lässt du dich nicht von täglichen Schwankungen aus der Ruhe bringen und versuchst erst gar nicht, sie mit kleinen Alltagserfolgen wie dem einen gesparten Euro „aufzuwiegen". Halte beide Welten getrennt – das hilft dir, klar und rational zu entscheiden.

Dein Gewinn aus Behavioral Finance

Dieser Abschnitt zeigt dir, wie dein Verstand dich austricksen kann – sei es durch Mitläuferverhalten, Angst vor Verlusten oder überschäumende Selbstsicherheit. Mit einfachen Strategien wie klaren Regeln, Geduld und Selbstreflexion hältst du diese Fallen in Schach. Besonders in stürmischen Marktphasen bewahrst du so die Oberhand und baust Vermögen mit Köpfchen auf.

KAPITEL

11

ETFS FÜR EINSTEIGER: ALLES, WAS DU WISSEN MUSST

Der ETF-Guide für Einsteiger: So baust du langfristig Vermögen auf

ETFs haben sich in den vergangenen Jahren zu einem unverzichtbaren Bestandteil für viele Anleger entwickelt, die auf einfache und effiziente Weise Vermögen aufbauen möchten. Durch ihre hohe Flexibilität und Kosteneffizienz ermöglichen sie auch Einsteigern, die nicht in einzelne Aktien investieren wollen, eine breite Streuung ihres Kapitals. Anders als bei traditionellen Fonds, bei denen ein Fondsmanager die Investitionsentscheidungen trifft, verfolgen ETFs eine passiv verwaltete Strategie. Diese setzt auf die Nachbildung eines Marktes oder eines bestimmten Index. Der Vorteil für dich als Anleger? Geringere Kosten, weniger Risiko durch Diversifikation und eine unkomplizierte Handhabung.

In diesem Kapitel erfährst du nicht nur, wie ETFs funktionieren und was sie von anderen Investmentmöglichkeiten unterscheidet, sondern auch, wie du sie gezielt in dein Portfolio integrieren kannst. Wir werfen einen Blick auf verschiedene ETF-Typen, Replikationsmethoden und praktische Schritte, um deine ersten ETFs zu kaufen – damit du langfristig von den Vorteilen dieser Anlageform profitieren kannst.

Was sind ETFs und woher kommen sie?

Immer mehr Menschen entdecken die Möglichkeiten des eigenverantwortlichen Vermögensaufbaus – und stoßen dabei unweigerlich auf drei Buchstaben: ETF. Dieses Kapitel erläutert, was ETFs sind, wie sie historisch entstanden sind, nach welchen Prinzipien sie arbeiten und welche Chancen sowie Risiken sie mitbringen. Mit praxisnahen Tipps und Hinweisen zur Umsetzung im Depot bist du danach perfekt gerüstet, deinen persönlichen Vermögensaufbau langfristig und diszipliniert zu gestalten.

Warum ETFs unverzichtbar sind

In der heutigen Finanzwelt gewinnen Exchange Traded Funds (ETFs) zunehmend an Bedeutung – vorrangig für Anleger, die mit überschaubaren Beträgen langfristig Vermögen aufbauen möchten. Für Einsteiger bieten ETFs den Vorteil, dass sie ohne tiefgehende Kenntnisse der Aktienmärkte in ganze Indizes investieren können, kostengünstig und breit gestreut.

ETFs sind börsengehandelte Investmentfonds, die einen bestimmten Index wie den DAX, den S&P 500 oder den MSCI World abbilden. Sie kombinieren die Vorteile von Investmentfonds – nämlich die Streuung des Risikos durch Investition in viele Unternehmen – mit der Flexibilität des Aktienhandels. Für Einsteiger bedeutet das, dass sie mit einem einzigen Anlageinstrument in Hunderte oder sogar Tausende Unternehmen gleichzeitig investieren können. Die Attraktivität von ETFs liegt in ihrer Kombination aus niedrigen Kosten, hoher Transparenz und automatischer Diversifikation.

Kurzer Blick auf Entstehung und Verbreitung

Die Idee der passiven Indexabbildung entstand bereits in den 1970er-Jahren, als Investoren nach kostengünstigen Alternativen zu aktiv gemanagten Fonds suchten. Doch erst in den 1990er-Jahren erlebten ETFs ihren Durchbruch, ursprünglich vorwiegend in den USA. Der erste ETF, der SPDR S&P 500 ETF (SPY), wurde 1993 eingeführt und legte den Grundstein für die weltweite Verbreitung dieser Anlageklasse. In Deutschland und Europa wurden ETFs in den 2000er-Jahren immer beliebter, da Anleger zunehmend nach transparenten und kostengünstigen Investitionsmöglichkeiten suchten. Die zunehmende Akzeptanz von ETFs ist auch auf die Verbesserung der Handelstechnologien und den Ausbau der globalen Finanzmärkte zurückzuführen.

Diese Entwicklung hat dazu geführt, dass heute eine Vielzahl von ETFs existiert – von solchen, die den gesamten Weltaktienmarkt abbilden, bis hin zu spezialisierten ETFs, die bestimmte Branchen oder Themen fokussieren. Der Erfolg des ETFs hängt nicht von einem Fondsmanager ab, sondern von der Fähigkeit, einen zugrunde liegenden Index möglichst genau nachzubilden. Für Einsteiger ist es wichtig zu verstehen, dass diese passive Strategie nicht nur Kosten spart, sondern auch die Vorteile eines breit gestreuten Portfolios ermöglicht, ohne komplexe Marktanalysen durchführen zu müssen.

Mini-Glossar: Wichtige ETF-Begriffe

Damit du beim weiteren Lesen immer genau weißt, was hinter den zentralen Fachbegriffen steckt, findest du hier die wichtigsten Definitionen auf einen Blick:

- **TER** (Total Expense Ratio):
  Die jährliche Gesamtkostenquote eines ETFs – inklusive aller Gebühren (Verwaltung, Lizenz, Depot). Eine niedrige TER spart dir auf lange Sicht viel Geld.
- **NAV** (Net Asset Value):
  Der Nettoinventarwert je Fondsanteil am Ende eines Handelstages. Er dient als Berechnungsgrundlage für den theoretischen Kurs des ETFs.
- **Tracking Error**:
  Ein Maß für die Abweichung zwischen der Wertentwicklung des ETFs und der seines Referenzindex. Je kleiner der Tracking Error, desto genauer bildet der ETF den Index nach.
- **Geld-Brief-Spanne** (Spread):
  Die Differenz zwischen Ankaufs- (Brief) und Verkaufskurs (Geld) an der Börse. Eine enge Spanne bedeutet geringere Transaktionskosten für dich.
- **Ausschüttend vs. Thesaurierend**:
  Bei ausschüttenden ETFs werden Dividenden an dich ausgezahlt. Thesaurierende ETFs legen Erträge automatisch wieder an und fördern so den Zinseszinseffekt.

Wie funktionieren ETFs?

Um die Funktionsweise besser zu verstehen, lohnt es sich, einen genaueren Blick auf die Struktur und Mechanismen der Indexnachbildung zu werfen. Dabei spielen insbesondere zwei Aspekte eine zentrale Rolle: Zum einen die Definition und Funktionsweise von

ETFs selbst, zum anderen die unterschiedlichen Methoden, mit denen ein ETF die Wertentwicklung seines Referenzindex nachbildet.

Wie bereits beschrieben, sind ETFs (Exchange Traded Funds) börsengehandelte Investmentfonds, die die Wertentwicklung bestimmter Indizes – wie dem DAX, S&P 500 oder MSCI World – möglichst genau nachbilden. Ihr großer Vorteil liegt in der Kombination aus breiter Streuung, niedrigen Kosten und einfacher Handelbarkeit.

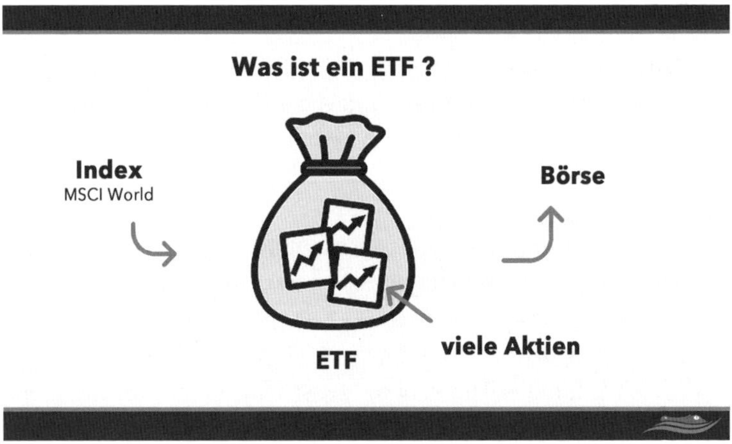

Abb. 11.1: Ein ETF bündelt viele Aktien in einem einzigen, leicht zugänglichen Anlageprodukt.

Ein ETF folgt einer **passiven Anlagestrategie**, bei der nicht versucht wird, den Markt zu schlagen – sondern ihn einfach abzubilden. Statt aktiv durch ein Fondsmanagement einzelne Aktien auszuwählen, wird einfach ein bestehender Index nachgebildet. Das geschieht entweder durch den direkten Kauf der im Index enthaltenen Wertpapiere (physische Replikation) oder über Derivate wie Swaps (synthetische Replikation).

ETFs werden wie Aktien **laufend an der Börse gehandelt**, was ihnen eine hohe Flexibilität verleiht. Du kannst sie zu Börsenzeiten kaufen oder verkaufen, Sparpläne einrichten oder einmalig investieren. Für Einsteiger bedeutet das: Mit einem einzigen Produkt lässt sich einfach, günstig und breit gestreut in ganze Märkte investieren – ohne tiefgehende Marktanalysen oder aktives Management.

Die wichtigsten Merkmale eines ETFs sind:

- **Börsengehandelt:**
  ETFs werden wie Aktien an der Börse gehandelt.
- **Passiv verwaltet:**
  Kein aktives Management, sondern Nachbildung eines Index.
- **Kostengünstig:**
  Niedrigere Gebühren als aktiv gemanagte Fonds (TER oft unter 0,5 % pro Jahr).
- **Breite Diversifikation:**
  Streuung des Risikos durch Investition in viele Unternehmen.

Physische vs. synthetische Replikation

Replikations-methode	Vorgehen	Vorteile	Nachteile
Physische Replikation	Direkter Kauf der im Index enthaltenen Wertpapiere	Hohe Transparenz, geringeres Kontrahentenrisiko	Evtl. höhere Trackingfehler bei illiquiden Märkten
Synthetische Replikation	Nachbildung des Index mittels Derivaten (z. B. Swaps)	Genaue Indexabbildung in speziellen Märkten	Zusätzliches Gegenparteirisiko, komplexere Verträge

Tab. 11.1: Physische vs. synthetische Replikation.

Bei der Abbildung eines Index gibt es zwei Hauptansätze:

- **Physische Replikation:**
  Der ETF kauft und hält tatsächlich die im Index enthaltenen Wertpapiere. Diese Methode ist besonders transparent und minimiert das Kontrahentenrisiko, da keine Derivate zum Einsatz kommen. Für Einsteiger ist die physische Replikation oft die bevorzugte Methode, da sie einfacher zu verstehen ist und weniger zusätzliche Risiken birgt.

- **Synthetische Replikation:**
  Hierbei wird die Indexentwicklung mittels Derivaten wie Swaps nachgebildet. Obwohl synthetische ETFs in bestimmten Nischenmärkten einen nahezu exakten Abgleich des Index ermöglichen, besteht ein zusätzliches Gegenparteirisiko, das primär in außergewöhnlichen Marktsituationen relevant wird. Einsteiger sollten bei synthetischen ETFs besonders auf die vertraglichen Details achten, da sie komplexer und risikoreicher sein können.

Ausschüttend oder thesaurierend?

Ein weiterer entscheidender Aspekt bei der Wahl des ETFs ist die Frage, wie mit den erzielten Erträgen verfahren wird:

1. **Ausschüttende ETFs:**
   Bei diesen ETFs werden die erzielten Dividenden regelmäßig an die Anleger ausgezahlt. Dies kann insbesondere für diejenigen interessant sein, die ein regelmäßiges Einkommen erzielen möchten. Allerdings liegt der Nachteil darin, dass du als Anleger aktiv dafür sorgen musst, dass die ausgeschütteten Beträge – sofern sie nicht direkt ausgegeben werden – wieder reinvestiert werden, um vom Zinseszinseffekt zu profitieren.

   Beispiel: WisdomTree Global Quality Dividend Growth UCITS ETF (WKN A2AG1D), der Dividenden halbjährlich auszahlt.
2. **Thesaurierende ETFs:**
   Diese ETFs legen die Erträge automatisch wieder im Fonds an, was den Zinseszinseffekt unterstützt und langfristig zu einem erheblichen Vermögensaufbau führen kann.

   > Ein wichtiger steuerlicher Aspekt hierbei ist jedoch die Vorabpauschale, die bei thesaurierenden Fonds zu einer jährlichen Besteuerung fiktiver Erträge führt.

   Es gilt also, hier den Spagat zwischen langfristigem Wachstum und steuerlicher Belastung gut abzuwägen.

   Beispiel: iShares STOXX Europe 600 ETF (WKN A2QP4B), der thesaurierend ist und die Erträge automatisch reinvestiert.

Vorteile und Risiken von ETFs

> *„Kein Finanzprodukt ist perfekt – hier siehst du, warum ETFs so beliebt sind und welche Fallstricke es gibt.“*

Die Beliebtheit von ETFs ist nicht zuletzt auf ihre zahlreichen Vorteile zurückzuführen. Im Folgenden werden die wichtigsten Punkte detailliert erläutert.

Niedrige Kosten und breite Diversifikation

Einer der größten Pluspunkte von ETFs ist ihre Kosteneffizienz. Durch die passive Verwaltung entfallen teure Fondsmanagementgebühren, sodass oft lediglich ein geringer Total Expense Ratio (TER) – häufig unter 0,5 % pro Jahr – anfällt. Im Vergleich zu aktiv gemanagten Fonds, die jährlich 1 bis 2 % an Gebühren verlangen können, bleibt mit einem ETF bei gleichem Marktzins mehr von deinem investierten Kapital, das für dich langfristig arbeiten kann.

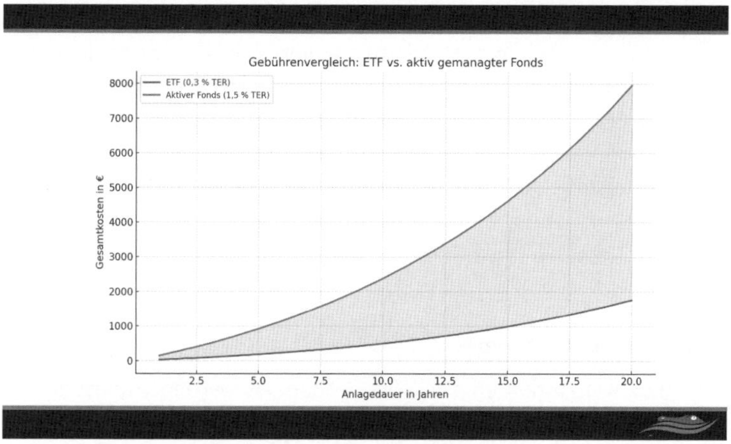

Abb. 11.2: Gebührenvergleich: ETF (0,3 % TER) vs. aktiv gemanagter Fonds (1,5 % TER), bei Startkapital von 10.000 € und 6 % p. a.

Ein praktisches **Beispiel**: Wenn du 10.000 Euro in einen ETF mit einem TER von 0,3 % investierst, zahlst du jährlich nur 30 Euro an Gebühren, während ein aktiv gemanagter Fonds mit 1,5 % Gebühren jährlich 150 Euro kosten würde – ein deutlicher Unterschied, der sich über Jahre hinweg summiert.

Breite Diversifikation

Mit einem ETF investierst du automatisch in einen gesamten Index, der zahlreiche Unternehmen und Branchen abdeckt. Diese automatische Streuung des Risikos reduziert das Klumpenrisiko erheblich, da die negativen Auswirkungen einzelner Unternehmenskrisen durch die breite Verteilung ausgeglichen werden.

Ein MSCI World ETF umfasst z. B. über 1.500 Unternehmen aus mehr als 20 Ländern, wodurch das Portfolio auch in turbulenten Marktphasen relativ stabil bleibt. Für Einsteiger ist dies ein entscheidender Vorteil, da sie so ohne großen Aufwand ein diversifiziertes Portfolio aufbauen können.

Transparenz und Handelbarkeit

Hohe Transparenz

ETFs punkten durch ihre hohe Transparenz: Die zugrunde liegende Indexzusammensetzung ist öffentlich einsehbar. Du kannst jederzeit nachvollziehen, welche Unternehmen im Fonds enthalten sind. Diese Klarheit trägt nicht nur zu einem erhöhten Vertrauen in deine Anlageentscheidung bei, sondern erleichtert auch die Überwachung und Anpassung deines Portfolios. Im Gegensatz zu einigen aktiv gemanagten Fonds, bei denen die genaue Zusammensetzung oft unklar ist, bieten ETFs Einblick und Verständnis – ideal für Anfänger.

Flexibilität im Handel

Da ETFs wie Aktien an der Börse gehandelt werden, kannst du sie während der Handelszeiten jederzeit kaufen oder verkaufen – und das zu den aktuellen Marktpreisen. Diese Liquidität und Flexibilität ermöglichen es dir, rasch auf Marktentwicklungen zu reagieren und deine Investitionsstrategie gegebenenfalls anzupassen. Für Einsteiger erlaubt diese Flexibilität zudem, auf Marktschwankungen zu reagieren, ohne an den klassischen Fondsabbildungsrhythmus gebunden zu sein.

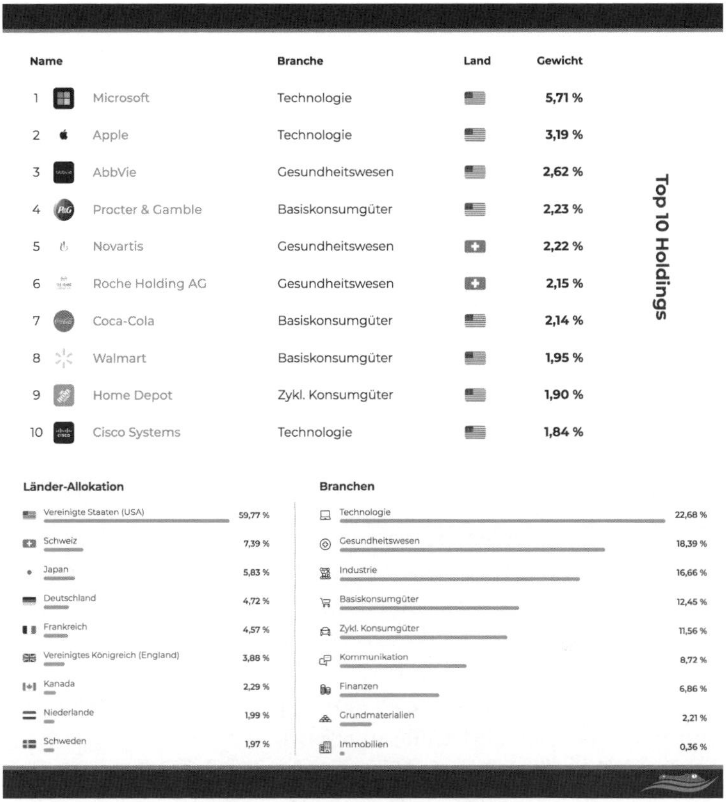

Abb. 11.3: WisdomTree Global Quality Dividend Growth UCITS ETF (WKN: A2AG1D); Quelle: extraetf.com – 16.06.2025.

Tracking-, Liquiditäts- und Währungsrisiko

Keine Anlage ohne Risiken – hier siehst du die wichtigsten Fallstricke bei ETFs im Überblick. Trotz ihrer zahlreichen Vorteile bergen ETFs auch bestimmte Risiken, die du als Anleger kennen solltest:

Marktrisiko

Wie bei jeder Form der Kapitalanlage unterliegt auch der ETF dem allgemeinen Marktrisiko. Steigt der zugrunde liegende Index, profitierst du – fällt er, erleidest du Verluste. Es gibt keine Garantie gegen Verluste, da ETFs die Volatilität und Risiken des zugrunde liegenden Index widerspiegeln. Daher ist es wichtig, eine langfristige Perspektive (mindestens 5 bis 10 Jahre) einzunehmen und sich von kurzfristigen Kursschwankungen nicht verunsichern zu lassen.

Replikations- und Trackingfehler

Besonders bei synthetischen ETFs kann es zu sogenannten Trackingfehlern kommen, also Abweichungen zwischen der Wertentwicklung des ETFs und des zugrunde liegenden Index. Ein geringfügiger Fehler ist oft unproblematisch, jedoch solltest du bei der Auswahl des ETFs stets auf eine möglichst exakte Abbildung des Index achten. Physische ETFs haben in der Regel geringere Trackingfehler, da sie die Wertpapiere direkt halten, während synthetische ETFs durch Derivate potenziell größere Abweichungen aufweisen können.

Liquiditätsrisiko

Obwohl ETFs im Allgemeinen liquide sind, können in Zeiten hoher Marktvolatilität oder bei weniger populären ETFs Engpässe auftreten. Dies kann dazu führen, dass es schwierig wird, zum gewünschten Preis in den Markt ein- oder auszusteigen.

> Ein Indikator für eine ausreichende Liquidität ist ein **Fondsvolumen von über 100 Millionen Euro**!

Ein Merkmal, auf das du achten solltest, insbesondere bei spezialisierten oder weniger bekannten ETFs.

Chancen und Herausforderungen im Marktumfeld

So profitierst du von Chancen – und bleibst robust bei Turbulenzen. Beim Investieren in ETFs ist es wichtig, sowohl die Chancen als auch die Herausforderungen des Marktumfelds zu verstehen. Während langfristige Strategien oft stabile Erträge ermöglichen, können kurzfristige Marktschwankungen emotionale Reaktionen hervorrufen. Zwei entscheidende Faktoren sind daher der langfristige Vermögensaufbau und der Umgang mit emotionalen Entscheidungen beim Investieren.

Langfristiger Vermögensaufbau

Ein zentrales Ziel des ETF-Investments ist der langfristige Vermögensaufbau. Historische Daten zeigen, dass sich Märkte über längere Zeiträume hinweg erholen und wachsen. Ein langfristiger Anlagehorizont ermöglicht es, temporäre Rückschläge zu überstehen und vom Zinseszinseffekt zu profitieren.

Ein Anleger, der kontinuierlich in einen breit diversifizierten MSCI World ETF investiert, könnte trotz temporärer Rückgänge – etwa während einer Wirtschaftskrise – über Jahre hinweg von einer stabilen Gesamtperformance profitieren, wenn er diszipliniert bleibt und den Cost-Average-Effekt nutzt.

Emotionales Verhalten und diszipliniertes Investieren

Ein häufig unterschätzter Aspekt beim Investieren ist die psychologische Komponente. Während Marktturbulenzen neigen Anleger dazu, in Panik zu geraten und zu früh auszusteigen. Eine disziplinierte Strategie, unterstützt durch regelmäßige Investitionen (etwa über einen Sparplan), hilft, emotionale Entscheidungen zu vermeiden und den Fokus auf die langfristigen Ziele zu richten. Für Einsteiger ist es entscheidend, sich bewusst zu machen, dass Marktschwankungen normal sind und langfristig oft ausgeglichen werden.

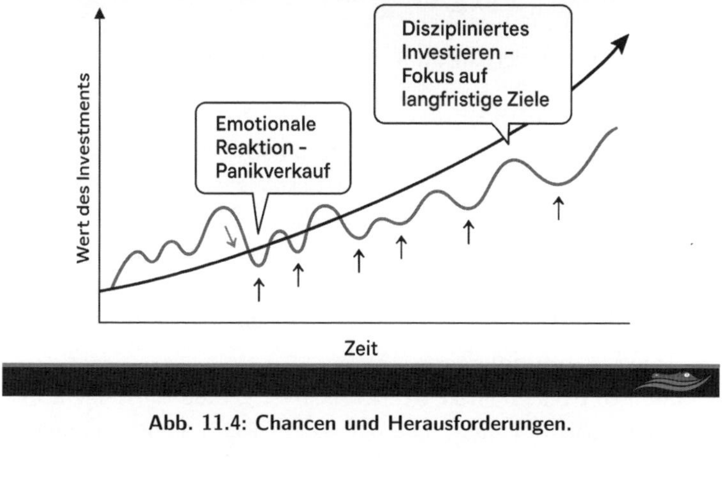

Abb. 11.4: Chancen und Herausforderungen.

Die Grafik zeigt eine Zeitachse mit zwei Linien, die den Verlauf eines ETF-Investments über mehrere Jahre darstellen. Die erste Linie verläuft wellenförmig und symbolisiert kurzfristige Marktschwankungen mit mehreren sichtbaren Hochs und Tiefs, darunter deutliche Einbrüche in Krisenzeiten. Die zweite Linie verläuft stetig aufwärts und stellt den langfristigen Wachstumstrend des Investments dar. Entlang der Zeitachse sind kleine Pfeile dargestellt, die regelmäßige Investitionen (Sparpläne) oder Einzelkäufe im Tief symbolisieren, welche helfen, den Cost-Average-Effekt zu nutzen (Chancen). Zusätzlich ist an einem Tiefpunkt der wellenförmigen Linie (Panikverkauf) ein Pfeil eingeblendet, wodurch die Gefahr impulsiver Entscheidungen aufgezeigt wird (Herausforderungen). Diese Visualisierung soll verdeutlichen, dass trotz kurzfristiger Schwankungen und emotionaler Versuchungen der langfristige Vermögensaufbau durch konsequentes und diszipliniertes Investieren gelingt.

In der Praxis investieren

Damit du deinen Einstieg in die Welt der ETFs optimal gestalten kannst, habe ich einen praxisorientierten Leitfaden zusammengestellt, der dir Schritt für Schritt zeigt, wie du vorgehen solltest.

Das richtige Depot und den passenden ETF finden

Auswahl des passenden Brokers und Depots

Die Basis eines erfolgreichen ETF-Investments bildet ein passendes Depot. Achte bei der Auswahl eines Brokers auf folgende Kriterien:

- **Kostenvergleich**:
  Neben niedrigen Ordergebühren sind auch Depotführungsgebühren und Spreads entscheidend. Insbesondere bei Neo-Brokern ist es wichtig, den Kompromiss zwischen niedrigen Fixkosten und möglicherweise höheren Spreads zu beachten. In Deutschland stehen mittlerweile zahlreiche Anbieter wie Consorsbank, Trade Republic, Scalable Capital, ING und Comdirect zur Verfügung.
- **Benutzerfreundlichkeit**:
  Ein intuitives Online-Portal erleichtert gerade Einsteigern den Handel. Achte darauf, dass der Broker transparente Informatio-

nen zu den angebotenen ETFs liefert und eine einfache Bedienung gewährleistet.

- **Kostenlose ETF-Sparpläne**:
  Manche Broker bieten gebührenfreie ETF-Sparpläne an.

Auswahl des richtigen ETFs

Bei der Auswahl eines geeigneten ETFs sollten folgende Aspekte beachtet werden:

- **Indexauswahl und Diversifikation**:
  Überlege, ob du in einen global diversifizierten Index wie den MSCI World oder den FTSE All-World investieren möchtest. Eine breite Streuung minimiert das Risiko und nutzt die Chancen verschiedener Märkte.
- **Kostenstruktur** (TER):
  Eine niedrige Total Expense Ratio wirkt sich langfristig erheblich auf die Nettorendite aus. Vergleiche daher die Verwaltungsgebühren verschiedener ETFs.
- **Replikationsmethode**:
  Informiere dich darüber, ob der ETF physisch oder synthetisch repliziert wird. Wie bereits erläutert, sind physische ETFs meist transparenter und daher oft die bevorzugte Wahl für Einsteiger.
- **Ausschüttungsart**:
  Entscheide, ob du regelmäßig Erträge als Ausschüttung erhalten möchtest oder ob du vom automatischen Reinvestitionsvorteil thesaurierender ETFs (Vorabpauschale beachten) profitieren willst.

ETF-Arten: Welcher Typ passt zu deinem Anlageziel?

ETFs unterscheiden sich nicht nur in ihrer Replikationsmethode, sondern auch hinsichtlich ihres Anlageschwerpunkts. Hier ein Überblick über die gängigsten Kategorien:

- **Aktien-ETFs** bilden Aktienindizes ab, wie den MSCI World, den S&P 500 oder den DAX. Sie bieten durch ihre breite Streuung einen effektiven Vermögensaufbau über viele Unternehmen und Branchen hinweg. Für langfristige Anleger, die von den Wachstumschancen der globalen Wirtschaft profitieren möchten, stellen Aktien-ETFs die ideale Wahl dar.

Beispiel: SPDR MSCI All Country World (WKN: A40F93), der über 3.700 Unternehmen weltweit abdeckt.

- **Anleihen-ETFs** investieren in festverzinsliche Wertpapiere, seien es Staatsanleihen oder Unternehmensanleihen. Sie zeichnen sich durch eine geringere Volatilität aus und können dein Portfolio in wirtschaftlich unsicheren Zeiten stabilisieren – wenngleich dies oft auf Kosten niedrigerer Renditen geschieht.

  Beispiel: iShares Core Global Aggregate Bond ETF (WKN: A0RGEQ), der eine breite Palette von Anleihen abdeckt.

- **Rohstoff-ETFs / ETCs** investieren in physische Rohstoffe (z. B. Gold, Silber, Öl) oder in derivative Produkte, die die Preisentwicklung von Rohstoffen nachbilden. Rohstoff-ETFs bieten einen Schutz gegen Inflation und Währungsrisiken, bergen jedoch gleichzeitig das Risiko starker Preisschwankungen. ETCs, die das Gold physisch hinterlegen und über eine Auslieferoption verfügen, bieten steuerliche Vorteile für deutsche Endanleger. Erträge aus Wertzuwächsen müssen nach einer Haltedauer von einem Jahr demnach nicht versteuert werden.

  Beispiel: Xetra-Gold (WKN A0S9GB).

- **Sektor-ETFs** fokussieren sich auf spezifische Branchen wie Technologie, Gesundheitswesen oder Energie. Durch die gezielte Investition in einen einzelnen Wirtschaftssektor kannst du von spezifischen Trends profitieren – allerdings besteht auch ein höheres Klumpenrisiko, wenn der betreffende Sektor in Schwierigkeiten gerät.

  Beispiel: iShares MSCI World Health Care Sector ETF (WKN: A2PHCD).

- **Themen-ETFs** setzen auf zukunftsweisende Megatrends wie erneuerbare Energien, künstliche Intelligenz oder Elektromobilität. Diese Fonds ermöglichen es dir, gezielt in Bereiche zu investieren, die langfristig als Wachstumsmotor gelten. Dabei ist jedoch ein höheres Maß an Marktverständnis erforderlich, da die Volatilität dieser spezialisierten ETFs oft größer ist.

Beispiel: Amundi MSCI Robotics & AI ETF (WKN: A2JSC9), der sich auf künstliche Intelligenz und Roboter konzentriert.

ETF-Typ	Beschreibung	Beispiel	Risiko / Nutzen
Aktien-ETFs	Abbildung von Aktienindizes (z. B. MSCI World, S&P 500)	iShares MSCI World ETF	Hohe Renditechancen, aber auch Marktrisiko
Anleihen-ETFs	Investition in festverzinsliche Wertpapiere (Staats-/Unternehmens-anleihen)	iShares Core Global Aggregate Bond ETF	Geringeres Risiko, stabilere Erträge
Rohstoff-ETFs	Investition in physische Rohstoffe oder derivative Produkte	Xetra-Gold	Inflationsschutz, aber hohe Preisschwankungen
Sektor-ETFs	Fokussierung auf einzelne Branchen (z. B. Technologie, Gesundheitswesen)	iShares MSCI World Health Care Sector ETF	Chancen in Wachstumsbranchen, höheres Klumpenrisiko
Themen-ETFs	Investition in Megatrends (z. B. erneuerbare Energien, KI)	Amundi MSCI Robotics & AI ETF	Zukunftspotenzial, aber oft volatiler

Tab. 11.2: Vergleich von ETF-Typen.

Sparplan oder Einmalanlage: Vor- und Nachteile

Zwei Ansätze dominieren den Einstieg in das ETF-Investment – beide haben ihre Berechtigung und hängen stark von deiner finanziellen Situation, Risikobereitschaft und Anlagepsychologie ab.

Sparpläne

Bei einem Sparplan investierst du regelmäßig – z. B. monatlich oder quartalsweise – einen festen Betrag in den gewählten ETF oder in eine Aktie. Diese Methode ermöglicht dir bereits mit kleinen Summen den Einstieg in den Vermögensaufbau. Ein großer Vorteil ist der sogenannte **Cost-Average-Effekt**: Du kaufst bei hohen Kursen weniger Anteile, bei niedrigen Kursen mehr. Auf lange Sicht kann das zu einem günstigeren durchschnittlichen Kaufpreis führen und die Auswirkungen von Marktschwankungen abfedern.

Sparpläne eignen sich besonders gut für Anfänger, da sie eine gewisse Disziplin fördern, finanzielle Hürden abbauen und sich automatisch umsetzen lassen. Auch psychologisch sind sie oft angenehmer, weil du nicht „den perfekten Einstiegszeitpunkt" finden musst.

Einmalinvestitionen

Wenn dir ein größerer Geldbetrag zur Verfügung steht – z. B. aus einem Bonus, einer Erbschaft oder durch angespartes Kapital – ist auch eine Einmalanlage möglich. Statistisch gesehen ist es langfristig oft günstiger, das Geld sofort zu investieren, da der Markt über die Jahre tendenziell steigt. Der Nachteil: Du gehst mit dem gesamten Kapital sofort ins Risiko und erleidest bei einem ungünstigen Einstiegszeitpunkt möglicherweise hohe Buchverluste.

Gestaffelter Einstieg

Eine kluge Alternative kann hier ein gestaffelter Einstieg sein – z. B. in Form eines zeitlich begrenzten Sparplans oder mehrerer Teilinvestitionen über ein halbes Jahr. So kombinierst du Planungssicherheit mit dem Potenzial eines günstigeren Einstiegs.

Wann welcher Weg sinnvoll für dich ist

- Sparpläne sind ideal für kontinuierlichen Vermögensaufbau und den stressfreien Einstieg – hauptsächlich bei kleineren Beträgen.
- Einmalanlagen bieten langfristig überwiegend die besseren Renditechancen, verlangen aber mehr psychologische Stabilität.

- Eine Kombination aus beidem ist möglich – z. B. mit einer Einmalanlage zu Beginn und einem Sparplan zur Ergänzung. Oder du nutzt gezielt Kursrückgänge, um bei günstigen Bewertungen hochwertiger ETFs oder Qualitätsaktien zusätzlich einzusteigen.

Steuern und Ausführungskosten im Blick behalten

Steuerlich gesehen bieten ETFs einige Vorteile, aber es gibt auch Besonderheiten, die insbesondere für Einsteiger von Bedeutung sind. Dazu gehört vor allem die sogenannte Vorabpauschale. Bei thesaurierenden ETFs wird auch ohne tatsächliche Ausschüttung ein fiktiver Ertrag zur Besteuerung herangezogen (im nächsten Kapitel). Gleichzeitig profitieren Aktien-ETFs von der Teilfreistellung, wodurch ein Teil der Erträge steuerfrei bleibt. Diese Regelungen können komplex sein, weshalb es ratsam ist, sich frühzeitig detailliert zu informieren oder professionelle Beratung in Anspruch zu nehmen. Die aktuelle steuerliche Behandlung spiegelt dabei sowohl EU-weit einheitliche Vorgaben als auch nationale Besonderheiten wider, wie die deutschen Regelungen zur Vorabpauschale und Teilfreistellung.

Risiko	Schweregrad	Beeinflussbar?
Marktrisiko	● Hoch	✕ Nein
Replikationsrisiko	≣ Mittel	☑ Ja (physische Auswahl)
Liquiditätsrisiko	≣ Mittel	☑ Ja (große Fonds bevorzugen)
Steuerliche Komplexität	≣ Mittel	☑ Ja (durch Wissen & Planung)

Abb. 11.5: Wichtige Risiken bei Aktien- und ETF-Investments, eingeteilt nach ihrem Schweregrad und der Möglichkeit, sie aktiv zu beeinflussen.

Häufige Fragen, Fallstricke und Praxistipps

Beim Investieren in ETFs gibt es einige Fragen, Fallstricke und wertvolle Praxistipps, die dir helfen können, typische Anfängerfehler zu vermeiden und deine Anlagestrategie zu optimieren.

Häufig gestellte Fragen

- **Muss ich täglich den Kurs meiner ETFs kontrollieren?**
  Nein, das tägliche Überprüfen der Kurse ist nicht notwendig. ETFs sind langfristige Anlagen, und kurzfristige Schwankungen sind normal. Stattdessen empfiehlt es sich, in regelmäßigen Abständen – etwa quartalsweise – einen Überblick über dein Portfolio zu gewinnen.
- **Wie gehe ich mit Marktschwankungen und Krisen um?**
  Marktschwankungen gehören zum Investieren dazu. Eine gut durchdachte Anlagestrategie und ein langfristiger Anlagehorizont helfen, kurzfristige Verluste zu überstehen. Zudem tragen regelmäßige Rebalancing-Maßnahmen und der Cost-Average-Effekt dazu bei, Marktschwankungen auszugleichen.
- **Was passiert, wenn ein Unternehmen im Index insolvent geht?**
  Durch die breite Streuung in einem ETF wird das Risiko einzelner Unternehmenspleiten weitgehend kompensiert. Der Verlust eines Unternehmens hat nur einen geringen Einfluss auf die Gesamtrendite des Fonds, da dessen Gewicht im Index relativ gering ist.
- **Welche steuerlichen Fallstricke gibt es?**
  Besonders bei thesaurierenden ETFs musst du die Vorabpauschale berücksichtigen. Unzureichende steuerliche Planung kann zu unerwarteten Belastungen führen.

Praxistipps für den erfolgreichen Einstieg

- **Regelmäßige Weiterbildung**:
  Informiere dich kontinuierlich über Finanzmärkte, steuerliche Änderungen und neue Produkte. Bücher, Webinare und Finanzblogs können hierbei wertvolle Informationsquellen sein.
- **Nutze Demokonten**:
  Viele Broker bieten Demokonten an, in denen du risikofrei den Handel üben kannst. Dies hilft dir, ein Gefühl für die Dynamik des Marktes zu entwickeln, ohne echtes Kapital zu riskieren.
- **Langfristige Planung**:
  Entwickle einen klaren Anlageplan, der deine finanziellen Ziele, deinen Anlagehorizont und deine Risikotoleranz berücksichtigt. Ein strukturierter Plan hilft dir, in turbulenten Zeiten ruhig zu bleiben.
- **Diversifikation über Anlageklassen**:
  Auch wenn ein ETF bereits eine breite Diversifikation bietet, lohnt es sich, weitere Anlageklassen wie Anleihen oder Rohstoffe in dein Portfolio zu integrieren. Dies reduziert das Klumpenrisiko und stabilisiert das Gesamtportfolio.
- **Steuerliche Optimierung**:
  Lass dich zu steuerlichen Fragen beraten, um alle Vorteile – wie die Teilfreistellung – optimal zu nutzen. Eine gute steuerliche Planung kann einen erheblichen Unterschied in der Nettorendite ausmachen.

Die Investition in ETFs stellt einen entscheidenden Meilenstein auf dem Weg zum Vermögensaufbau dar. Dank ihrer klaren Struktur, den niedrigen Kosten und der Möglichkeit, in eine Vielzahl von Unternehmen zu investieren, bieten sie eine solide Grundlage für finanzielle Ziele – sei es für die Altersvorsorge, größere Investitionen oder monatliche Dividendeneinnahmen. Der Schlüssel zum langfristigen Erfolg liegt in kontinuierlicher Weiterbildung, einem wachsamen Blick auf den Markt und vor allem in einer disziplinierten Investmentstrategie.

Dieses Kapitel hat einen umfassenden Überblick über die Welt der ETFs geboten – von den Grundlagen über verschiedene ETF-Typen und Replikationsmethoden bis zu steuerlichen Aspekten und praktischen Umsetzungsschritten.

> Der langfristige Erfolg basiert nicht nur auf fundiertem Fachwissen, sondern auch auf einer strategischen und durchdachten Vorgehensweise. Wichtig ist, sich nicht von kurzfristigen Marktschwankungen verunsichern zu lassen, sondern den Fokus auf den nachhaltigen Vermögensaufbau zu richten.

Mit dem Verständnis der Funktionsweise von ETFs und den hier vermittelten Grundlagen bist du bestens gerüstet, um ein diversifiziertes, an deine persönlichen Ziele angepasstes Portfolio aufzubauen. Durch eine klare Strategie und einen konsequenten, informierten Ansatz legst du den Grundstein für eine erfolgreiche finanzielle Zukunft – und kannst langfristig von den Chancen der globalen Märkte profitieren.

KAPITEL

12

STRUKTUR SCHAFFT STABILITÄT

ETFs für Fortgeschrittene: Strategien, Optimierung und steuerliche Aspekte

Fortgeschrittene Anleger haben bereits den Einstieg in die Welt der ETFs erfolgreich gemeistert und verfügen über ein diversifiziertes Basisportfolio. Der nächste logische Schritt besteht darin, das Portfolio systematisch zu optimieren, um sowohl die Renditechancen zu erhöhen als auch Risiken gezielt zu steuern. In diesem Kapitel werden neben klassischen Optimierungsstrategien auch tiefgehende Analysen der Kostenstruktur, Rebalancing-Methoden und komplexere Ansätze wie Factor Investing und Smart Beta vorgestellt. Ein besonderes Augenmerk legen wir auf die steuerlichen Aspekte – insbesondere die Vorabpauschale –, da diese einen erheblichen Einfluss auf die Nettorendite nehmen können.

Durch die Kombination von theoretischem Wissen und praxisorientierten Beispielen soll dieser Abschnitt dem fortgeschrittenen Anleger dabei helfen, sein Portfolio nicht nur an aktuelle Marktgegebenheiten anzupassen, sondern auch langfristig steuerlich effizient zu gestalten.

Vertiefte Analyse der Kostenstruktur

Nach den grundlegenden Überlegungen zur Ausrichtung eines fortgeschrittenen ETF-Portfolios stellt sich die Frage, wie man im Detail sicherstellt, dass die gewählten ETFs effizient und kostengünstig funktionieren. Dabei rücken nicht nur die offensichtlichen Verwaltungsgebühren in den Fokus, sondern auch weniger sichtbare Faktoren wie die Nachbildungsgenauigkeit. Im Folgenden gehe ich daher auf die vertiefte Analyse der Kostenstruktur und den Tracking Error ein, um zu zeigen, wie wichtig eine präzise und transparente ETF-Auswahl für den langfristigen Anlageerfolg ist.

Total Expense Ratio (TER) und versteckte Kosten

Für den fortgeschrittenen Anleger ist es unerlässlich, über die offensichtlichen Verwaltungsgebühren hinaus auch die versteckten

Kosten zu verstehen. Die Total Expense Ratio (TER) fasst sämtliche laufenden Kosten zusammen, die einem ETF im Rahmen des Betriebs entstehen. Neben der TER spielen auch Spread-Kosten (der Unterschied zwischen Kauf- und Verkaufspreis) sowie Kosten, die im Zusammenhang mit der Replikationsmethode entstehen, eine wesentliche Rolle. Eine detaillierte Kostenanalyse ermöglicht es, langfristig den Zinseszinseffekt zu maximieren und unnötige Gebühren zu vermeiden.

Tracking Error und Replikationsgenauigkeit

Der Tracking Error misst, wie genau ein ETF den zugrunde liegenden Index abbildet. Schon geringfügige Abweichungen können über die Jahre hinweg einen signifikanten Einfluss auf die Rendite haben. Dabei ist es wichtig, zwischen physischer und synthetischer Replikation zu unterscheiden (siehe Kapitel 11). Anleger sollten jährlich den Tracking Error überprüfen und darauf achten, dass die gewählten ETFs ihre Zielindizes möglichst präzise abbilden.

Strategische Ansätze und Portfolio-Diversifikation

Nachdem wir nun die Kosten- und Effizienzfaktoren der ETFs im Detail betrachtet haben, wenden wir uns den strategischen Ansätzen zu. Im folgenden Abschnitt geht es darum, wie du dein Portfolio gezielt diversifizieren und durch unterschiedliche Investmentstrategien – von der Core-Satellite-Strategie über Value-/Growth-Ansätze bis hin zur Nutzung von Dividenden-ETFs und modernen Methoden wie Factor Investing – optimal auf Marktchancen ausrichten kannst.

Core-Satellite-Strategie

Ein bewährter Ansatz zur Optimierung des ETF-Portfolios ist die Core-Satellite-Strategie. Dabei wird das Portfolio in zwei Bereiche unterteilt:

1. **Core-Bereich:**
   Ein großer Anteil des Kapitals fließt in breit diversifizierte und kostengünstige ETFs wie etwa globale Aktienindizes.

2. **Satellite-Bereich:**
   Ein kleinerer Teil des Kapitals wird in spezialisierte ETFs investiert, die gezielt Chancen in bestimmten Sektoren (z. B. Technologie, Gesundheitswesen) oder Megatrends (z. B. erneuerbare Energien, künstliche Intelligenz) nutzen. Hier können auch Factor-ETFs, thematische ETFs oder Einzelaktien integriert werden (höhere Renditechancen bei entsprechendem Risiko).

Bereich	Anteil Gesamtportfolio	Investitionsfokus	Beispiele
Core	70-80 %	Breite, kostengünstige Markt-ETFs (z. B. globale Aktienindizes)	MSCI World ETF, FTSE All-World ETF
Satelliten	20-30 %	Spezialisierte Produkte (z. B. Factor-ETFs, thematische ETFs, einzelne Aktien)	Technologie- oder Gesundheitssektor-ETFs, Dividenden-ETFs

Tab. 12.1: Beispielhafte Core-Satellite-Portfolio-Aufteilung.

Diese Strategie ermöglicht es, das Kernportfolio stabil zu halten und gleichzeitig durch die Satellitenkomponente von speziellen Marktchancen zu profitieren.

Die Core-Satellite-Strategie kombiniert Stabilität mit Flexibilität und ist besonders geeignet, Risiken zu steuern und Chancen gezielt zu nutzen. Der **Core-Bereich** bildet das Fundament des Portfolios und sorgt für eine breite Marktdiversifikation zu möglichst niedrigen Kosten. Hier setzen Anleger oft auf ETFs, die große, etablierte Indizes wie den MSCI World oder den FTSE All-World abbilden. Diese Kerninvestitionen sollen langfristiges, stetiges Wachstum sicherstellen.

Der **Satellite-Bereich** bietet hingegen Raum für gezieltere Investments mit einem höheren Renditepotenzial – aber auch einem entsprechend höheren Risiko. Dazu zählen spezialisierte ETFs, die auf bestimmte Branchen, Regionen oder Anlagestrategien fokussieren – etwa Technologie, Gesundheitswesen, erneuerbare Energien sowie Smart-Beta- oder Factor-ETFs. Ebenso können bewusst ausgewählte Einzelaktien integriert werden, etwa dividendenstarke Titel oder aussichtsreiche Wachstumsunternehmen. Durch diese gezielte Beimischung lässt sich an bestimmten Markttrends partizipieren, ohne das gesamte Portfolio zu stark zu exponieren.

Ein weiterer Vorteil der Core-Satellite-Strategie ist die Flexibilität bei der Anpassung: Satelliten können dynamisch je nach Marktlage und individuellen Erwartungen verändert werden, während das Core-Portfolio meist stabil bleibt. So entsteht ein ausgewogenes Verhältnis zwischen Sicherheit und Renditechance.

Value, Growth und Dividenden gezielt nutzen

Neben der reinen Marktdurchschnittsstrategie können gezielt Value- und Growth-Ansätze verfolgt werden:

- **Value-ETFs:**
  Investieren in unterbewertete Unternehmen, die langfristig Potenzial für Kurssteigerungen besitzen.
- **Growth-ETFs:**
  Fokussieren sich auf wachstumsstarke Unternehmen, die oftmals in innovativen Branchen tätig sind.

Kriterium	Value-ETFs	Growth-ETFs
Bewertung	Unterbewertet	Höher bewertet
Fokus	Substanzwerte	Wachstumsunternehmen
Dividenden	Häufig ja	Eher selten oder gering
Branchen	Klassische Branchen (Industrie, Basiskonsum, Gesundheit etc.)	Technologie, künstliche Intelligenz, Biotech etc.
Risikoprofil	Geringer, stabiler	Höher, volatiler

Tab. 12.2: Value- vs. Growth-ETFs.

Durch die Kombination beider Ansätze kann das Portfolio sowohl gegen Marktschwankungen als auch gegen spezifische Branchenrisiken besser abgesichert werden. Ein spannendes Beispiel hierfür ist der „WisdomTree Global Quality Dividend Growth ETF" mit der WKN A2AG1D.

Eine zusätzliche Strategie, die sich für erfahrene Investoren anbietet, ist die gezielte Nutzung von Dividenden-ETFs. Diese Strategie fokussiert sich darauf, einen kontinuierlichen Cashflow aufzubauen – etwa für die spätere Entnahmephase – und gleichzeitig das Kapitalwachstum zu steuern.

Wann sind ausschüttende Dividenden-ETFs sinnvoll?

Ausschüttende Dividenden-ETFs eignen sich besonders für Anleger, die in der Entnahmephase auf regelmäßige Einnahmen angewiesen sind. In dieser Phase, in der das Einkommen aus dem Portfolio den Lebensunterhalt unterstützen soll, bieten diese ETFs den Vorteil, dass sie laufend Erträge generieren, die direkt zur Deckung des Finanzbedarfs genutzt werden können. Gleichzeitig können Anleger, die nicht unmittelbar auf den Cashflow angewiesen sind, auch von der Option profitieren, die Dividenden wieder anzulegen, um den Zinseszinseffekt langfristig zu verstärken.

Langfristige Auswirkungen von Dividendenzahlungen

Langfristig tragen Dividendenzahlungen maßgeblich zur Gesamtperformance bei, insbesondere wenn diese wieder reinvestiert werden. Der Zinseszinseffekt kann hier eine wichtige Rolle spielen, da regelmäßige Erträge den investierten Betrag kontinuierlich erhöhen. Gleichzeitig bieten Dividenden-ETFs häufig eine gewisse Stabilität, da Unternehmen, die regelmäßig Dividenden ausschütten, oft über solide Geschäftsmodelle und stabile Cashflows verfügen. Dies kann in volatilen Marktphasen ein zusätzlicher Puffer sein, der das Portfolio widerstandsfähiger macht.

Wachstumsorientierte vs. dividendenstarke ETFs

Wachstumsorientierte ETFs fokussieren sich auf Unternehmen, die durch starkes Kurswachstum charakterisiert sind. Diese Unternehmen schütten oft geringere oder gar keine Dividenden aus, da sie ihre Gewinne in das Unternehmen reinvestieren, um weiteres Wachstum zu finanzieren.

Dividendenstarke ETFs setzen auf Unternehmen, die regelmäßig hohe Ausschüttungen vornehmen. Diese Strategie bietet den Vorteil eines stabilen Einkommensstroms und kann besonders in Niedrigzinsphasen oder in der Entnahmephase attraktiv sein. Allerdings ist zu beachten, dass wachstumsorientierte ETFs tendenziell ein höheres Kurswachstumspotenzial haben, während dividendenstarke ETFs oft mit einer geringeren Kursdynamik einhergehen. Die Wahl zwischen beiden Ansätzen hängt von individuellen Anlagezielen ab – ob man primär auf Kursgewinne oder auf laufende Erträge setzt.

	Gesamtrendite	Kurs-Anstieg	Dividenden	Dividende in % der Gesamtrendite
1940s	143.1%	34.8%	108.3%	75.7%
1950s	467.4%	256.7%	210.7%	45.1%
1960s	109.5%	53.7%	55.8%	51.0%
1970s	76.9%	17.2%	59.7%	77.6%
1980s	389.2%	227.4%	161.8%	41.6%
1990s	423.2%	315.7%	107.5%	25.4%
2000s	-9.1%	-24.1%	15.0%	
2010s	*256.4%*	*189.7%*	*66.7%*	*26.0%*
Durchschnitt	*232.1%*	*133.9%*	*98.2%*	*48.9%*

Abb. 12.1: S&P 500-Renditen für einzelne Jahrzehnte seit 1940 in USD.

Ebenso spielen auch der persönliche Anlagehorizont sowie das individuelle Risikoprofil eine entscheidende Rolle bei der Wahl zwischen wachstumsorientierten und dividendenstarken ETFs. Wachstums-ETFs können in der Vermögensaufbauphase besonders vorteilhaft sein, da der Fokus auf Kurssteigerungen liegt und die Reinvestition von Gewinnen durch das Unternehmen selbst erfolgt. Diese Strategie erfordert jedoch einen längeren Atem und eine höhere Risikobereitschaft, da starke Kursschwankungen – insbesondere in volatilen Marktphasen – nicht ungewöhnlich sind.

Dividendenstarke ETFs hingegen bieten psychologischen Komfort: Regelmäßige Ausschüttungen schaffen das Gefühl von greifbaren Erträgen und können gerade in Krisenzeiten stabilisierend wirken. Für viele Anleger ist das ein entscheidender Faktor, um emotional diszipliniert und langfristig investiert zu bleiben. Auch aus steuerlicher Sicht kann es vorteilhaft sein, Dividenden gezielt für den Freibetrag (Sparerpauschbetrag) zu nutzen, anstatt Anteile zu verkaufen.

Letztlich kann eine Kombination beider Ansätze – also ein ausgewogener Mix aus wachstums- und dividendenorientierten ETFs – dazu beitragen, Renditechancen zu nutzen und gleichzeitig stabile Einnahmen zu generieren. Eine solche Hybridstrategie ermöglicht es, flexibel auf unterschiedliche Marktbedingungen und Lebensphasen zu reagieren.

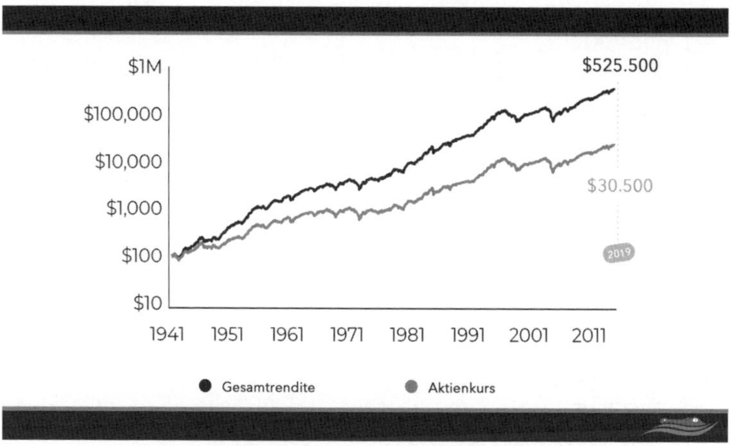

Abb. 12.2: S&P 500 Kurs- und Gesamtrenditen in USD. 100 $ investiert (01.01.1941 bis 31.12.2019).

Die Abbildung zeigt, wie die Bedeutung der Dividenden für die Gesamtrendite im Laufe der Zeit zunimmt. In dem Zeitraum von 1941 bis 2019 machten Dividenden und Reinvestitionen von Ausschüttungen 94 % der Gesamtrendite des Index (S&P 500) aus.

Factor Investing und Smart Beta

Factor Investing geht über die reine Indexabbildung hinaus und nutzt quantitative Modelle, um Unternehmen anhand spezifischer Merkmale – sogenannter Faktoren – auszuwählen. Ziel ist es, systematische Renditequellen im Markt gezielt zu nutzen, die in der wissenschaftlichen Finanzforschung als sogenannte Faktorprämien identifiziert wurden.

Smart-Beta-ETFs setzen diese Ansätze in regelbasierten Strategien um und kombinieren damit Elemente der aktiven und passiven Geldanlage. Häufig genutzte Faktoren sind unter anderem:

- **Qualität:**
  Auswahl von Unternehmen mit stabilen Gewinnen, geringer Verschuldung und hoher Eigenkapitalrendite.
- **Dividenden:**
  Fokussierung auf Unternehmen mit hoher und nachhaltiger Ausschüttung – beliebt bei einkommensorientierten Anlegern.
- **Volatilität:**
  Bevorzugung von Aktien mit geringeren Kursschwankungen, was in unsicheren Marktphasen Stabilität bringen kann.
- **Value:**
  Investition in unterbewertete Unternehmen mit günstigen fundamentalen Kennzahlen (z. B. niedriges KGV oder KBV).
- **Momentum:**
  Auswahl von Aktien mit überdurchschnittlicher Kursentwicklung in den letzten Monaten.

Diese Faktoren können dabei helfen, das Portfolio gezielt auszurichten – sei es, um Risiken zu reduzieren, die Rendite zu steigern oder die Diversifikation zu verbessern.

> Nicht jeder Faktor funktioniert in jeder Marktphase gleich gut.

Beispielsweise haben Value-Strategien nach der Finanzkrise jahrelang hinter dem breiten Markt zurückgelegen, bevor sie wieder aufholten.

Auch die Kombination mehrerer Faktoren – das sogenannte **Multi-Factor-Investing** – gewinnt an Bedeutung. Dabei werden gezielt verschiedene Faktoren kombiniert, um Schwächen einzelner Ansätze auszugleichen und die Gesamtrendite zu stabilisieren.

Beim Einsatz von Smart-Beta-ETFs sollten Anleger genau auf die **Konstruktion der Indizes** achten: Welche Kriterien wurden verwendet? Wie oft wird das Portfolio angepasst? Wie hoch sind die laufenden Kosten im Vergleich zu klassischen ETFs?

Viele Faktorstrategien erfordern ein gewisses Durchhaltevermögen, da es zu Phasen mit schlechterer Performance kommen kann. Wer in Smart-Beta-ETFs investiert, sollte daher die **Strategie wirklich verstehen und sich langfristig dazu bekennen** – nur so lassen sich die potenziellen Vorteile auch realisieren.

Insgesamt bietet Factor Investing eine spannende Möglichkeit, das Portfolio differenzierter aufzustellen – mit dem Potenzial für höhere risikobereinigte Renditen. Für fortgeschrittene Anleger, die bereit sind, sich mit der Methodik auseinanderzusetzen, kann dies ein wertvoller Baustein der ETF-Strategie sein.

Risikomanagement, Rebalancing, Hedging-Strategien

Effektives Risikomanagement, ein ausgewogenes Rebalancing und die Vermeidung emotionaler Entscheidungen bilden das Fundament einer stabilen Anlagestrategie.

Zentrale Ansätze, die Anlegern helfen, Risiken zu steuern und ihr Portfolio zu optimieren, umfassen die Diversifikation über Anlageklassen hinweg, das regelmäßige Rebalancing zur Sicherung der Zielallokation, den Vergleich von Trading-Strategien wie Limit Orders und Market Orders sowie Hedging-Techniken zur Absicherung gegen Marktschwankungen. Eine weitreichende Diversifikation sollte nicht nur verschiedene Aktienmärkte, sondern auch unterschiedliche Anlageklassen umfassen. Neben Aktien-ETFs können Anleihen-, Rohstoff- und Immobilien-ETFs eine wichtige Rolle spielen. Die Kombination mehrerer Anlageklassen hilft dabei, das Gesamtrisiko zu streuen und flexibel auf unterschiedliche wirtschaftliche Entwicklungen zu reagieren.

Regelmäßiges Rebalancing

Das Rebalancing – also die regelmäßige Anpassung der Portfolio-Gewichtung – ist ein zentrales Instrument des Risikomanagements. Es gibt zwei Hauptansätze:

1. **Zeitliches Rebalancing:**
   Eine festgelegte, regelmäßige Überprüfung (z. B. jährlich oder halbjährlich) des Portfolios, um die ursprüngliche Allokation wiederherzustellen.
2. **Schwellenwertbasiertes Rebalancing:**
   Eine Anpassung erfolgt, sobald eine bestimmte Gewichtungsabweichung überschritten wird.

Wenn ein ETF stärker gestiegen ist als andere, kann man ihn anteilig verkaufen oder die schwächer gewichteten Positionen durch gezielte Zukäufe aufstocken, um das ursprüngliche Gleichgewicht im Portfolio wiederherzustellen. Auf diese Weise wird das Risiko kontrolliert und eine einseitige Konzentration auf bestimmte Marktsegmente vermieden. Durch regelmäßiges Rebalancing bleibt die angestrebte Risikostruktur erhalten, Übergewichtungen werden rechtzeitig korrigiert, und das Portfolio bleibt langfristig breit diversifiziert und stabil ausgerichtet.

Ergänzung: Vermeidung emotionaler Entscheidungen

Neben den technischen Aspekten des Rebalancings ist es wichtig, emotionale Entscheidungen zu vermeiden – besonders in Krisenzeiten. Anleger sollten klare, vorab definierte Regeln aufstellen, um in volatilen Marktphasen diszipliniert zu handeln, anstatt impulsiv zu reagieren. Eine strukturierte Vorgehensweise hilft, Panikverkäufe zu vermeiden und langfristig die angestrebte Anlagestrategie beizubehalten.

Orderarten und Hedging-Techniken richtig nutzen

Beim Handel mit ETFs ist die Wahl der passenden Orderart ein wichtiger Baustein für eine durchdachte Handelsstrategie.

Market Orders werden sofort zum aktuellen Marktpreis ausgeführt. Du erhältst damit den Kurs, zu dem gerade gehandelt wird – was meist eine schnelle Ausführung garantiert. Allerdings kann es insbesondere in wenig liquiden Marktphasen oder bei starken Kursschwankungen vorkommen, dass der tatsächliche Ausführungspreis vom erwarteten Preis abweicht. Dieses Phänomen nennt man Slippage – also die Differenz zwischen dem beabsichtigten Kurs und dem letztlich erzielten Ausführungspreis. Slippage entsteht, weil sich der Kurs in der kurzen Zeit zwischen der Orderaufgabe und der tatsächlichen Ausführung ändern kann, sodass du eventuell einen schlechteren Preis erhältst als erwartet.

Limit Orders hingegen erlauben eine präzisere Kontrolle: Beim Kauf legst du einen maximalen Preis fest, beim Verkauf einen Mindestpreis. Das schützt vor ungewollten Preisabweichungen – kann aber dazu führen, dass die Order in einem schnelllebigen Markt nicht ausgeführt wird, falls dein Limit nicht erreicht wird.

Neben diesen grundlegenden Orderarten, die du bereits in Kapitel 10 kennengelernt hast (insbesondere Stop-Loss- und Stop-Limit-Orders zur Verlustbegrenzung), bieten viele Broker noch weiterführende Instrumente:

- **Trailing Stop Orders** setzen einen dynamischen Stop-Kurs, der einem steigenden Kurs automatisch folgt. So kannst du Gewinne sichern, ohne das Investment frühzeitig zu beenden.
- **OCO-Orders** (One Cancels the Other) kombinieren ein Kursziel mit einer Verlustgrenze – wird eine der beiden Marken erreicht, wird die jeweils andere Order automatisch gelöscht. Diese Technik hilft, klare Regeln festzulegen und emotionale Fehlentscheidungen zu vermeiden.

Für fortgeschrittene Anleger ist der strategische Einsatz dieser Orderarten ein wertvolles Werkzeug, um Marktbewegungen diszipliniert zu begegnen und Risiken zu begrenzen.

Leveraged-ETFs sind eine besondere Produktgruppe: Sie nutzen Hebel, um die Kursbewegungen eines zugrunde liegenden Index zu vervielfachen – sowohl nach oben als auch nach unten. Solche

Produkte sind meist für kurzfristige Trading-Zwecke konzipiert und bergen ein deutlich erhöhtes Risiko. In einem langfristig ausgerichteten ETF-Portfolio sollten sie – wenn überhaupt – nur in geringen Beimischungen verwendet werden.

Neben der Diversifikation können gezielte **Hedging-Strategien** (Absicherungsstrategien) helfen, das Portfolio vor Marktrisiken zu schützen.

- **Währungsabsicherung:**
  Besonders bei internationalen ETFs kann eine Währungsabsicherung sinnvoll sein, um Wechselkursschwankungen zu minimieren.
- **Short-ETFs:**
  Diese Produkte ermöglichen es, auf fallende Kurse zu setzen und das Portfolio in Krisenzeiten abzusichern.
- **Optionsstrategien:**
  Der gezielte Einsatz von Optionen kann helfen, extreme Verluste zu begrenzen, die Volatilität zu steuern oder zusätzliche Einnahmen zu erzeugen. Beispielsweise kann der Einsatz von Covered Calls zusätzliches Einkommen generieren. Als Beispiel kann hier der JPMorgan Global Equity Premium Income mit der WKN A3EHRE genannt werden.

Zusammenfassung der Ansätze

Im Rahmen einer ganzheitlichen ETF-Strategie spielen strukturierte Maßnahmen zur Risikosteuerung, Handelsoptimierung und Allokationspflege eine zentrale Rolle. Die folgende Übersicht fasst diese Schlüsselelemente zusammen und verdeutlicht ihre Funktion innerhalb eines stabilen Portfolio-Konzepts.

Ansatz	Zielsetzung
Diversifizierung über Anlageklassen	Risikostreuung durch die Kombination verschiedener Anlageklassen (Aktien, Anleihen, Rohstoffe etc.) zur Stabilisierung des Portfolios
Regelmäßiges Rebalancing	Wiederherstellung der ursprünglichen Portfolioallokation und Vermeidung emotionaler Reaktionen auf Marktbewegungen

Order-Typen gezielt nutzen	Optimierung der Handelsstrategie durch bewusste Wahl zwischen Market Orders (schnelle Ausführung) und Limit Orders (kontrollierter Preis)
Hedging-Techniken	Schutz des Portfolios vor Marktschwankungen durch den Einsatz von Short-ETFs, Optionen oder Währungsabsicherungen

Tab. 12.3: Strategische Ansätze im Überblick.

Steuern und Entnahme: Langfristig clever planen

Wenn es um die Optimierung deines ETF-Portfolios geht, solltest du nicht nur Rendite und Risiko im Blick behalten – auch steuerliche Aspekte spielen eine entscheidende Rolle. Besonders in der Entnahmephase kann eine kluge Steuerstrategie den Unterschied ausmachen, ob du von deinem Kapital langfristig leben kannst oder unnötig Substanz verlierst. Dabei gilt: Je früher du dich mit steuerlichen Regeln, Freibeträgen und Strategien zur Minimierung der Abgaben beschäftigst, desto besser kannst du dein Vermögen strukturieren und schützen.

ETF-Steuern verstehen und optimieren

Für fortgeschrittene Anleger spielt die steuerliche Optimierung eine wesentliche Rolle, da sie direkten Einfluss auf die Nettorendite hat.

Mit der deutschen Investmentsteuerreform ab 2018 wurde die Besteuerung von Investmentfonds grundlegend verändert und 2019 erstmalig erhoben. Die **Vorabpauschale** wurde eingeführt, um sicherzustellen, dass auch **thesaurierende Fonds** jährlich einen fiktiven Ertrag ausweisen, der steuerlich erfasst wird – auch wenn keine tatsächliche Ausschüttung erfolgt.

Berechnungsgrundlagen der Vorabpauschale

Die Ermittlung erfolgt anhand folgender Komponenten:

- **Fondswert zu Jahresbeginn**:
  Der Marktwert des ETF-Anteils zu Beginn des Kalenderjahres dient als Basis (Grundlage der Berechnung).

- **Basiszins**:
  Dieser fiktive Zinssatz, der von der Deutschen Bundesbank veröffentlicht wird, orientiert sich an langfristigen risikofreien Zinsen und stellt einen Mindestzinssatz dar, den der Fonds theoretisch erzielen müsste.
- **Abzug bereits erfolgter Ausschüttungen**:
  Falls schon Erträge ausgeschüttet wurden, werden diese vom fiktiven Ertrag abgezogen.

Berechnung des fiktiven Ertrags: Der fiktive Ertrag wird prozentual auf den Fondswert zu Jahresbeginn berechnet. Die allgemeine Formel lautet vereinfacht:

$$\text{Fiktiver Ertrag} = \text{Fondswert zu Jahresbeginn} \times \text{Basiszins}$$

Beispiel: Nehmen wir an, ein Anleger besitzt einen ETF-Anteil im Wert von 10.000 Euro am 1. Januar. Bei einem Basiszins von 1 % ergäbe sich ein fiktiver Ertrag von 100 Euro (10.000 Euro × 1 %). Hat der ETF bereits 30 Euro ausgeschüttet, reduziert sich die fiktive Bemessungsgrundlage auf 70 Euro. Auch wenn diese 70 Euro nicht tatsächlich ausgezahlt werden, muss der Anleger den Betrag versteuern – und zwar zu den üblichen Abgeltungsteuersätzen (25 % zuzüglich Solidaritätszuschlag und gegebenenfalls Kirchensteuer).

Steuerliche Vorteile und Teilfreistellungen

Für Aktien-ETFs gilt in Deutschland häufig eine Teilfreistellung, die einen bestimmten Prozentsatz der Erträge steuerfrei stellt – üblicherweise 30 %. Dies bedeutet, dass nicht der gesamte fiktive Ertrag steuerlich relevant wird, sondern nur der anteilige, steuerpflichtige Ertrag. Für den Anleger reduziert sich dadurch die effektive Steuerlast und der negative Einfluss der Vorabpauschale auf den langfristigen Zinseszinseffekt wird gemildert.

Liquiditätsaspekte und Herausforderungen

Ein Kritikpunkt an der Vorabpauschale ist, dass Anleger Steuern auf Erträge zahlen müssen, die nicht in bar ausgezahlt werden. Insbesondere bei thesaurierenden Fonds führt dies zu einer jährlichen

Liquiditätsbelastung, da Mittel aus anderen Quellen aufgebracht werden müssen, um die Steuern zu begleichen. Diese Besonderheit erfordert eine sorgfältige Planung und gegebenenfalls die Rücklage entsprechender Mittel (z. B. auf dem Verrechnungskonto beim Broker), um die Steuerlast ohne Beeinträchtigung der Anlagestrategie zu stemmen.

Langfristige steuerliche Optimierung

Um die steuerlichen Effekte der Vorabpauschale zu optimieren, sollten Anleger regelmäßig ihre Portfolio-Struktur und die damit verbundenen steuerlichen Konsequenzen überprüfen. Hierzu gehört:

- **Gezielte Auswahl von ETFs:**
  Achte darauf, Produkte zu wählen, bei denen die Teilfreistellungsregelungen optimal zur Anwendung kommen.
- **Aktive Informationsbeschaffung:**
  Halte dich über Änderungen in der Gesetzeslage sowie über die aktuelle Berechnung des Basiszinses (veröffentlicht von der Deutschen Bundesbank) auf dem Laufenden. Dies kann z. B. durch Fachartikel, Finanzportale, deine Bank oder offizielle Veröffentlichungen erfolgen.
- **Berücksichtigung der Vorabpauschale in der jährlichen Renditeberechnung:**
  So erhältst du einen realistischen Überblick über deine tatsächliche Nettorendite und kannst gegebenenfalls Anpassungen vornehmen.

Langfristige Vermögenssicherung und steuerliche Gestaltung für den Ruhestand

Der Vermögensaufbau endet nicht mit dem Erreichen eines bestimmten Kapitals, sondern erfordert eine durchdachte Strategie für die Entnahmephase. Wer sein Vermögen langfristig sichern und gleichzeitig steuerliche Vorteile nutzen möchte, sollte sich frühzeitig mit der richtigen Entnahmestrategie, steuerlichen Aspekten und der optimalen Portfolio-Gestaltung für den Ruhestand befassen.

Strategien für den Ruhestand

ETFs bieten eine flexible und kostengünstige Möglichkeit, auch im Ruhestand ein stabiles Einkommen zu generieren. Dabei gibt es einige zentrale Ansätze:

- **Ausschüttende ETFs für laufende Erträge:**
  ETFs, die Dividenden ausschütten, können eine regelmäßige Einkommensquelle sein, ohne dass Anteile verkauft werden müssen. Dies kann helfen, Kapital zu erhalten und dennoch Erträge zum Lebensunterhalt zu nutzen.
- **Thesaurierende ETFs mit gezielten Entnahmen:**
  Bei thesaurierenden ETFs kann das Kapital weiterwachsen, und es erfolgen gezielte Entnahmen durch Teilverkäufe – je nach individuellem Bedarf.
- **Bucket-Strategie:**
  Ein Ansatz, der eine Kombination aus liquiden Mitteln (z. B. 1 bis 2 Jahresausgaben auf einem Tagesgeldkonto), einkommensorientierten Anlagen (Dividenden-ETFs, Anleihen-ETFs) und wachstumsorientierten ETFs vorsieht, um langfristigen Kapitalerhalt zu sichern.

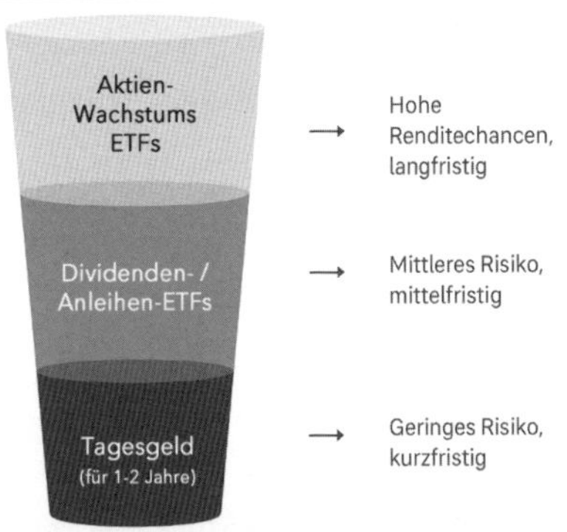

Abb. 12.3: Das 3-Bucket-Modell veranschaulicht eine strukturierte Entnahmestrategie im Ruhestand.

Die Bucket-Strategie möchte ich hervorheben: Diese Methode unterteilt das Vermögen in drei „Eimer“ (Buckets):

1. kurzfristige Liquidität,
2. mittelfristige Einkommensquellen und
3. langfristiges Wachstum

– jeweils mit unterschiedlichen Risiko- und Anlageprofilen.

Steueroptimierung in der Entnahmephase

Die richtige Steuerstrategie kann den Unterschied zwischen einer nachhaltigen Altersvorsorge und unerwarteten Steuerbelastungen ausmachen.

- **Nutzung des Sparerpauschbetrags:**
  Einzelpersonen können jährlich bis zu 1.000 Euro (2.000 Euro für Verheiratete) steuerfrei einnehmen. Durch eine gezielte Entnahmeplanung können steuerfreie Erträge maximiert werden.
- **Geringere Steuerlast durch gestaffelte Entnahmen:**
  Statt großer Einmalentnahmen ist es steuerlich oft günstiger, Kapitalerträge in mehreren Jahren verteilt zu realisieren, um Freibeträge optimal zu nutzen.
- **FIFO-Prinzip bewusst nutzen:**
  Da bei einem ETF-Verkauf die zuerst gekauften Anteile (First In, First Out) zuerst veräußert werden, lohnt es sich, mehrere ETFs zu besparen, um später die flexibelste Steuerstrategie zu haben.
- **Kapitalertragsteuer und Teilfreistellung berücksichtigen:**
  Aktien-ETFs bieten eine Teilfreistellung von 30 %, was bedeutet, dass nicht die gesamte Ertragszahlung versteuert werden muss. Dies kann zur Reduzierung der Steuerlast beitragen.

Steuerlich günstige Entnahmestrategien

Die richtige Entnahmestrategie kann dabei helfen, die Steuerlast im Ruhestand zu minimieren und gleichzeitig das Vermögen effizient zu nutzen. Je nach individueller finanzieller Situation und steuerlichen Rahmenbedingungen können unterschiedliche Ansätze sinnvoll sein:

- **Schrittweise Umschichtung von thesaurierenden in ausschüttende ETFs:**
  Um steuerlich effizient von wachsenden thesaurierenden ETFs auf einkommensorientierte ausschüttende ETFs umzusteigen, kann eine gestaffelte Umschichtung über mehrere Jahre hinweg sinnvoll sein.
- **Kapitalerhalt vs. Kapitalverzehr:**
  Je nach Renteneinkommen kann eine Strategie verfolgt werden, bei der nur die Erträge genutzt werden oder ein gezielter Kapitalverzehr eingeplant wird.

Portfolio-Gestaltung für den Ruhestand

Die Gestaltung des Portfolios im Ruhestand erfordert eine Anpassung an veränderte finanzielle Bedürfnisse und Risikoprofile. Eine strategische Umstrukturierung kann helfen, Stabilität zu gewährleisten, regelmäßige Ausschüttungen zu sichern und die Inflation auszugleichen:

- **Reduzierung der Volatilität:**
  Mit zunehmendem Alter kann es sinnvoll sein, einen Teil des Portfolios in weniger volatile Anlageklassen wie Anleihen-ETFs und Dividenden-ETFs umzuschichten.
- **Absicherung gegen Marktschwankungen:**
  Strategien wie eine breit diversifizierte ETF-Auswahl und eine ausgewogene Kombination aus Wachstums- und Einkommens-ETFs können dazu beitragen, Schwankungen zu reduzieren.
- **Inflationsschutz durch Rohstoff- oder Immobilien-ETFs:**
  Ein kleiner Anteil an inflationsgeschützten Anlagen kann langfristig die Kaufkraft erhalten.

Erfolgreicher Vermögensaufbau und Ruhestandssicherung

Die richtige Strategie für den Ruhestand erfordert eine langfristige Planung. Eine Kombination aus ausschüttenden und thesaurierenden ETFs, steuerlicher Optimierung und einer durchdachten Entnahmestrategie kann dazu beitragen, das Kapital zu erhalten und gleichzeitig ein stabiles Einkommen zu sichern. Eine regelmäßige

Überprüfung der Steuer- und Marktbedingungen ist entscheidend, um flexibel auf Veränderungen reagieren zu können.

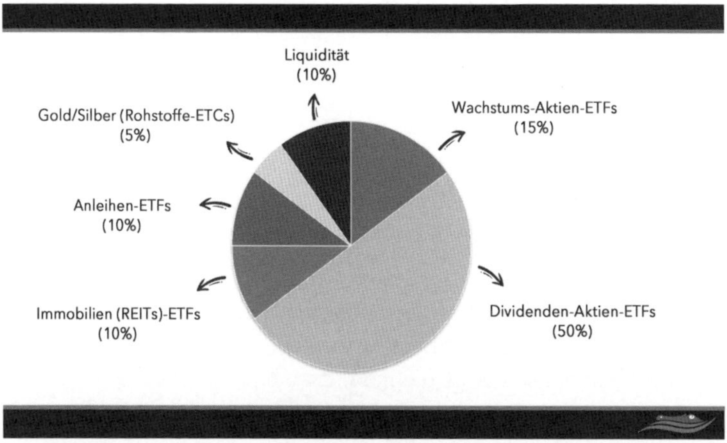

Abb. 12.4: Sinnvolle Aufteilung eines Portfolios im Ruhestand.

Das Diagramm zeigt, wie ein Portfolio im Ruhestand sinnvoll aufgeteilt werden kann: Ein großer Teil entfällt auf Dividenden-ETFs für regelmäßige Erträge und Stabilität, ein kleinerer Anteil bleibt in Wachstums-Aktien-ETFs, um langfristige Renditechancen zu nutzen. Ein Puffer an Liquidität sorgt für kurzfristige Flexibilität.

Steuern sparen beim ETF-Verkauf: Der clevere FIFO-Trick

Beim Verkauf von ETFs fällt in Deutschland die Abgeltungsteuer an. Das Steuerprinzip „First In, First Out" (FIFO) bedeutet, dass beim Verkauf immer zuerst die ältesten ETF-Anteile aus dem Depot veräußert werden. Diese älteren Anteile haben häufig den höchsten Kursgewinn – was zu einer höheren Steuerlast führt. Allerdings gibt es eine legale Möglichkeit, diese Steuerbelastung zu senken:

Statt nur einen ETF zu besparen, setzt man auf mehrere ETFs und verkauft später gezielt die jüngeren Anteile.

Wie funktioniert das FIFO-Prinzip bei ETFs?

- **Grundidee**:
  Beim Verkauf gilt: Zuerst gehen die ältesten gekauften ETF-Anteile aus dem Depot.
- **Konsequenz**:
  Früher gekaufte Anteile haben meist eine längere Haltedauer und sind stärker im Wert gestiegen. Beim Verkauf fällt daher entsprechend mehr Abgeltungsteuer auf den Kursgewinn an (25 % plus Solidaritätszuschlag und ggf. Kirchensteuer).
- **Ergebnis**:
  Je höher der Gewinn, desto höher die Steuerlast. Wer nur einen einzigen ETF über Jahrzehnte hinweg bespart, muss in der Entnahmephase damit rechnen, dass primär die ältesten – und damit gewinnstärksten – Anteile verkauft werden.

Der Steuertrick: Mehrere ETFs besparen

Ein einfacher, aber effektiver Weg, um die Steuerlast zu reduzieren, ist das regelmäßige Hinzunehmen neuer ETFs. Dadurch hast du später die Option, zuerst die jüngeren Anteile mit niedrigeren Kursgewinnen zu veräußern. Aber warum funktioniert das?

- **Geringere Kursgewinne:**
  Neuere Anteile sind in der Regel kürzer investiert und weisen daher meist geringere Gewinne auf.
- **FIFO greift depotweit:**
  Du kannst gezielt auswählen, welchen ETF du in der Entnahmephase verkaufen möchtest – und damit automatisch auf die jeweiligen (jüngeren) Anteile zugreifen.
- **Steuerliche Vorteile:**
  Da die Kursgewinne niedriger sind, fällt weniger Abgeltungsteuer an.

Die folgende Tabelle veranschaulicht den zeitlichen Ablauf und die Auswirkungen der Strategie und trägt so zu einem besseren Verständnis der steuerlichen Optimierung bei.

Jahr	Maßnahme	Effekt
2025	Start des ersten ETF-Sparplans	Erste ETF-Anteile werden aufgebaut
2029	Start eines zweiten ETF-Sparplans	Portfolio wird mit einem weiteren ETF von einem anderen Anbieter ergänzt
2033	Start eines dritten ETF-Sparplans	Weitere Diversifikation; spätere Anteile weisen geringere Kursgewinne auf
2040 (Entnahmephase)	Verkauf der jüngsten ETF-Anteile (z. B. aus 2033)	Geringere Kursgewinne → niedrigere Abgeltungsteuer

Tab. 12.4: FIFO-Strategie – Steueroptimierung beim ETF-Verkauf.

In der Entnahmephase (z. B. ab 2040) verkaufst du zuerst die Anteile des dritten ETFs, da diese im Regelfall weniger stark gestiegen sind und damit eine geringere Steuerlast verursachen.

Weitere Vorteile:

- **Flexibilität bei der Auszahlung:**
  Du entscheidest, welche ETF-Anteile du wann veräußerst, und kannst so deine Steuerlast besser steuern.
- **Risikodiversifikation:**
  Mehrere ETFs (z. B. aus verschiedenen Regionen oder Sektoren) verringern dein Klumpenrisiko – es können auch unterschiedliche Anbieter sein (iShares, Vanguard).
- **Bessere Steuerplanung:**
  Sollten sich die Steuerregeln ändern, hast du mehr Möglichkeiten, flexibel auf neue Vorgaben zu reagieren.
- **Nutzung des Sparerpauschbetrags:**
  Jeder Steuerpflichtige kann jährlich 1.000 Euro (bei Ehepaaren 2.000 Euro) an Kapitalerträgen steuerfrei vereinnahmen. Indem du deine Verkäufe staffelst, kannst du diesen Freibetrag optimal ausnutzen.

Mit Planung legale Steuervorteile nutzen

Die Strategie lohnt sich insbesondere für:

- **Langfristige Anleger:**
  Wer über Jahrzehnte hinweg investiert, kann seine Verkäufe gezielt planen und dadurch erhebliche Steuerersparnisse erzielen.
- **Menschen mit niedrigerem Einkommen im Alter:**
  Fällt dein Einkommen im Rentenalter geringer aus, kann der Verkauf jüngerer ETF-Anteile dazu führen, dass du nur minimal oder gar nicht besteuert wirst.
- **Frühzeitige Planer:**
  Je eher du beginnst, mehrere ETFs zu besparen, desto mehr Flexibilität hast du bei der späteren Entnahme.

Durch die clevere Nutzung des FIFO-Prinzips kann man beim ETF-Verkauf Steuern sparen. Der Schlüssel liegt darin, nicht nur einen ETF über Jahrzehnte zu besparen, sondern alle paar Jahre einen neuen ETF hinzuzunehmen. In der Entnahmephase können dann gezielt die jüngeren ETFs verkauft werden, die oft geringere Kursgewinne aufweisen – und damit weniger Steuern verursachen. Diese Strategie ist völlig legal und eine smarte Möglichkeit, den Vermögensaufbau effizienter zu gestalten.

Ausblick und weiterführende Strategien

Die in diesem Kapitel vorgestellten Konzepte und Techniken bilden ein solides Fundament für ein fortgeschrittenes ETF-Portfolio – doch sie sind nicht der Endpunkt. Die Finanzmärkte verändern sich kontinuierlich, und mit ihnen wandelt sich auch das Universum der ETFs. Wer langfristig erfolgreich investieren will, muss nicht nur heutige Strategien meistern, sondern auch bereit sein, sich weiterzuentwickeln und neue Chancen zu erkennen.

Blick in die Zukunft: Trends, Chancen & Entwicklungen

Ein Blick nach vorn zeigt: Der ETF-Markt ist längst nicht mehr nur eine Spielwiese für passive Indexnachbildung. Vielmehr entstehen ständig neue Produkte und Strategien, die die Möglichkeiten für

Anleger deutlich erweitern – aber auch neue Anforderungen mit sich bringen.

1. **Technologisierung und Automatisierung**
   Immer mehr Vermögensverwalter setzen auf Algorithmen, künstliche Intelligenz und datenbasierte Entscheidungsmodelle zur Portfoliooptimierung. Tools wie automatisiertes Rebalancing, KI-gestützte Risikomodelle oder Robo-Advisors mit ETF-Fokus gewinnen an Bedeutung. Auch Privatanleger können von diesen Entwicklungen profitieren – vorausgesetzt, sie bleiben technisch informiert.
2. **ESG im Wandel: Vom Hype zum nachhaltigen Standard?**
   Nachhaltigkeit bleibt ein zentrales Thema, doch die Debatte um ESG-ETFs wird komplexer. Während viele Anleger weiterhin Wert auf sozial-ökologische Kriterien legen, wächst zugleich die Kritik an mangelnder Transparenz und der Effektivität von ESG-Ratings. Einige Marktteilnehmer hinterfragen, ob ESG-ETFs tatsächlich den erhofften Mehrwert bieten oder ob es sich nur um einen kurzfristigen Trend handelt. Für Anleger bedeutet das: ESG-Investments sollten kritisch geprüft und nicht als Allheilmittel verstanden werden. Langfristig könnten sich nachhaltige Strategien aber dennoch als fester Bestandteil etablieren – allerdings in weiterentwickelter, transparenterer Form.
3. **Tokenisierung und neue Produktformen**
   Mit der fortschreitenden Digitalisierung rücken auch neue Assetklassen wie tokenisierte Fondsanteile, Blockchain-basierte ETFs oder sogar Krypto-ETFs in den Fokus. Noch sind viele dieser Produkte eher experimentell, doch sie könnten in Zukunft traditionelle Strukturen verändern und ganz neue Wege zur Diversifikation eröffnen.
4. **Integration alternativer Anlageklassen**
   Neben traditionellen Aktien- und Renten-ETFs gewinnen alternative Anlageklassen wie Infrastruktur-ETFs, Private-Equity-ETFs oder Immobilien-ETFs an Bedeutung. Diese bieten neue Diversifikationsmöglichkeiten und können das Risiko-Rendite-Profil verbessern.

5. **Regulatorische Veränderungen**
   Anleger müssen zunehmend auf regulatorische Eingriffe achten – etwa durch Änderungen der EU-Offenlegungsverordnung, Steuerreformen oder Anpassungen bei der Vorabpauschale. Wer diese Entwicklungen früh erkennt, kann sein Portfolio rechtzeitig anpassen und steuerliche Nachteile vermeiden.
6. **Künstliche Intelligenz im Portfolio-Management**
   Nicht nur bei der Analyse, sondern auch bei der automatisierten Ausführung und Anpassung von Portfolios kommt KI verstärkt zum Einsatz. Dies kann helfen, Chancen schneller zu erkennen und Risiken effizienter zu steuern – etwa durch intelligentes Rebalancing oder automatisierte Anpassungen. Für Anleger bedeutet das mehr Effizienz und eine bessere Nutzung moderner Technologien, ohne selbst Experten für KI sein zu müssen.

Strategische Weiterentwicklung: Vom ETF-Anleger zum Portfoliomanager

Die Welt der Geldanlage entwickelt sich stetig weiter. War das Investieren in ETFs vor einigen Jahren vor allem eine passive, eher „automatische“ Strategie, so eröffnet sich für den heutigen Anleger die Möglichkeit, durch gezieltes Management und strategische Entscheidungen deutlich mehr Einfluss auf den Erfolg seines Portfolios zu nehmen. Die Rolle wandelt sich vom reinen Produktnutzer zum aktiven Portfoliomanager, der flexibel auf Marktveränderungen reagiert und seine Investments bewusst steuert.

> **Natürlich ist dies kein Muss:** Viele Anleger erreichen mit einer konsequenten, rein passiven ETF-Strategie über Jahre oder Jahrzehnte hervorragende Renditen bei vergleichsweise geringem Aufwand und Risiko.

Die aktive Steuerung ist daher eine freiwillige Erweiterung – keine Voraussetzung für Erfolg, sondern eine Möglichkeit für diejenigen, die ihre Anlagestrategie individuell verfeinern möchten.

Der Wandel vom passiven Anleger zum aktiven Gestalter

Der erfolgreiche ETF-Anleger von morgen ist nicht nur Produktnutzer, sondern aktiver **Portfoliomanager in eigener Sache**.

Das bedeutet:

- **Strategische Flexibilität:**
  Anpassung der Allokation an wirtschaftliche Zyklen, Inflationsszenarien oder geopolitische Risiken.
- **Timing vs. Kontinuität:**
  Wann lohnt sich ein aktiver Eingriff? Und wann ist „Nichtstun“ die beste Entscheidung?
- **Erweiterte Asset-Klassen:**
  Je nach Depotgröße und Zielsetzung können auch REITs, Rohstoffe, Gold-ETFs oder sogar Derivate strategisch genutzt werden – etwa zur Absicherung oder Ertragssteigerung.

Handlungsempfehlungen für die Praxis

Um dein Portfolio dauerhaft erfolgreich zu managen, reicht es nicht aus, nur einmal eine Strategie zu entwickeln. Kontinuierliche Weiterbildung, vorausschauendes Denken und systematisches Handeln sind entscheidend, um auch in wechselhaften Marktphasen Ruhe zu bewahren und Chancen optimal zu nutzen. Die folgenden Empfehlungen helfen dir dabei, diese Disziplin im Alltag umzusetzen:

- **Bleib lernbereit:**
  Märkte wandeln sich – dein Wissen sollte es auch. Nutze Podcasts, Fachliteratur, ETF-Vergleichstools und Fach-Videos.
- **Denke in Szenarien:**
  Bereite dich auf unterschiedliche Zukunftsbilder vor. Was passiert bei einer Zinswende? Was bei politischen Umbrüchen? Was bei einem ESG-Backlash?
- **Dokumentiere deine Strategie:**
  Halte schriftlich fest, warum du wie investierst. Das hilft dir, in turbulenten Phasen diszipliniert zu bleiben.

- **Lerne von Profis:**
  Auch fortgeschrittene Privatanleger können viel von institutionellen Investoren lernen – etwa durch das Studium von Strategiepapiere oder Asset-Allokationsmodellen.

Du hast die Werkzeuge: Nutze sie klug

Dieses Kapitel hat dir gezeigt, wie du über die ETF-Grundlagen hinausdenken kannst – mit professionellen Strategien, steuerlicher Raffinesse und einem geschärften Blick für neue Entwicklungen. Der Schlüssel zum langfristigen Erfolg liegt in deiner Fähigkeit, diszipliniert zu bleiben und dennoch offen für Veränderung zu sein.

Der ETF-Markt wird sich weiter verändern – und das ist eine Chance. Wer informiert bleibt, fundiert entscheidet und seine Strategie regelmäßig reflektiert, wird auch in Zukunft stabile Erträge erzielen können. Du bist auf dem besten Weg, nicht nur in ETFs zu investieren – sondern dich als echter Investor weiterzuentwickeln.

KAPITEL

13

STEUERN VERSTEHEN UND GEZIELT NUTZEN

Steuerliche Rahmenbedingungen und Optimierungspotenziale

Im Folgenden werden die steuerlichen Rahmenbedingungen, die für Anleger besonders relevant sind, genauer betrachtet. Zunächst erfolgt ein Blick auf die Grundlagen der Abgeltungsteuer sowie den Sparer-Pauschbetrag – zentrale Elemente, die den Umgang mit inländischen Kapitalerträgen regeln. Anschließend folgt eine detaillierte Auseinandersetzung mit der Quellensteuer und den Doppelbesteuerungsabkommen, die helfen, eine doppelte Besteuerung zu vermeiden. Praxisnahe Beispiele und Optimierungstipps verdeutlichen, wie die Steuerlast gezielt gesenkt werden kann. Diese Unterkapitel bieten einen umfassenden Überblick über die steuerlichen Herausforderungen und Chancen im Investmentbereich.

Zudem ist zu beachten, dass sich steuerliche Regelungen – wie der Sparer-Pauschbetrag oder internationale Quellensteuersätze – ändern können. Eine regelmäßige Überprüfung der aktuellen Gesetzeslage und Entwicklungen ist daher ratsam, um stets von den neuesten Regelungen zu profitieren.

Ergänzend werden praktische Aspekte der Dokumentation und der Antragsprozesse behandelt. Dabei wird aufgezeigt, welche Unterlagen für die Rückforderung überschüssiger Quellensteuer erforderlich sind und wie diese korrekt in der Steuererklärung geltend gemacht werden können.

Grundlagen der Besteuerung

Wer in Deutschland Kapitalerträge erzielt – etwa durch Zinsen, Dividenden oder Kursgewinne – kommt an einem Thema nicht vorbei: der Besteuerung. Auch wenn das System auf den ersten Blick komplex wirken kann, sind die wichtigsten Spielregeln für Privatanleger klar definiert. Vor allem zwei Komponenten sind dabei von zentraler Bedeutung:

1. Die **Abgeltungsteuer**, die pauschal auf Kapitalerträge erhoben wird, und

2. der **Sparer-Pauschbetrag**, mit dem kleinere Erträge steuerfrei bleiben.

Wer diese Grundlagen kennt, kann seine Kapitalerträge besser einordnen, Freibeträge gezielt nutzen – und so unnötige Steuerabzüge vermeiden.

Abgeltungsteuer

Seit dem 1. Januar 2009 gilt in Deutschland ein einheitliches System zur Besteuerung von Kapitalerträgen. Zinsen, Dividenden und Kursgewinne werden pauschal mit 25 % Abgeltungsteuer belegt. Hinzu kommen der Solidaritätszuschlag in Höhe von 5,5 % auf die Abgeltungsteuer (das entspricht 1,375 %) sowie – bei Kirchenzugehörigkeit – die Kirchensteuer (etwa 8 bis 9 %, je nach Bundesland). Die effektive Steuerlast kann somit auf bis zu rund 28 % ansteigen.

Die Steuer wird in der Regel automatisch von der depotführenden Bank oder dem Broker einbehalten – allerdings nur dann, wenn es sich um ein deutsches Institut handelt. Bei ausländischen Brokern erfolgt kein automatischer Steuerabzug, sodass du als Anleger verpflichtet bist, deine Kapitalerträge eigenständig in der jährlichen Steuererklärung anzugeben. Das betrifft beispielsweise viele bekannte Online-Broker mit Sitz im EU-Ausland.

Auch thesaurierende ETFs sind betroffen: Sie schütten keine Erträge aus, doch es entsteht eine sogenannte Vorabpauschale. Diese unterliegt ebenfalls der Abgeltungsteuer und wird jährlich vom Broker berechnet und abgeführt – unabhängig davon, ob du Anteile verkauft oder tatsächlich Geld erhalten hast.

Sparer-Pauschbetrag

Um Kleinanleger steuerlich zu entlasten, gibt es den sogenannten Sparer-Pauschbetrag. Er liegt aktuell bei 1.000 Euro pro Jahr für Alleinstehende und 2.000 Euro für zusammen veranlagte Ehepaare. Kapitalerträge bis zu dieser Höhe bleiben steuerfrei – vorausgesetzt, du hast der Bank oder dem Broker einen entsprechenden Freistellungsauftrag erteilt.

Wird kein Freistellungsauftrag gestellt, zieht die Bank die Steuer auf sämtliche Erträge ab – auch wenn sie eigentlich unter dem Freibetrag liegen. In diesem Fall kannst du dir den zu viel gezahlten Betrag über die Einkommensteuererklärung zurückholen. Bequemer und schneller ist jedoch der direkte Weg: Freistellungsauftrag erteilen und damit die automatische Versteuerung unnötiger Kleinbeträge vermeiden.

Hast du mehrere Depots bei verschiedenen Anbietern, kannst du den Pauschbetrag aufteilen – zum Beispiel 600 Euro bei Broker A und 400 Euro bei Broker B. Wichtig ist nur, dass die Gesamtsumme von 1.000 Euro (bzw. 2.000 Euro) nicht überschritten wird.

Verlustrealisierung zur Steueroptimierung

Befinden sich Aktien oder Fondsanteile in deinem Depot im Minus, kannst du sie gezielt verkaufen, um den Verlust steuerlich nutzbar zu machen. Dieser realisierte Verlust wird im sogenannten Veräußerungsverlusttopf erfasst und kann mit Gewinnen aus anderen Wertpapierverkäufen im selben Jahr verrechnet werden – so sparst du Abgeltungsteuer auf bereits realisierte Gewinne. Anschließend kannst du dieselben Wertpapiere wieder kaufen und bleibst weiterhin investiert.

Wichtig: Realisierte Kursverluste können nicht mit Dividendenerträgen verrechnet werden, da diese im separaten Kapitalertragstopf geführt werden. Wenn du die Unterschiede zwischen den Verlusttöpfen verstehst und gezielt einsetzt, kannst du deine Steuerlast optimieren – ohne deine Anlagestrategie dauerhaft zu verändern.

Steuern zahlen – aber nicht mehr als nötig

Die Abgeltungsteuer sorgt für ein einfaches, pauschales System der Kapitalbesteuerung – mit klaren Regeln und wenig bürokratischem Aufwand. Wer zusätzlich den Sparer-Pauschbetrag bewusst nutzt und regelmäßig prüft, ob er sinnvoll auf verschiedene Konten verteilt ist, kann unnötige Steuerabzüge vermeiden. So bleibt von deinen Kapitalerträgen mehr im Depot – und weniger beim Finanzamt.

Quellensteuer verstehen und gezielt reduzieren

Wer international investiert, profitiert von einer breiteren Streuung und attraktiven Dividendenrenditen – sieht sich dabei jedoch oft mit zusätzlichen steuerlichen Regelungen konfrontiert. Eine davon ist die Quellensteuer: Sie wird in vielen Ländern direkt von Dividenden einbehalten, bevor diese überhaupt auf dem eigenen Konto ankommen. Für deutsche Anleger ist es daher wichtig zu wissen, wie sich diese Steuer auf die Gesamtrendite auswirkt – und wie sie sich teilweise anrechnen oder zurückholen lässt. Mit dem richtigen Wissen und einer durchdachten Vorbereitung lässt sich der Nettoertrag aus ausländischen Dividenden deutlich verbessern.

Quellensteuer und Doppelbesteuerungsabkommen

Damit ausländische Dividenden nicht doppelt besteuert werden, also im Quellenland und zusätzlich in Deutschland durch die Abgeltungsteuer, bestehen zwischen Deutschland und vielen Staaten sogenannte Doppelbesteuerungsabkommen (DBA). Diese regeln, wie viel der im Ausland einbehaltenen Steuer in Deutschland angerechnet werden darf – und ob sich ein eventuell zu hoher Steueranteil zurückfordern lässt.

Ein DBA regelt also, bis zu welchem Satz die im Ausland gezahlte Quellensteuer auf die deutsche Abgeltungsteuer angerechnet werden kann.

Beispiel: Wird in einem Land 15 % Quellensteuer erhoben und erlaubt das DBA eine Anrechnung von 15 %, reduziert sich deine in Deutschland zu zahlende Abgeltungsteuer entsprechend um den vollen Quellensteuerbetrag.

> Prüfe bereits vor dem Kauf ausländischer Aktien, welcher Quellensteuersatz im jeweiligen DBA vereinbart ist.

Liegt die tatsächlich gezahlte Quellensteuer über dem anrechenbaren Satz im DBA, kann der übersteigende Teil oft nur durch eine **Rückforderung** im Ausland erstattet werden. Hierzu ist in der Regel ein formeller Antrag beim Finanzamt des Herkunftslandes erforderlich. Die Vorgehensweise kann je nach Land unterschiedlich aufwendig sein.

> Erkundige dich vorab, wie aufwendig das Antragsverfahren im betreffenden Land ist (Formulare, Fristen, Gebühren).

Für die erfolgreiche Rückforderung überschüssiger Quellensteuer ist es wichtig, alle **relevanten Unterlagen** – wie Kontoauszüge, Dividendengutschriften und Bescheinigungen (z. B. das W-8BEN-Formular) – sorgfältig aufzubewahren. Diese Dokumente dienen als Nachweis in der Steuererklärung und im formellen Antragsverfahren beim zuständigen Finanzamt im Ausland.

> Richte dir eine Akte (digital oder physisch) ein, in der du alle entsprechenden Belege systematisch ablegst.

Gerade bei kleinen Dividendenerträgen kann der bürokratische Aufwand der Rückforderung größer sein als der potenzielle Nutzen.

> Schätze im Vorfeld, ob sich Antragsgebühren und Zeitaufwand lohnen, oder ob du die Quellensteuer anteilig „abschreibst".

Überblick

Wir schauen uns nun die Quellensteuersätze und die diversen Anrechnungsmöglichkeiten nach Ländern an.

- **Quellensteuersatz:**
  Der Steuersatz, der im Ursprungsland direkt auf Dividenden erhoben wird.
- **Im DBA anrechenbar:**
  Der Teil, den Deutschland bei der Abgeltungsteuer berücksichtigt.
- **Erstattbarer Teil:**
  Muss ggf. mit Aufwand im Ausland zurückgefordert werden (je nach Land unterschiedlich kompliziert).

Land	Quellen-steuer	Im DBA anrechen-bar	Erstattbarer Teil
USA	30 %	15 %	15 % (wird meist automatisch reduziert bei QI-Banken)
Schweiz	35 %	15 %	20 % (Rückforderung per Antrag bei der Eidgenössischen Steuerverwaltung)
Norwegen	25 %	15 %	10 % (Rückforderung möglich)
Großbri-tannien	-	-	(keine Quellensteuer auf Dividenden)
Nieder-lande	15 %	15 %	(volle Anrechnung, keine Rückforderung nötig)
Frank-reich	30 %	12,8 %	17,8 % (Komplizierte Erstattung und hohe Gebühren)

Tab. 13.1: Quellensteuersätze ausgewählter Länder.

Die Übersicht zeigt typische Quellensteuersätze ausgewählter Länder, den im Doppelbesteuerungsabkommen (DBA) anrechenbaren Anteil sowie den gegebenenfalls erstattbaren Teil. Sie verdeutlicht, in welchen Fällen eine Rückforderung notwendig ist – und wo die volle Anrechnung bereits ausreicht.

Doppelbesteuerungsabkommen schaffen also klare Regelungen, wie und in welchem Umfang Quellensteuer auf die deutsche Steuerlast angerechnet wird. Auf diese Weise wird verhindert, dass Dividendeneinnahmen zweimal vollständig versteuert werden müssen. Ein genauer Blick in das jeweilige DBA sowie die Dokumentation aller relevanten Unterlagen sind für eine erfolgreiche Steueranrechnung oder -erstattung unerlässlich.

Praxisbeispiel

Nachfolgend ein vereinfachtes Beispiel, das die Quellensteuer auf Dividenden aus den USA und die Abgeltungsteuer in Deutschland veranschaulicht. Dabei wird angenommen, dass die Deutsche Bank bzw. der Broker die steuerliche Anrechnung korrekt vornimmt und es sich um einen Anleger handelt, der seinen steuerlichen Wohnsitz in Deutschland hat.

Ausgangssituation:

- Dividende pro Aktie: 100 €
- US-Quellensteuer: 15 % (nach DBA-Reduktion, statt 30 %)
- Abgeltungsteuer Deutschland: 25 %
- Solidaritätszuschlag: 5,5 % auf die Abgeltungsteuer
- Kirchensteuer (optional): wird nicht berücksichtigt
  (im Schnitt 9 % auf die Abgeltungsteuer)

Schritt 1: Quellensteuer in den USA

Die Vereinigten Staaten erheben für ausländische Anleger eine Quellensteuer auf Dividenden von 30 %. Aufgrund des Doppelbesteuerungsabkommens (DBA) zwischen den USA und Deutschland kann dieser Satz auf 15 % reduziert werden, sofern entsprechende Dokumente (z. B. das W-8BEN-Formular) beim Broker hinterlegt sind. Dieses wird meist im Hintergrund durch die Bank bereitgestellt.

Damit dieser reduzierte Satz direkt angewendet wird, muss die Bank bei der IRS registriert sein – als Qualified Intermediary (QI). Fast alle großen Banken und Online-Broker in Deutschland (z. B. Comdirect, Consorsbank, ING, DKB, Trade Republic) sind QI-Banken.

Rechnung:

15 % von 100 € = 15 € Quellensteuer in den USA

Der Anleger erhält somit **85 Euro** (100 Euro Dividende – 15 Euro Quellensteuer).

Schritt 2: Berechnung der Abgeltungsteuer in Deutschland

In Deutschland wird die **volle Dividende von 100 Euro** als Bemessungsgrundlage für die Abgeltungsteuer herangezogen.

Abgeltungsteuer:	25 % von 100 € = 25 €
Solidaritätszuschlag:	5,5 % von 25 € = 1,38 €
Gesamte Steuerbelastung (DE):	25 € + 1,38 € = 26,38 €

Da die **US-Quellensteuer von 15 Euro angerechnet wird**, reduziert sich die verbleibende Steuerlast:

26,38 € − 15 € = 11,38 € (zusätzliche Steuer in DE)

Schritt 3: Endergebnis = Nettodividende

Die endgültige Nettodividende nach Abzug aller Steuern:

85 € − 11,38 € = 73,62 €

Zusammenfassung der Steuerabzüge

Das Beispiel zeigt, wie sich ausländische Quellensteuer und deutsche Abgeltungsteuer auf eine Dividendenzahlung auswirken – und wie durch die Anrechnung im Rahmen des Doppelbesteuerungsabkommens die finale Nettodividende zustande kommt.

Steuerart	Betrag (€)
Bruttodividende	100,00
US-Quellensteuer (15 %)	-15,00
Verbleibende Dividende nach US-Steuer	**85,00**
Abgeltungsteuer (25 % von 100 €)	-25,00
Solidaritätszuschlag (5,5 % von 25 €)	-1,38
Gesamte deutsche Steuerbelastung	-26,38
Anrechnung der US-Quellensteuer	+15,00
Verbleibende Steuerbelastung in Deutschland	-11,38
Endgültige Nettodividende	**73,62**
Kirchensteuer (9 % von 25 €, optional) + ggf. weitere Reduktion	-2,25

Tab. 13.2: Berechnung der endgültigen Nettodividende mit DBA.

Im Folgenden findest du die **wichtigsten Erkenntnisse** zur Steueroptimierung:

- **Gesamtsteuerlast:**
  Die Kombination aus US-Quellensteuer und deutscher Abgeltungsteuer inkl. Solidaritätszuschlag und Kirchensteuer beträgt insgesamt rund 28,63 %.
- **Anrechnung der Quellensteuer:**
  Ohne das Doppelbesteuerungsabkommen wären die Steuern deutlich höher.
- **Optimierungsmöglichkeit:**
  Durch Nutzung des Sparer-Pauschbetrags (1.000 Euro pro Jahr für Einzelpersonen, 2.000 Euro für Ehepaare) können Teile der Dividende steuerfrei bleiben.

Dieses Beispiel zeigt, wie sich die Abgeltungsteuer und die Quellensteuer auf die Nettodividende auswirken und welche Rolle Doppelbesteuerungsabkommen sowie eine sorgfältige Dokumentation und Antragsprozesse bei der Steueroptimierung spielen.

Aktuelle Gesetzesänderungen und Entwicklungen

Steuerliche Regelungen unterliegen einem stetigen Wandel – beispielsweise können sich der Sparer-Pauschbetrag, internationale Quellensteuersätze oder weitere relevante Bestimmungen ändern. Anleger sollten daher regelmäßig die aktuelle Gesetzeslage überprüfen, um von den neuesten Regelungen zu profitieren.

KAPITEL 14

OPTIONEN UND DIVIDENDEN

Regelmäßige Einnahmen durch Optionen und Dividenden

Die Kombination aus Optionen und Dividendenaktien bietet Anlegern eine attraktive Möglichkeit, einen regelmäßigen Cashflow zu generieren. Dieser Leitfaden richtet sich an alle, die den Einstieg in den Optionshandel suchen und gleichzeitig von den Vorteilen stabiler Dividendenzahlungen profitieren möchten.

Im Fokus stehen dabei drei wesentliche Aspekte:

1. **Grundlagen des Optionshandels:**
   Hier wird erläutert, wie Optionen funktionieren, welche Rolle Call- und Put-Optionen spielen und wie Anleger von diesen Instrumenten profitieren können. Es wird auch auf die Risiken und Chancen des Optionshandels eingegangen und wie man sicherstellt, dass man nicht mehr Kapital riskiert, als man bereit ist zu verlieren.
2. **Erzielung von Cashflow durch den Einsatz von Put- und Call-Optionen in Verbindung mit Dividenden:**
   Diese Strategie kombiniert den regelmäßigen Ertrag durch Dividendenzahlungen mit der Erzielung von Prämien aus dem Verkauf von Optionen. Der Verkauf von Cash-Secured Puts ermöglicht es, zu einem attraktiven Preis in Aktien einzutreten, während Covered Calls zusätzliche Einnahmen aus Bestandsaktien generieren. Diese doppelte Einkommensquelle bietet ein starkes Fundament für den Aufbau eines regelmäßigen Cashflows.
3. **Eine bewährte Optionsstrategie – die Stillhalter-Strategie:**
   Die Stillhalter-Strategie umfasst das systematische Verkaufen von Optionen (insbesondere Cash-Secured Puts und Covered Calls), um kontinuierliche Einnahmen zu erzielen. Eine weitere Möglichkeit, die Stillhalter-Strategie zu nutzen, ist der Einsatz von LEAP-Optionen mit ETFs, die eine langfristige Perspektive bieten und helfen, von längerfristigen Markterwartungen zu profitieren. Die Kombination von Stillhalter-Strategien und Dividendenaktien ermöglicht es Anlegern, ihre Renditen zu steigern,

das Risiko zu kontrollieren und gleichzeitig stabile Einkommensströme zu schaffen.

Ziel ist es, stabile Einnahmen zu erzielen – auch in volatilen Marktphasen – und gleichzeitig das Risiko zu kontrollieren. Durch die Kombination von Optionen und Dividenden können Anleger ihre Renditen steigern und eine kontinuierliche Einkommensquelle schaffen, die unabhängig von kurzfristigen Marktschwankungen funktioniert. Diese Strategie erfordert Disziplin und ein gutes Risikomanagement, bietet jedoch eine attraktive Möglichkeit, mit einem diversifizierten Ansatz das Portfolio langfristig zu stärken.

Optionen für Einsteiger

Optionen sind derivative Finanzinstrumente, die das Recht – jedoch nicht die Pflicht – gewähren, ein bestimmtes Wertpapier zu einem festgelegten Preis innerhalb eines definierten Zeitraums zu kaufen oder zu verkaufen. Es gibt zwei Grundtypen:

1. **Call-Optionen:**
   Sie gewähren das Recht, ein Wertpapier zu einem festgelegten Preis (Strike) zu erwerben.
2. **Put-Optionen:**
   Sie gewähren das Recht, ein Wertpapier zu einem bestimmten Preis zu verkaufen.

Für Stillhalter (Verkäufer von Optionen) ist entscheidend: Sie übernehmen eine Verpflichtung, erhalten dafür aber sofort eine Optionsprämie. Diese Prämie stellt einen unmittelbar realisierten Ertrag dar – sofern das Risiko richtig gesteuert wird. Wer Optionen verkauft, sollte stets liquide sein, um im Fall der Ausübung handlungsfähig zu bleiben. Wichtige Begriffe sind:

- **Innerer Wert** = Differenz zwischen Marktpreis und Strike, sofern im Geld (In-the-Money).
- **Zeitwert** = Erwarteter Wertverfall bis zum Verfallstag bei sonst gleichbleibenden Bedingungen.

Empfehlung für Einsteiger:

- Mit kleinen Positionen starten
- Nur Kapital verwenden, dessen Verlust verkraftet werden kann
- Fortlaufende Weiterbildung und Risikomanagement betreiben

Cashflow durch Put- und Call-Optionen

Die Kombination aus Dividendenaktien und Optionsgeschäften (Stillhalter) ermöglicht einen doppelten Ertrag: regelmäßige Dividendenzahlungen und zusätzliche Prämien aus dem Optionsverkauf. Zwei zentrale Strategien kommen hierbei zum Einsatz:

Cash-Secured Puts: Der Einstieg zu Vorzugskonditionen

Beim Verkauf von Cash-Secured Puts verpflichtet sich der Verkäufer (z. B. man selbst als Stillhalter), ein bestimmtes Wertpapier zu einem vorab festgelegten Preis zu kaufen, falls der Marktpreis bis zum Ablaufdatum unter diesen Preis fällt. Wer eine Aktie ohnehin kaufen möchte, kann durch den Verkauf eines Cash-Secured Puts einen attraktiveren Einstiegspreis erzielen. Wichtige Punkte:

- **Auswahl einer geeigneten Aktie:**
  Dividendenstarke, solide bewertete Unternehmen, die auch in schwierigen Marktphasen Stabilität bieten.
- **Festlegung des Strike-Preises:**
  Typischerweise etwa 5 bis 10 % unter dem aktuellen Marktwert, um einen Puffer zu schaffen.
- **Laufzeit:**
  30 bis 80 Tage, um optimal vom Zeitwertverlust zu profitieren.
- **Prämieneinnahme:**
  Sofortige Prämieneinnahme – Cashflow, unabhängig davon, ob die Option ausgeübt wird.
- **Aktienkaufoption:**
  Fällt der Kurs unter den Strike-Preis, wird das Wertpapier zum günstigeren Preis erworben. Bleibt der Kurs hingegen darüber,

verfällt die Option wertlos. Zudem kann die Option auch gerollt oder vorzeitig geschlossen werden.

Diese Strategie ist ideal für Anleger, die langfristig in ein bestimmtes Unternehmen investieren möchten und durch regelmäßige Prämien ihren Einstiegspreis optimieren wollen.

Covered Calls:
Zusätzliche Einnahmen aus Bestandspositionen

Wer Aktien bereits im Depot hält, kann durch den Verkauf von Call-Optionen zusätzliche Einnahmen erzielen. Die wesentlichen Schritte sind:

- **Vorhandensein von Bestandsaktien:**
  Es werden stabile, dividendenstarke Aktien vorausgesetzt.
- **Auswahl des Call-Options-Strikes:**
  Ein Strike, der oberhalb des aktuellen Marktpreises liegt, sichert Gewinne bei Kursanstiegen.
- **Prämieneinnahme:**
  Der Verkauf der Call-Option generiert zusätzliche Prämien.
- **Erhalt der Dividenden:**
  Solange die Aktien im Portfolio bleiben, werden weiterhin Dividenden ausgeschüttet – auch bei späterer Ausübung der Option.
- **Bei Ausübung:**
  Die Aktie wird zum Strike verkauft.

Diese Methode ergänzt die Erträge aus den Dividenden und schafft einen robusten, doppelten Einkommensstrom, der auch bei stagnierenden oder moderat steigenden Kursen funktioniert.

Strategieaufbau: So funktioniert der Cashflow-Zyklus

Eine besonders bewährte Strategie für den Optionshandel basiert auf der konsequenten Anwendung der Stillhalter-Strategie, ergänzt durch den Einsatz von LEAP-Optionen mit ETFs, um eine langfristige Perspektive zu ermöglichen.

Die Stillhalter-Strategie: Grundprinzipien und Umsetzung

Ziel der Stillhalter-Strategie ist es, durch den systematischen Verkauf von Optionen kontinuierliche Einnahmen zu generieren.

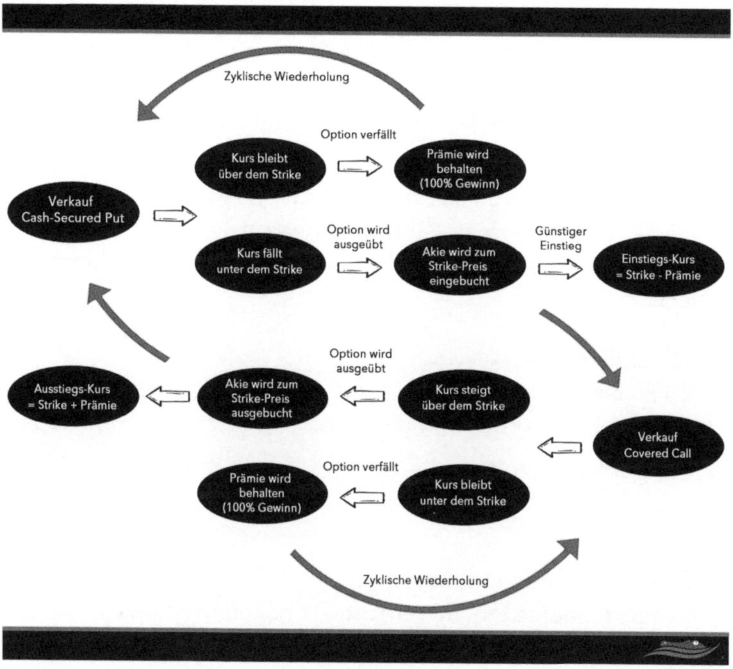

Abb. 14.1: Cashflow-Zyklus mit Cash-Secured Put und Covered Call.

1. **Auswahl solider Basiswerte:**
   Dividendenstarke Aktien oder ETFs mit nachhaltiger Entwicklung und stabilen Fundamentaldaten.
2. **Verkauf von Cash-Secured Puts:**
   Hier wird eine Put-Option verkauft, wobei ausreichend Liquidität bereitgestellt wird, um im Falle einer Ausübung den Basiswert zu erwerben.
3. **Überführung in Covered Calls:**
   Wird der Basiswert erworben, können Call-Optionen auf diesen Bestand verkauft werden, wobei der Strike-Preis oberhalb des durchschnittlichen Kaufpreises gewählt wird.

4. **Zyklische Wiederholung:**
   Nach Ablauf oder Ausübung der Optionen wird der Prozess wiederholt, um einen konstanten Cashflow zu sichern.

Diese Vorgehensweise sorgt dafür, dass kurzfristige Marktschwankungen den langfristigen Einkommensstrom nicht gefährden.

LEAP-Optionen mit ETFs: Langfristige Perspektiven nutzen

LEAP-Optionen (Long-Term Equity Anticipation Securities) bieten längere Laufzeiten – oft bis zu einem Jahr oder mehr – und ermöglichen es, von längerfristigen Markterwartungen zu profitieren. In Verbindung mit ETFs lassen sich so stabile und planbare Einnahmen erzielen:

- **Diversifikation:**
  ETFs bilden breite Marktindizes ab und reduzieren das Risiko, das mit Einzelaktien verbunden ist.
- **Längere Laufzeiten:**
  Eine Laufzeit von etwa einem Jahr hilft, Marktschwankungen auszugleichen.
- **Stabile Prämieneinnahmen:**
  Längere Laufzeiten führen oft zu höheren Prämien, da das Zeitrisiko größer ist.
- **Kombination mit Dividenden:**
  Viele ETFs schütten Dividenden aus, was den Cashflow zusätzlich stärkt.
- **Strategisch rollbar**, falls Position gegen einen läuft.

Beispielhafte Umsetzung der LEAP-Strategie mit ETFs

1. **Auswahl eines geeigneten ETFs:**
   Ein breit diversifizierter ETF (z. B. SPY, IWM, QQQ) mit niedrigen Kosten, stabiler Dividendenrendite und geringem Volatilitätsrisiko.
2. **Verkauf einer LEAP-Put-Option:**
   Mit einer Laufzeit von etwa einem Jahr und einem Strike-Preis,

der einen attraktiven Einstieg ermöglicht (um Delta 2 bis 6). Die eingenommene Prämie generiert einen direkten Cashflow.

3. **Optionale Übergangsstrategie:**
   Die Option verfällt wertlos, wenn der ETF-Kurs nicht unter den Strike fällt; andernfalls wird der ETF zu einem reduzierten Preis erworben und kann mittels Covered Calls weiter monetarisiert werden.
4. **Risikomanagement und Anpassung:**
   Regelmäßige Analyse der Marktentwicklung, Berücksichtigung von Dividendenkalendern und kontinuierliche Überprüfung der Fundamentaldaten sichern den langfristigen Erfolg.

Ziel ist es bei dieser Strategie, die Prämie einzunehmen und die Option wertlos verfallen zu lassen – oder bei 50 bis 70 % Gewinn frühzeitig die Position zu schließen. Falls der Trade gegen einen läuft, schließe ich persönlich bei 200 % Verlust.

Zusammenfassung der Optionsstrategie

Die Kombination aus der klassischen Stillhalter-Strategie – mit dem systematischen Einsatz von Cash-Secured Puts und Covered Calls – und der innovativen Nutzung von LEAP-Optionen mit ETFs ermöglicht es, regelmäßige Einnahmen zu erzielen und gleichzeitig das Risiko zu minimieren. Die wesentlichen Punkte:

- **Auswahl stabiler, dividendenstarker Basiswerte** bildet das Fundament.
- **Verkauf von Cash-Secured Puts** ermöglicht einen günstigen Einstieg.
- **Anwendung von Covered Calls** monetarisiert bestehende Positionen zusätzlich.
- **Integration von LEAP-Optionen mit ETFs** streut das Risiko über einen längeren Zeitraum.
- **Regelmäßige Überprüfung und Anpassung** sichert den konstanten Cashflow.

Die Stillhalter-Strategie: Regelm. Einnahmen mit System

> Die Kombination aus Optionen und Dividenden bietet eine vielseitige Methode, ein regelmäßiges Einkommen zu generieren.

Durch den strategischen Einsatz von Cash-Secured Puts und Covered Calls – ergänzt durch den Einsatz von LEAP-Optionen auf ETFs – entsteht ein doppelter Ertragsstrom: Einerseits durch regelmäßige Dividendenzahlungen, andererseits durch Optionsprämien. Dies ermöglicht Anlegern ...

- einen attraktiven Einstieg in hochwertige Basiswerte zu vergünstigten Preisen,
- eine kontinuierliche Optimierung des Portfolios durch regelmäßige Einnahmen,
- und eine breite Diversifikation, die auch in volatilen Marktphasen Stabilität bietet.

Der hier vorgestellte Ansatz beruht auf bewährten Methoden und einem disziplinierten Risikomanagement. Anleger, die diese Strategien systematisch anwenden, können langfristig von einem stabilen Cashflow profitieren – ein wesentlicher Baustein für den langfristigen Vermögensaufbau in einem sich ständig verändernden Marktumfeld. In einer Finanzwelt, in der traditionelle Zinseinnahmen oft nicht mehr ausreichen, um ein solides passives Einkommen zu erzielen, stellt dieser Ansatz eine innovative und zugleich bewährte Methode dar, finanzielle Stabilität und Wachstum zu vereinen. Die kontinuierliche Weiterbildung und Anpassung der Strategie sind dabei entscheidend für den Erfolg.

In diesem Abschnitt werden zwei praxisnahe Strategien vorgestellt, die veranschaulichen, wie regelmäßige Einnahmen durch Optionsprämien erzielt und gleichzeitig attraktive Einstiegspreise realisiert werden können.

Praxisbeispiel A: Cash-Secured Put auf eine dividendenstarke Aktie

Angenommen, ein Anleger möchte eine solide, dividendenstarke Aktie erwerben, die aktuell bei 100 Euro notiert. Anstatt die Aktie direkt zu kaufen, verkauft er eine Cash-Secured Put-Option.

Es gelten folgende Parameter:

- Basiswert: Beispiel AG (Aktueller Kurs: 100 €)
- Laufzeit: 30 Tage
- Strike-Preis: 95 €
- Delta: 0,20
  (≙ 20 für einen vollständigen Kontrakt mit 100 Aktien)
  Das sogenannte Delta beschreibt die Wahrscheinlichkeit, mit der eine Option ins Geld läuft – in diesem Fall also etwa 20 %.
- Prämie: 2 € pro Aktie
  (≙ 200 € für einen vollständigen Kontrakt mit 100 Aktien)

Es ergeben sich folgende Szenarien:

1. **Option verfällt wertlos**:
   Bleibt der Aktienkurs über 95 Euro, erhält der Anleger die gesamte Prämie von 200 Euro als Gewinn.
2. **Option wird ausgeübt**:
   Fällt der Kurs unter 95 Euro, wird die Aktie zum Strike-Preis erworben. Dank der Prämie reduziert sich der effektive Kaufpreis auf 93 Euro (95 Euro − 2 Euro), was einen vergünstigten Einstieg ermöglicht.
3. **Übergang zur Covered-Call-Strategie**:
   Wird die Aktie erworben, kann der Anleger Covered Calls verkaufen, um weiterhin zusätzliche Prämien zu erzielen.

Diese Strategie eignet sich ideal für Anleger, die langfristig an einer bestimmten Aktie interessiert sind und ihren Einstiegspreis durch regelmäßige Prämienzahlungen optimieren möchten.

Option ...	Kursverlauf	Ergebnis	Effektiver Einstiegspreis
verfällt wertlos	> 95 €	200 € Gewinn	kein Kauf
wird ausgeübt	< 95 €	Aktie gekauft	93 € (nach Prämie)

Tab. 14.1: Cash-Secured-Put – Szenarien-Übersicht.

Praxisbeispiel B: LEAP-Put-Option auf einen ETF

In diesem Beispiel verkauft ein Anleger eine LEAP-Put-Option auf einen breit diversifizierten ETF, um stabile Prämieneinnahmen zu generieren.

Es gelten folgende Parameter:

- Basiswert: ETF ABC (Aktueller Kurs: 100 €)
- Laufzeit: 1 Jahr
- Strike-Preis: 80 €
- Delta: 0,05 pro Anteil
  (≙ 5 für einen vollständigen Kontrakt mit 100 Anteilen)
- Prämie: 1 Euro pro Anteil
  (≙ 100 € pro Kontrakt)

Es ergeben sich folgende Szenarien:

1. **Option verfällt wertlos**:
   Bleibt der ETF-Kurs über 80 Euro (bei einer Wahrscheinlichkeit von ca. 95 % laut Delta), behält der Anleger die Prämie von 100 Euro als Gewinn.
2. **Option wird ausgeübt**:
   Fällt der Kurs unter 80 Euro, wird der ETF erworben. Dank der Prämie beträgt der effektive Kaufpreis 79 Euro (80 Euro – 1 Euro). Dies ist jedoch nicht das Ziel dieser Strategie und daher auch nicht gewünscht.

3. **Rollen der Option**:
   Notiert der ETF knapp unter dem Strike-Preis, kann die Option verlängert („gerollt") werden, um weitere Prämien zu erzielen und sich den ETF nicht andienen zu lassen.

Option ...	Kursverlauf	Ergebnis	Effektiver Einstiegspreis
verfällt wertlos	> 80 €	100 € Gewinn	kein Kauf
wird ausgeübt	< 80 €	ETF gekauft	79 € (nach Prämie)

Tab. 14.2: LEAP-Put-Option auf einen ETF – Szenarien-Übersicht.

Diese Strategie ist besonders für langfristig orientierte Anleger geeignet, die breit diversifiziert investieren und Wert auf regelmäßige Optionsprämien legen.

Ertrag mit System: Optionen als Cashflow-Baustein

Beide Beispiele zeigen, wie durch den gezielten Einsatz von Stillhalter-Strategien regelmäßige Einnahmen erzielt werden können:

- **Cash-Secured Puts** ermöglichen nicht nur einen vergünstigten Einstieg in dividendenstarke Aktien, sondern generieren bereits vor dem Aktienkauf erste Prämieneinnahmen.
- **LEAP-Put-Optionen auf ETFs** bieten eine langfristige Perspektive mit stabilen Prämieneinnahmen und breiter Diversifikation.
- **Flexibilität durch Optionsrollen und Covered Calls** eröffnet zusätzliche Optimierungsmöglichkeiten – sei es zur Absicherung, zur Laufzeitsteuerung oder zur Ertragsmaximierung.

Gerade in seitwärts laufenden oder leicht fallenden Märkten entfalten Stillhalterstrategien ihr volles Potenzial. Durch die systematische Anwendung dieser Methoden lassen sich attraktive Einstiegspreise realisieren und ein stabiler Cashflow etablieren – ein wertvoller Bestandteil für den langfristigen Vermögensaufbau und die finanzielle Freiheit.

Die Praxisbeispiele zeigen dabei nicht nur zwei konkrete Umsetzungswege, sondern verdeutlichen auch, wie wichtig eine durchdachte Auswahl von Kennzahlen ist – insbesondere bei Basiswert, Laufzeit, Delta und Prämienhöhe. Mit dem richtigen Set-up können Anleger individuelle Ziele verfolgen: ob konservativer Nebenverdienst oder strategisch geplante Altersvorsorge.

Gleichzeitig sollte man sich der Risiken bewusst sein: Die Prämieneinnahmen sind zwar fix, doch ein Kursverfall des Basiswerts kann zu unerwünschten Buchverlusten führen. Wer Optionen verkauft, verpflichtet sich – und sollte daher mit Bedacht agieren und auf Qualität sowie Diversifikation achten. Der Verkauf von Optionen als Stillhalter erzeugt damit einen direkten, planbaren Cashflow – unabhängig von der kurzfristigen Kursentwicklung. Kombiniert mit Dividenden, entsteht ein robustes Ertragsmodell, das in verschiedenen Marktphasen Bestand haben kann.

Welche Strategie passt zu dir?

Die folgende Checkliste hilft dir dabei, die für dich passende Optionsstrategie schnell und einfach zu finden. Je nachdem, welche Ziele du verfolgst und welche Voraussetzungen du mitbringst, eignet sich eine bestimmte Methode besser als eine andere. Ob du kurzfristige Prämien erzielen, langfristig planen oder dein bestehendes Aktiendepot zusätzlich nutzen möchtest – hier findest du auf einen Blick, welche Strategie zu deinem individuellen Profil passt.

Optionen sind kein Wundermittel – aber bei richtiger Anwendung ein strategisches Werkzeug, das den Weg zu regelmäßigen Einnahmen wesentlich bereichern kann. Besonders in Kombination mit Dividenden entfalten sie ihre Stärke als stabiler Einkommensbaustein im Portfolio.

Strategie	Geeignet für dich, wenn ...
Cash-Secured Puts	du kurzfristige Prämien willst. du bereit bist, Aktien ins Depot zu nehmen. du gezielt günstig einsteigen willst.
LEAP-Puts auf ETFs	du langfristig planst. du Wert auf breite Diversifikation legst. du regelmäßige, planbare Einnahmen suchst.
Covered Calls	du bereits Aktien besitzt. du zusätzliche Erträge aus deinem Bestand generieren willst. du Seitwärtsphasen nutzen möchtest.

Tab. 14.3: Die drei wichtigsten Stillhalter-Strategien im Überblick mit typischen Voraussetzungen und Zielen.

> Hinweis:
> Diese Darstellung bietet eine ganz einfache Erklärung ohne tiefe Hintergründe und enthält lediglich einfache Beispiele. Das Thema ist so umfangreich, dass es ein ganzes Buch füllen könnte.

KAPITEL 15

RENTE NEU DENKEN: MIT DIVIDENDEN VORSORGEN, FREI LEBEN

Dividende statt Rente: Wie du dir deine eigene Altersvorsorge aufbaust

Wer im Alter finanziell unabhängig sein möchte, sollte sich nicht allein auf traditionelle Systeme verlassen. Die gesetzliche Rente war einst als stabile Säule gedacht – heute gleicht sie zunehmend einem bröckelnden Bauwerk, das unter dem Gewicht gesellschaftlicher und wirtschaftlicher Veränderungen ächzt.

An dieser Stelle beginnt ein Umdenken: Altersvorsorge wird nicht länger ausschließlich als staatliche Aufgabe verstanden, sondern als persönliche Verantwortung. Dieses Kapitel beleuchtet zunächst, warum das bestehende System an seine Grenzen stößt – und zeigt dann, wie ein individuell aufgebautes Dividendeneinkommen zur tragfähigen Alternative werden kann.

Das bröckelnde Fundament der gesetzlichen Rente

Stell dir vor, du arbeitest 40 Jahre lang, zahlst Monat für Monat in die gesetzliche Rentenversicherung ein – und am Ende reicht es kaum, um deinen Lebensstandard zu halten. Genau das ist heute für Millionen Menschen Realität. Das deutsche Rentensystem, einst als starkes Auffangnetz gedacht, gerät zunehmend unter Druck. Die Gründe sind bekannt, doch oft werden sie verdrängt:

- Der **demografische Wandel** sorgt dafür, dass immer weniger Beitragszahler immer mehr Rentner finanzieren müssen.
- Die **durchschnittliche Lebenserwartung** steigt, was an sich erfreulich ist – aber auch bedeutet, dass die Renten länger gezahlt werden müssen.
- Gleichzeitig **sinkt das Rentenniveau** seit Jahren, und Reformen greifen oft nur kurzfristig.

Viele Menschen verlassen sich weiterhin auf die gesetzliche Rente als alleinige Altersvorsorge – und tappen damit in eine gefährliche Falle. Denn sie setzen auf ein System, das langfristig kaum noch in der Lage sein wird, finanzielle Sicherheit zu garantieren. Die Folge: Altersarmut ist längst keine Randerscheinung mehr.

Früher galt die Rente als ein Versprechen: Wer ein Leben lang arbeitet, wird im Alter versorgt. Dieses Versprechen stammt aus einer Zeit, in der viele Kinder geboren wurden, ein Arbeitsleben kürzer war und die Lebenserwartung deutlich niedriger lag. Doch die Realität hat sich verändert – still und schleichend.

Doch es gibt einen Ausweg – und der liegt nicht in endlosen politischen Debatten oder in der Hoffnung auf staatliche Wunderlösungen. Die Antwort liegt in deinen eigenen Händen.

Die Dividendenstrategie als Antwort auf die Rentenlücke

Was wäre, wenn du im Ruhestand jeden Monat eine Zahlung erhältst – nicht vom Staat, sondern von deinen Investments? Unabhängig davon, was in Berlin beschlossen wird oder wie sich die Wirtschaft entwickelt? Genau das ermöglichen dir Dividenden.

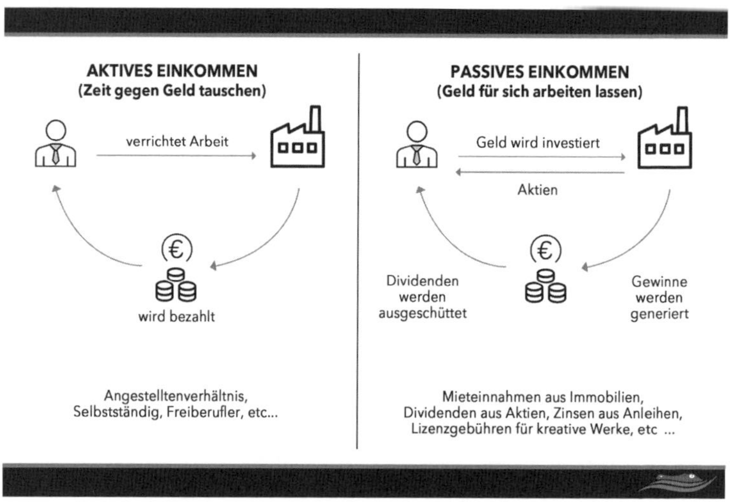

Abb. 15.1: Passives Einkommen aus Dividenden.

Passives Einkommen aus Dividenden entsteht, wenn du Anteile an profitablen Unternehmen oder ETFs hältst und diese regelmäßig einen Teil ihres Gewinns – die Dividende – an dich ausschütten. Im Gegensatz zu deinem Gehalt, das du nur durch aktive Arbeitsleistung erhältst, fließt dir die Dividende nahezu automatisch zu, ohne dass du zusätzlichen Aufwand betreiben musst.

Dividenden: Dein Schlüssel zu finanziellem Freiraum

Dividenden sind regelmäßige Zahlungen, die Unternehmen an ihre Aktionäre ausschütten – und genau das macht sie perfekt für den Ruhestand. Statt dein Vermögen durch den Verkauf von Aktien zu schmälern, kannst du von diesen Ausschüttungen leben. Ein gut aufgebautes Dividendenportfolio bietet dir ein stabiles Einkommen, während dein Kapital intakt bleibt.

Beispiel: Mit einem Portfolio von 500.000 Euro und einer Dividendenrendite von 4 % erhältst du jährlich 20.000 Euro. Dieses Einkommen fließt dir zu, ohne dass du auch nur eine Aktie verkaufen musst (Steuern beachten).

Viele Unternehmen mit stabilen Geschäftsmodellen zahlen seit Jahrzehnten zuverlässig Dividenden, manche sogar mit jährlicher Steigerung – wie du bereits aus den vorigen Kapiteln weißt.

Warum Dividenden statt Rente?

Weil du mit Dividenden die Kontrolle behältst. Du baust dir Stück für Stück eine eigene Einkommensquelle auf, die nicht vom Staat abhängt. Und während bei der gesetzlichen Rente oft unklar ist, was am Ende wirklich ankommt, kannst du bei Dividenden konkret planen: Wie viele Aktien brauche ich, um Summe X pro Monat zu erhalten?

Zusätzlich bieten Dividenden eine einzigartige Kombination: regelmäßiges Einkommen plus langfristiges Wachstum. Denn während du Dividenden kassierst, steigt im besten Fall auch der Kurs deiner Aktien. Das heißt: Du wirst für dein Investment doppelt belohnt.

Und nicht zu vergessen: der psychologische Effekt. Es ist ein unglaublich befreiendes Gefühl, jeden Monat eine Zahlung zu erhalten, ohne aktiv dafür zu arbeiten. Diese Unabhängigkeit ist das, was viele als „wahre finanzielle Freiheit" bezeichnen.

Der Weg zur Dividendenrente

Du musst nicht reich sein, um mit Dividenden zu starten – aber du wirst überrascht sein, wie reich dich Dividenden über die Zeit machen können (hast du bereits in den ersten Kapiteln erfahren). Das Entscheidende ist nicht ein großes Startkapital, sondern ein klarer Plan, Geduld und Disziplin. Denn mit einem systematischen Ansatz baust du dir Schritt für Schritt dein eigenes passives Einkommen auf – egal ob du gerade 25, 35, 45 oder 55 Jahre alt bist.

Zunächst eine einfache Frage: Wie viel monatliches Einkommen brauchst du im Ruhestand, um gut zu leben? Für viele liegt der Betrag irgendwo zwischen 1.000 und 3.000 Euro – abhängig von Lebensstil, Wohnort und persönlichen Zielen.

Beispiel: Du möchtest im Ruhestand 1.500 Euro im Monat durch Dividenden erhalten. Das macht 18.000 Euro pro Jahr. Wie groß muss dein Portfolio sein, um das zu erreichen?

Hier kommt die sogenannte **Dividendenrendite** ins Spiel – also der Prozentsatz, den ein Unternehmen jährlich an Dividenden im Verhältnis zum Aktienkurs auszahlt.

Dividendenrendite	Kapitalbedarf für 18.000 € (Brutto) pro Jahr
3 %	600.000 €
4 %	450.000 €
5 %	360.000 €

Tab. 15.1: Kapitalbedarf bei unterschiedlicher Dividendenrendite.

Die Tabelle zeigt, wie viel Kapital benötigt wird, um ein jährliches Bruttoeinkommen von 18.000 Euro allein durch Dividenden zu erzielen – abhängig von der angenommenen Dividendenrendite. Je höher die Rendite, desto geringer der Kapitalbedarf. Die Werte dienen als grobe Orientierung für die Zielgröße eines Dividendenportfolios zur Deckung des Lebensunterhalts im Ruhestand.

Klingt erst mal viel? Klar. Aber jetzt kommt die gute Nachricht: Du musst diesen Betrag nicht heute haben – du baust ihn über Jahre auf. Und je früher du startest, desto mehr hilft dir ein mächtiger Verbündeter: der **Zinseszinseffekt**. Und das Ganze kannst du ... wie du bereits erahnst ... mit einem Sparplan durchführen.

Der Zinseszinseffekt: Dividenden, die sich selbst vermehren

Wenn du deine Dividenden nicht einfach ausgibst, sondern **reinvestierst**, passiert Magisches: Du kaufst dir damit mehr Anteile an den Unternehmen, die wiederum mehr Dividende ausschütten.

Zeitraum	Eingezahlt	Depotwert (inkl. Reinvestition)	Dividende p. a. (4 %)
10 Jahre	36.000 €	ca. 52.000 €	ca. 2.080 €
20 Jahre	72.000 €	ca. 140.000 €	ca. 5.600 €
30 Jahre	108.000 €	ca. 340.000 €	ca. 13.600 €

Tab. 15.2: Entwicklung eines Sparplans mit 300 € / Monat bei 7 % Rendite und jährlicher Dividende von 4 % – über 10, 20 und 30 Jahre.

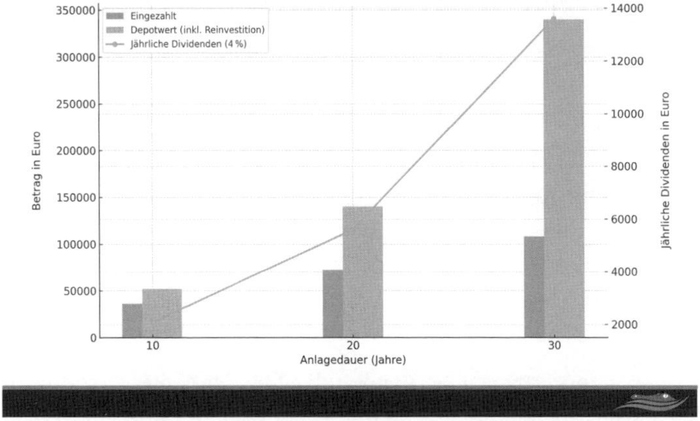

Abb. 15.2: Wirkung des Zinseszinseffekts.

Du siehst: Die Zeit ist auf deiner Seite. Je länger du durchhältst, desto stärker wirkt der Zinseszinseffekt – besonders bei soliden Dividendenaktien oder ETFs.

Das Beispiel verdeutlicht, wie sich ein monatlicher Sparplan von 300 Euro über 10, 20 und 30 Jahre bei 7 % Rendite entwickelt – inklusive Depotwert mit Reinvestition und erwarteter Dividendenrendite (4 %).

Was, wenn du später anfängst?

Viele denken: „Ich bin schon 45 – für mich lohnt sich das nicht mehr." Falsch gedacht. Auch wenn du später einsteigst, kannst du mit gezielten Investments viel erreichen – vor allem, wenn du konsequent sparst und vielleicht etwas höhere Beträge einsetzt.

Selbst wenn du später im Leben mit dem Investieren beginnst, etwa in deinen 40ern oder 50ern, ist es durchaus möglich, durch Dividendenaktien und -ETFs ein **beständiges passives Einkommen** aufzubauen. Während der Zinseszinseffekt besonders beeindruckende Ergebnisse erzielt, wenn er über Jahrzehnten hinweg wirken kann, liefert er auch bei kürzeren Anlagehorizonten beachtliche Ergebnisse – vor allem, wenn du regelmäßig in **stabile Dividendenzahler** investierst und diese Ausschüttungen reinvestierst.

Beispiel: 500 € monatlich über 20 Jahre bei 7 % Rendite

- Depotwert: ca. 260.000 €
- Jährliche Dividenden (bei 4 %): ca. 10.400 €
- Monatliches Zusatzeinkommen: ca. 866 €

Das ist ein echter Unterschied – besonders, wenn du das mit einer möglichen (knappen) gesetzlichen Rente kombinierst.

Der Turbo: Monatliche Ausschüttungen durch clevere Streuung

Ein besonders attraktiver Aspekt der Dividendenstrategie ist die Möglichkeit, regelmäßige Einkünfte zu erzielen, ohne auf den Verkauf von Aktien angewiesen zu sein. Dies bietet dir nicht nur finanzielle Sicherheit, sondern auch Planbarkeit und Flexibilität im Ruhestand. Anstatt auf einmal jährlich oder quartalsweise stattfindende Ausschüttungen zu warten, kannst du dein Dividendenportfolio so strukturieren, dass du jeden Monat von deinen Investitionen profitierst. Damit schaffst du eine kontinuierliche Einkommensquelle, die dir mehr finanzielle Freiheit bietet.

Ein cleverer Trick dabei ist die Streuung deiner Dividendenaktien auf Unternehmen, die zu unterschiedlichen Zeitpunkten im Jahr ausschütten. So kannst du sicherstellen, dass deine Einkünfte gleichmäßig über das Jahr verteilt sind und du jeden Monat eine Zahlung erhältst. So musst du dich nicht auf größere, aber weniger häufige Ausschüttungen verlassen.

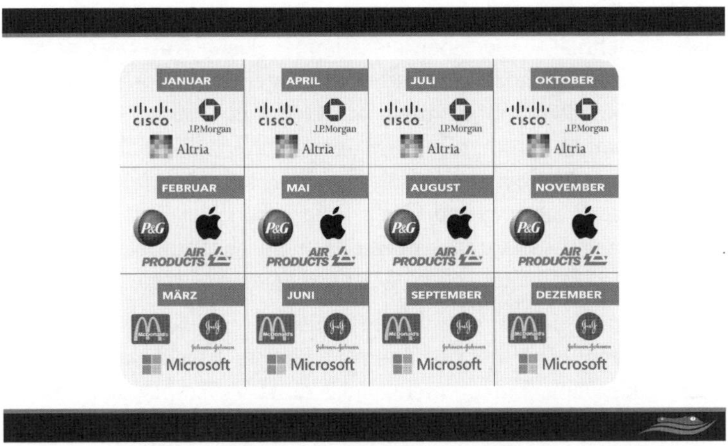

Abb. 15.3: Dividendenkalender – Beispiel: Mit nur 9 Aktien jeden Monat Dividenden erhalten. Die Unternehmen schütten quartalsweise, aber zu unterschiedlichen Monaten aus.

Ein schöner Nebeneffekt: Wenn du in Unternehmen (Aktien) investierst, die zu unterschiedlichen Zeitpunkten im Jahr ausschütten, kannst du dein Dividenden-Portfolio so strukturieren, dass du **jeden Monat** Zahlungen bekommst.

Neben Einzelaktien gibt es auch Dividenden-ETFs, die ebenfalls quartalsweise und sogar monatlich ausschütten (Achtung: Hier auf Stabilität und Nachhaltigkeit der Ausschüttung achten!).

Ausschüttung im ...	Unternehmen
Januar, April, Juli, Oktober	Cisco Systems, Altria Group, JPMorgan Chase
Februar, Mai, August, November	Apple, Procter & Gamble, Air Products
März, Juni, September, Dezember	Microsoft, McDonald's, Johnson & Johnson

Tab. 15.3: Beispielhafte Ausschüttungstermine.

Dividendenrendite vs. Kursgewinne

Viele Anleger fokussieren sich ausschließlich auf Kursgewinne. Sie hoffen, günstig zu kaufen und teurer zu verkaufen. Das funktioniert manchmal – aber eben nicht immer. Denn Kursgewinne sind weder garantiert noch planbar – sie hängen stark von Stimmung, Timing und dem Marktumfeld ab. Dies führt oft zu Stress und Unsicherheit, besonders in unsicheren Zeiten. Die Fähigkeit, die richtigen Entscheidungen in volatilen Märkten zu treffen, erfordert eine Menge Erfahrung und Glück. Und genau hier liegt der Haken: Während der Ansparphase mag dies noch akzeptabel erscheinen, jedoch wird es im Ruhestand zur unsicheren Strategie.

Im Ruhestand ändern sich deine Prioritäten. Du willst keine spekulativen Hoffnungen mehr, sondern Sicherheit, Berechenbarkeit und Stabilität. Deine Einkommensquelle muss verlässlich sein, damit du nicht von den Launen des Marktes abhängst. Und genau hier entfalten Dividendenaktien ihre besondere Stärke. Sie bieten dir das planbare Einkommen, das du im Ruhestand benötigst – unabhängig von Marktbewegungen.

Planbares Einkommen statt Börsenroulette

Kursgewinne sind volatil und schwer vorhersehbar. Sie können in einem Jahr stark steigen, im nächsten aber auch dramatisch fallen. Dividenden jedoch beruhen auf den realen Unternehmensgewinnen und sind damit greifbarer und stabiler. Seriöse Unternehmen mit soliden Geschäftsmodellen – insbesondere **Blue-Chip-Unternehmen** mit einer langen Dividendenhistorie – zahlen oft auch in wirtschaftlich schwierigen Zeiten weiter aus. Diese Unternehmen haben bewährte Geschäftsstrategien, die nicht von kurzfristigen Marktbewegungen beeinflusst werden. Sie investieren kontinuierlich in ihre Zukunft und bieten ihren Aktionären regelmäßig stabile Dividendenzahlungen.

Diese Stabilität sorgt für eine hohe Planungssicherheit: Deine regelmäßigen Ausschüttungen ermöglichen es dir, deinen Ruhestand zu finanzieren, ohne ständig auf die kurzfristigen Schwankungen der Märkte reagieren zu müssen. Du weißt im Voraus, dass dein Einkommen planbar und konstant bleibt – und das gibt dir die Freiheit, deinen Lebensabend ohne ständige Besorgnis über die Börse zu genießen.

Liquidität ohne Kapitalverzehr

Ein klassischer Fehler, den viele Anleger im Ruhestand machen, ist der Verkauf von Aktienanteilen, um den Lebensunterhalt zu finanzieren. Während dies in guten Börsenjahren kein Problem darstellt, wird es in einem Abwärtstrend schwierig. Wenn die Märkte einbrechen, musst du **mehr Anteile verkaufen**, um denselben Betrag zu erhalten. Dadurch schwächst du dauerhaft dein Portfolio und verminderst deinen zukünftigen Ertrag. Der Verkauf von Aktien in schlechten Zeiten kann auch die emotionale Belastung erhöhen – denn du musst ständig Entscheidungen treffen, die dein langfristiges Kapital angreifen.

Dividenden bieten dir hier eine wesentlich bessere Alternative. Sie liefern dir laufende Erträge, ohne dass du dein Kapital verkaufen musst. Dein Vermögen bleibt investiert, und deine Dividendenzahlungen sorgen weiterhin für regelmäßige Einkünfte, während dein Kapital weiter für dich arbeitet. So kannst du im Ruhestand von den Dividenden leben, ohne die Substanz deines Portfolios zu erodieren. Dein Kapital bleibt intakt und wächst weiter – es ist eine langfristige Lösung, die dir finanzielle Sicherheit gibt.

Gelassenheit durch regelmäßige Erträge

Dividenden schaffen nicht nur finanzielle, sondern auch emotionale Puffer. Sie sind ein verlässlicher Bestandteil deines Einkommens, der dich weniger abhängig von Markttiming und Marktstimmungen macht. Du musst dich nicht mehr mit täglichen Börsenberichten oder der Angst vor plötzlichen Marktrückgängen auseinandersetzen. Stattdessen kannst du dich darauf verlassen, dass die Dividenden kommen, unabhängig davon, wie sich der Aktienkurs entwickelt.

Dieser psychologische Vorteil ist im Ruhestand unbezahlbar. Du kannst gelassen durch turbulente Börsenphasen navigieren, ohne dich ständig mit Verkaufsentscheidungen und Marktturbulenzen zu beschäftigen. Du weißt, dass dein passives Einkommen regelmäßig fließt und dein Vermögen weiterhin wächst. Statt dich mit der Unsicherheit des Marktes zu belasten, konzentrierst du dich auf das Wesentliche: deinen Lebensabend in finanzieller Freiheit und Gelassenheit.

Zusammenfassung

Dividenden ermöglichen dir nicht nur eine verlässliche Einkommensquelle, sondern auch, mit weniger Stress und mehr Sicherheit in den Ruhestand zu gehen. **Kursgewinne sind in der Ansparzeit durchaus sinnvoll**, weil sie auf Wachstum und potenzielle Wertsteigerungen setzen. Im Ruhestand hingegen geht es vor allem um Stabilität und Planbarkeit, und hier sind Dividenden die klare Wahl. Sie ermöglichen es dir, deinen Lebensstandard ohne Angst vor Kapitalverlusten oder Marktvolatilität zu genießen.

> Dividenden bieten eine regelmäßige Einkommensquelle, die dir hilft, deinen Ruhestand unabhängig von schwankenden Märkten und unvorhersehbaren Kursbewegungen zu gestalten. Das ist der wahre Wert im Ruhestand – Sicherheit und Unabhängigkeit, die du selbst kontrollierst.

Die folgende Tabelle zeigt klar die Unterschiede zwischen den beiden Strategien und hebt hervor, dass Dividenden im Ruhestand eine stabilere, planbarere Einkommensquelle bieten, während Kursgewinne in der Ansparzeit eher auf Wachstum und spekulative Gewinne abzielen:

Kriterium	Kursgewinne in Ansparzeit	Dividenden im Ruhestand
Ziel	Wachstum des Kapitals, Maximierung des Werts	Stabile Einkommensquelle für den Ruhestand
Einkommen	Abhängig von Marktentwicklungen und Timing	Regelmäßige, verlässliche Zahlungen aus Dividenden
Markt-abhängigkeit	Hoch – starke Schwankungen möglich	Gering – Unternehmen mit soliden Dividenden zahlen auch in Krisenzeiten
Planbarkeit	Gering – unvorhersehbar, stark von Kursschwankungen beeinflusst	Hoch – regelmäßige Ausschüttungen bieten Stabilität
Risiko	Höher – Risiko von Verlusten in schlechten Märkten	Niedriger – keine Notwendigkeit, Aktien zu verkaufen
Strategie	Fokus auf Wertsteigerung und Gewinn durch Verkauf	Fokus auf langfristige Einkommenssicherung und Kapitalerhalt
Psycho-logischer Vorteil	Hoher Druck, ständiges Beobachten der Märkte	Weniger Stress – stabile Einkommensquelle, unabhängig vom Markt
Geeignet für	Ansparphase, langfristige Kapitalzuwächse	Ruhestand, regelmäßiges Einkommen zur Lebenshaltung

Tab. 15.4: Kursgewinne in der Ansparzeit und Dividenden im Ruhestand.

Dein Dividendenportfolio im Ruhestand

Wenn der Moment kommt, in dem du nicht mehr für Geld arbeitest – sondern dein Geld für dich –, beginnt ein völlig neuer Lebensabschnitt. Dein Dividendenportfolio ist nicht mehr nur ein Anlagevehikel, sondern dein persönlicher Geldfluss, der Monat für Monat Stabilität bringt. Doch wie sieht eine gute Struktur in der Praxis aus? Und worauf solltest du achten, damit dein Portfolio auch in der Entnahmephase für Ruhe und Sicherheit sorgt?

In diesem Abschnitt zeige ich dir, wie du dein Dividendenportfolio so aufstellst, dass es dich nicht nur finanziell, sondern auch emotional durch den Ruhestand trägt.

Vom Depot zur Einkommensquelle: So fließt dein Geld richtig

Ein klassischer Fehler: Viele Anleger bleiben auch im Ruhestand im „Sparmodus" – obwohl der Moment der Ernte längst gekommen ist. Damit du deine Dividenden auch wirklich nutzen kannst, brauchst du ein einfaches System.

Mein Vorschlag: Einkommensverteiler für den Ruhestand

Ein durchdachtes Kontensystem hilft dir, den Überblick über deine Finanzen im Ruhestand zu behalten – und deine Dividenden optimal zu nutzen. Das folgende Modell sorgt für Klarheit, Kontrolle und Struktur:

1. **Depotkonto**:
   Hier liegen deine Dividendenaktien und ETFs. Die Ausschüttungen fließen auf das dazugehörige Verrechnungskonto.
2. **Auszahlungskonto** (Verrechnungskonto):
   Von diesem Konto zahlst du dir regelmäßig – z. B. monatlich – dein „neues Gehalt" aus. Es ist dein persönlicher Geldverteiler. Von dort wird dein Geld gezielt weitergeleitet auf zwei getrennte Ausgabenkonten:
3. **Fixkostenkonto**:
   Für regelmäßige, planbare Ausgaben wie Miete, Strom, Versicherungen oder Abos.

4. **Lebensfreude-Konto**:
   Für flexible Dinge wie Essen gehen, Freizeit, Hobbys oder Reisen.

> *„Lebensfreude-Konto: Es drückt aus, dass dieser Teil des Budgets nicht - unnötiger Luxus - ist, sondern ein bewusster Teil von Lebensqualität im Ruhestand."*

So behältst du jederzeit den Überblick – und schützt dich davor, zu viel auszugeben. **Überschüsse kannst du gezielt ansparen oder wieder investieren**. Somit entsteht ein regelmäßiger Rhythmus, ähnlich wie früher beim Gehalt. Es fühlt sich strukturiert und stabil an – und das ist wichtig, besonders in der Übergangsphase zur finanziellen Unabhängigkeit.

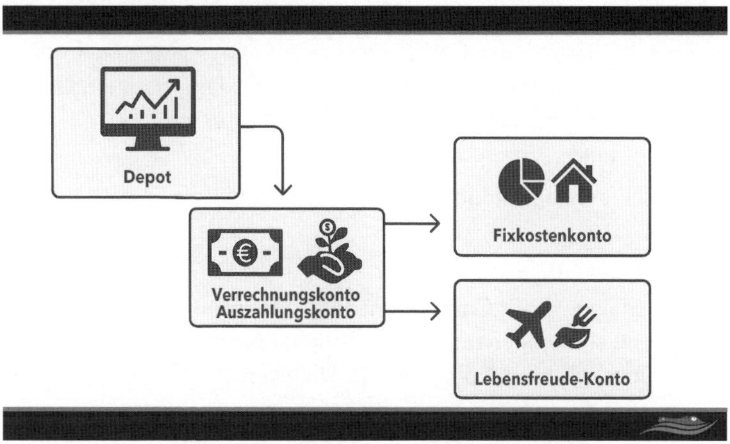

Abb. 15.4: Vereinfachtes Kontensystem zur Verwaltung von Dividendeneinkünften im Ruhestand.

> Lass die Zahlungen automatisieren, z. B. durch einen monatlichen Dauerauftrag vom Dividendenverrechnungskonto aufs Girokonto. Dadurch fühlst du dich nicht wie ein Investor, sondern wie dein eigener Chef.

Qualitätskriterien für deine „Rentenaktien“ und Portfolio-Struktur im Ruhestand

Nicht jede Aktie mit hoher Dividendenrendite ist automatisch gut – im Gegenteil. Häufig steckt hinter besonders hohen Dividenden ein angeschlagenes Geschäftsmodell oder eine drohende Kürzung. Deshalb gilt: Qualität geht vor Prozenten (siehe Kapitel 6).

Du solltest auf folgende Punkte achten:

- **Zahlungskontinuität**:
  Hat das Unternehmen über Jahre (oder Jahrzehnte) zuverlässig Dividenden gezahlt – idealerweise sogar gesteigert?
- **Ausschüttungsquote**:
  Wie viel vom Gewinn wird ausgeschüttet? Werte zwischen 30 % und 70 % gelten als gesund.
- **Stabiles Geschäftsmodell**:
  Ist das Unternehmen in einer Branche mit langfristigem Bedarf (z. B. Konsumgüter, Gesundheit, Energie) aktiv?
- **Solide Bilanz**:
  Hohe Eigenkapitalquote, niedrige Verschuldung, positive Cashflows.
- **Dividendenhistorie**:
  Firmen wie Coca-Cola, Johnson & Johnson oder Procter & Gamble sind sogenannte Dividendenaristokraten – sie erhöhen seit über 25 Jahren jährlich ihre Dividende.

Dazu kannst du auch gezielt auf ETFs setzen, die sich auf dividendenstarke Unternehmen konzentrieren – beispielsweise Vanguard FTSE All-World High Dividend Yield. Der Vorteil: automatische Diversifikation, weniger Einzelrisiko.

Der Mix macht's

Gerade für deine „Privatrente“ solltest du nicht alles auf eine Karte setzen. Streue über verschiedene Branchen, Regionen und Ausschüttungstermine. So bist du unabhängiger von einzelnen Risiken – und schaffst dir einen stabilen, monatlichen Zahlungsfluss.

Beispielportfolios für die Ruhestandsphase

Je nach Persönlichkeit und finanzieller Situation kann dein Dividendenportfolio sehr unterschiedlich aussehen. Hier drei typische Strategien zur Inspiration – bewusst anders als im ETF-basierten Kapitel 12 „ETFs für Fortgeschrittene: Strategien, Optimierung und steuerliche Aspekte“.

a) Der Sicherheitsliebende (Stabilität im Fokus)

- **Fokus auf defensive, dividendenstarke Einzelaktien mit langer Historie:** Dieser Ansatz setzt auf Unternehmen, die in schwierigen wirtschaftlichen Zeiten Stabilität bieten, wie etwa Versorger oder Gesundheitsunternehmen. Diese Aktien zahlen regelmäßig Dividenden und zeichnen sich durch eine verlässliche Ertragsentwicklung aus.
- **Geringe Volatilität, stabile Sektoren wie Basiskonsum oder Gesundheit:** Investieren in weniger zyklische Branchen sorgt für eine hohe Verlässlichkeit. Unternehmen in diesen Sektoren sind weniger anfällig für konjunkturelle Schwankungen.
- **6 bis 12 Monatsausgaben als Cash-Puffer auf Tagesgeld:** Dieser Cash-Puffer dient als Sicherheitsnetz für unerwartete Ausgaben und bietet zusätzlich die Flexibilität, in schwierigen Marktphasen nicht Aktien verkaufen zu müssen.

Langfristiger Fokus auf Kapitalerhalt: Der sicherheitsliebende Investor vermeidet hohe Schwankungen und sucht nach einem stabilen Einkommensstrom. Diese Strategie ist besonders geeignet für diejenigen, die im Ruhestand ihre finanziellen Sorgen minimieren möchten und vor allem das Risiko verringern wollen.

b) Der Ausbalancierte

- **Mischung aus internationalen Dividendenaktien und 1 bis 2 ausgewählten Dividenden-ETFs:** Ein diversifiziertes Portfolio aus globalen Dividendenaktien und einer strategischen Auswahl von Dividenden-ETFs sorgt für eine breite Streuung und verringert das spezifische Risiko einzelner Unternehmen.

- **Ziel: nachhaltiges Einkommen plus Wachstumskomponente:** Neben der Dividende sollen auch Kursgewinne erzielt werden, um die langfristige Wertsteigerung des Portfolios zu sichern. Dies bedeutet eine ausgewogene Balance zwischen regelmäßigen Ausschüttungen und potenziellen Kursgewinnen.
- **Optional: Reinvestition überschüssiger Dividenden:** Um das Kapital weiter zu vergrößern, können Dividenden automatisch reinvestiert werden, um den Zinseszinseffekt zu maximieren.

Diversifikation über Branchen und Regionen: Ein ausgewogenes Portfolio verteilt das Risiko und ermöglicht es, von verschiedenen globalen Märkten zu profitieren. Dadurch wird die Belastung durch einzelne Marktrisiken reduziert, während gleichzeitig das Potenzial für stetiges Wachstum erhöht wird.

c) Der Dynamische

- **Höhere Dividendenrendite durch REITs, BDCs, ggf. Hochdividenden-ETFs und Income-ETFs:** Diese Strategie setzt auf renditestarke Anlagen, die regelmäßige und hohe Ausschüttungen bieten. Real Estate Investment Trusts (REITs) und Business Development Companies (BDCs) bieten attraktive Dividenden, allerdings meist mit höherem Risiko und volatilen Märkten.
- **Regelmäßige Kontrolle der Ausschüttungsqualität erforderlich:** Da die Dividendenrenditen dieser Investments häufig höher sind, ist eine regelmäßige Überprüfung erforderlich, um sicherzustellen, dass die Ausschüttungen weiterhin nachhaltig sind und keine schädlichen Folgen für das Portfolio haben.
- **Geeignet für erfahrene Investoren mit aktiverem Managementstil:** Diese Strategie erfordert eine aktive Überwachung und das Know-how, wie man die Risiken in diesen volatilen Märkten managt.

Fokus auf hohe Einkommensgenerierung: Diese Strategie ist besonders geeignet für Investoren, die ein höheres passives Einkommen suchen und bereit sind, sich intensiver mit der Performance und den Risiken ihrer Investitionen auseinanderzusetzen. Sie eignet sich für Personen, die eine größere Risikobereitschaft und mehr Erfahrung im Management von Investitionen haben.

Drei typische Fehler und wie du sie vermeidest

Auch in der Entnahmephase kann man stolpern. Die häufigsten Fallstricke:

1. Umschichtung zu spät

Wer zu lange in Wachstumsaktien bleibt, erhält kaum Ausschüttungen. Der Fehler: Man verschiebt den Umbau des Depots immer weiter nach hinten, aus Angst vor Verlusten oder dem perfekten Timing. Dabei ist Kontinuität wichtiger als Präzision.

> Beginne etwa 5 bis 10 Jahre vor dem geplanten Ruhestand, dein Portfolio schrittweise umzuschichten – von wachstumsstarken Titeln zu stabilen, dividendenstarken Unternehmen.

2. Emotionales Festhalten am Ansparmodus

Viele Dividendenanleger trauen sich nicht, ihre Erträge zu „nutzen". Aber genau dafür hast du sie aufgebaut! Der Ruhestand ist kein Sparspiel mehr – er ist dein Lebensabschnitt, den du mit deinen Erträgen genießen darfst.

Das vielleicht größte (und am wenigsten besprochene) Problem ist: **Viele tun sich schwer damit, Geld im Ruhestand wirklich zu nutzen**. Jahrzehntelang war Sparen und Investieren das richtige Verhalten – und jetzt soll man plötzlich Geld entnehmen? Das fühlt sich für viele wie ein Rückschritt an.

Man denkt: „Wenn ich jetzt was ausgebe, verringert sich mein Vermögen – das geht doch nicht."

Doch genau hier liegt ein Denkfehler: Du hast dein Dividendendepot nicht aufgebaut, um es im Ruhestand anzuschauen – sondern um **davon zu leben**.

Wie du den Übergang lernst:

- Führe einen **festen Auszahlungstag** ein, z. B. am Monatsanfang – das schafft Struktur und ersetzt das alte „Gehalt“.
- **Trenne Konsum und Kapital** klar: Nutze z. B. ein separates Ausgabenkonto, auf das nur Dividenden fließen. So gibst du nicht „dein Depot“ aus, sondern „dein Einkommen“.
- Plane bewusst **kleine Belohnungen** ein: Ein Wochenendausflug oder ein neues Hobby darf ganz offiziell aus Dividenden finanziert werden – ohne Reue.
- **Visualisiere deinen Fortschritt**: Stell dir vor, du bist der Gärtner eines Obstgartens – nach Jahren der Pflege erntest du nun regelmäßig. Niemand schämt sich dafür, Äpfel zu pflücken.

> *„Geld auszugeben, das aus Dividenden stammt, fühlt sich anders an – es ist verdient, nicht verbraucht.“*

3. Verkäufe in der Krise

Wer in schwachen Börsenphasen Anteile verkaufen muss, schwächt sein Portfolio dauerhaft – vor allem emotional. Schnell entsteht Panik, und aus temporären Verlusten werden langfristige Rückschritte.

Dividenden schützen dich davor: Sie liefern regelmäßige Erträge, selbst wenn die Kurse wackeln. Das bedeutet: Du musst in schlechten Zeiten nicht handeln – du darfst einfach abwarten.

> Eine **Bargeldreserve** von 6 bis 12 Monatsausgaben auf einem Tagesgeldkonto kann helfen, unruhige Börsenphasen auszusitzen – ohne Verkäufe, ohne Sorgen.

„Geld, das ich nicht mehr erarbeiten muss“

Ein Dividendenportfolio verändert mehr als nur deine Finanzen – es verändert dein Verhältnis zu Arbeit, Zeit und Freiheit. Wenn du jeden Monat eine Zahlung bekommst, ohne dafür aktiv arbeiten zu müssen, fühlt sich Geld plötzlich anders an. Es verliert seinen Zwangscharakter. Du bist nicht länger von einem monatlichen Gehalt abhängig, sondern von den Früchten deiner eigenen Investitionen. Und das gibt dir Freiheit, die du nutzen kannst:

- **Für Teilzeit oder Frühruhestand**:
  Du kannst entscheiden, wie viel du arbeiten möchtest – oder auch, ob du überhaupt noch arbeiten möchtest. Vielleicht möchtest du mehr Zeit für Familie oder Hobbys haben oder dich einem Herzensprojekt widmen.
- **Für ein Herzensprojekt**:
  Du hast die Möglichkeit, etwas zu tun, das dich erfüllt, ohne auf das Einkommen angewiesen zu sein. Ob ein soziales Engagement, das Erlernen neuer Fähigkeiten oder das Verfolgen einer Leidenschaft – du kannst deine Zeit nach deinen eigenen Vorstellungen gestalten.
- **Für mehr Gelassenheit im Alltag**:
  Du musst dir keine Sorgen mehr machen, ob der nächste Gehaltscheck ausreicht. Deine Dividenden liefern dir ein konstantes Einkommen, das dir hilft, deine Lebensqualität zu steigern, ohne ständig nach finanziellen Engpässen Ausschau zu halten.

Es geht nicht nur darum, „mehr Geld zu haben", sondern darum, sich von den alten Vorstellungen von Arbeit und Geld zu befreien. Du wirst vom Vermögensaufbauer zum Einkommensnutzer, was keine Rückkehr bedeutet, sondern einen bedeutenden Fortschritt. Diese Veränderung in der Denkweise ist das wahre Ziel – nicht nur finanziell unabhängig zu sein, sondern auch in deinem Alltag mehr Freiheit und Selbstbestimmung zu genießen.

> *„Die wahre Freiheit liegt in der Möglichkeit, bewusst Entscheidungen zu treffen – und das alles durch ein passives Einkommen, das dich nicht mehr von aktiver Arbeit abhängig macht."*

Der langfristige Weg zur finanziellen Freiheit

Der Weg zur finanziellen Freiheit durch Dividendeninvestitionen führt zu mehr als nur einem passiven Einkommen. Es geht um eine tiefgreifende Veränderung in der Art und Weise, wie du über Geld und Leben nachdenkst. Dividenden ermöglichen es dir, ein regelmäßiges Einkommen zu erzielen, ohne auf den Verkauf von Aktien angewiesen zu sein. Im Gegensatz zu traditionellen Entnahmestrategien, wie der bekannten 4 %-Regel, erlauben Dividenden nicht nur finanzielle Sicherheit, sondern auch die Möglichkeit, dein Kapital zu erhalten und gleichzeitig flexibel zu bleiben. Doch wie stellt sich der Vergleich zwischen dieser Strategie und klassischen Entnahmemethoden dar? Welche Vor- und Nachteile gibt es, und wie kannst du die 4 %-Regel im Kontext von Dividenden betrachten?

Die 4 %-Regel: Eine Option, kein Zwang

Traditionell wird die 4 %-Regel als Entnahmestrategie empfohlen. Sie besagt, dass du jährlich 4 % deines Portfolios entnehmen kannst, ohne es in 30 Jahren aufzubrauchen – bei 1.000.000 Euro also 40.000 Euro pro Jahr. Diese Methode setzt jedoch voraus, dass du regelmäßig Vermögen verkaufst, was gerade in schwachen Marktphasen riskant sein kann.

Dividenden bieten eine clevere Alternative

Statt dein Kapital zu reduzieren, deckst du deinen Lebensunterhalt direkt aus den Ausschüttungen. So bleibt dein Vermögen erhalten – und du bist flexibler, falls du es für andere Ziele oder Erben bewahren möchtest.

Finanzielle Unabhängigkeit ohne Kompromisse

Ein Dividendenportfolio ist mehr als nur eine Einkommensquelle – es ist ein Weg, dein Vermögen zu schützen und gleichzeitig davon zu leben. Mit der richtigen Planung bleibst du im Ruhestand flexibel, sicherst dein Kapital für die Zukunft und genießt die Freiheit, die dir deine Investments ermöglichen.

„Die 4 %-Regel ist ein Werkzeug – Dividenden sind ein Fluss. Du musst nicht dein Depot aufbrauchen, um finanzielle Freiheit zu genießen."

4 %-Regel vs. Dividendenstrategie

Diese Tabelle zeigt auf einen Blick die wichtigsten Unterschiede zwischen der klassischen 4 %-Regel und einer Dividendenstrategie im Ruhestand.

Kriterium	4 %-Regel	Dividendenstrategie
Art der Entnahme	Kapitalverzehr durch regelmäßige Verkäufe	Nutzung von laufenden Ausschüttungen
Kapitalerhalt	Nein – langfristig sinkendes Vermögen geplant	Ja – Kapital bleibt im Idealfall vollständig erhalten
Marktabhängigkeit	Hoch – Verkäufe bei ungünstigen Kursen möglich	Geringer – Einnahmen kommen auch bei Kursschwankungen
Planbarkeit	Schwankend – abhängig von Verkaufskursen	Hoch – regelmäßige, kalkulierbare Ausschüttungen
Psychologischer Effekt	Unsicherheit bei Börsenturbulenzen	Ruhe durch verlässliche Zahlungen
Flexibilität	Teilweise – aber mit Risiko verbunden	Hoch – Einnahmen können reinvestiert oder genutzt werden
Geeignet für	Kapitalverzehrer mit Entnahmefokus	Einkommensorientierte Anleger mit Kapitalerhaltziel

Tab. 15.5: Die 4 %-Regel ist ein Rechenspiel – Dividenden sind ein Lebensstil.

Dividenden verändern dein Mindset – und dein Leben

Finanzielle Unabhängigkeit klingt für viele wie ein fernes Ziel. Aber wenn du erst mal spürst, wie **regelmäßige Dividendenzahlungen** auf deinem Konto eintreffen, ohne dass du dafür arbeitest, passiert etwas in deinem Kopf: Du beginnst, **Geld anders zu sehen**.

Du gehst nicht mehr zur Arbeit, weil du musst, sondern weil du willst. Du planst dein Leben nicht mehr nach dem nächsten Gehaltseingang, sondern nach deinen Zielen. Und du machst dir weniger Sorgen um Rechnungen oder unerwartete Ausgaben – weil du weißt: **Dein Geld arbeitet jetzt für dich**.

Abb. 15.5: Diese visuelle Metapher macht deutlich: Dividenden sind mehr als Rendite. Sie verändern dein Verhältnis zu Geld, Zeit und Freiheit – und ebnen dir den Weg in ein selbstbestimmtes Leben.

Dividenden als Katalysator für ein neues Lebensgefühl – die Illustration visualisiert den Übergang von finanzieller Unruhe zu gelassener Unabhängigkeit: Ein formaler, belasteter Arbeitsalltag weicht einer Atmosphäre von Ruhe und Sicherheit unter einem symbolträchtigen Baum, der regelmäßige Ausschüttungen trägt. Eine stilisierte Brücke mit der Aufschrift „Dividendenstrategie“ steht sinnbildlich für den Weg, der Mut und Planung erfordert – und im Ruhestand ein selbstbestimmtes Leben ermöglicht.

Was „Dividendenfreiheit“ wirklich bedeutet

Viele verbinden finanzielle Freiheit mit teuren Autos, Luxusreisen oder totalem Rückzug aus dem Berufsleben. Aber das ist nicht der Punkt.

Finanzielle Freiheit heißt: Du bestimmst.

- Du kannst in Teilzeit gehen, wenn du mehr Zeit für Familie oder Hobbys willst.
- Du kannst ein Herzensprojekt starten, das vielleicht wenig einbringt, aber viel gibt.
- Du kannst frühzeitig in den Ruhestand gehen – oder ihn einfach anders gestalten.
- Du bist nicht mehr abhängig von Entscheidungen anderer.

Dividenden sind dabei der Schlüssel. Sie schaffen **Planbarkeit**, **Sicherheit** und **Unabhängigkeit** – genau das, was du im Ruhestand (oder schon davor) brauchst.

Ruhestand ist kein Punkt – es ist ein Prozess.

Viele denken: „Wenn ich 67 bin, dann fängt mein Ruhestand an.“ Aber eigentlich beginnt dieser Prozess **viel früher** – nämlich dann, wenn du dich systematisch auf ihn vorbereitest.

Mit jedem Monat, in dem du investierst, näherst du dich deiner persönlichen „Dividendenrente“. Es gibt keinen festen Punkt, an dem du plötzlich „frei“ bist – aber du wirst es merken, wenn du ...

- die ersten 100 Euro pro Monat an Dividenden bekommst.
- merkst, dass dein Depot dein Gehalt ergänzt – und irgendwann ersetzt.
- verstehst, dass du in einem System lebst, das du selbst steuerst.

Und dann wirst du ruhiger, gelassener – weil du weißt: Du bist auf dem richtigen Weg.

Was, wenn du „zu spät“ dran bist?

Ein Gedanke, der viele Menschen beschäftigt: „Ich bin schon über 50 – lohnt sich das überhaupt noch?“ Die kurze Antwort: **Ja, es lohnt sich.** Es ist nie zu spät, Verantwortung für die eigene finanzielle Zukunft zu übernehmen.

Natürlich wäre es besser gewesen, mit 25 oder 30 zu starten – allein wegen des Zinseszinseffekts. Aber das bedeutet nicht, dass du mit 50 oder 60 keine Fortschritte mehr machen kannst. Im Gegenteil: **Gerade jetzt** ist der beste Moment, um aktiv zu werden. Denn:

- Viele Menschen bleiben heute bis weit in die 70er fit und beruflich aktiv.
- Du verfügst mit über 50 oft über höhere Einkommen und mehr Rücklagen als mit 25.
- Du hast mehr Lebenserfahrung – und kannst gezielter, disziplinierter investieren.
- Und vor allem: Jede Verbesserung deiner finanziellen Situation ist ein Gewinn

Selbst ein zusätzliches Einkommen von 300 bis 500 Euro im Monat aus Dividenden kann einen großen Unterschied machen – sowohl im Geldbeutel als auch im Kopf. Denn dieses Geld gibt dir Optionen: für weniger Arbeit, mehr Freizeit, oder einfach das Gefühl von Sicherheit.

Vielleicht erreichst du nicht mehr die „große finanzielle Freiheit“ – aber du erreichst ein neues Maß an Unabhängigkeit und Gelassenheit. Und oft ist genau das die eigentliche Freiheit, die zählt.

„Du bist nicht zu spät dran – du bist jetzt dran.“

Damit du siehst, wie ein später Start in der Praxis aussehen kann, zwei Beispiele aus der Realität.

Fallbeispiel 1

Sabine, 52 Jahre, startet spät – aber entschlossen

Sabine ist 52 Jahre alt, arbeitet im öffentlichen Dienst und hat bisher kaum investiert. Als sie vom Thema Dividenden erfährt, beschließt sie, aktiv etwas zu verändern. Sie richtet einen ETF-Sparplan ein und investiert ab sofort 600 Euro pro Monat in ein breit gestreutes Dividendenportfolio. Ihre Zielrendite liegt bei 7 % pro Jahr, wobei etwa 4 % aus Dividenden stammen und 3 % aus Kurswachstum.

Wichtig: Die Annahme von 3 % Kurszuwachs ist dabei bewusst konservativ gewählt. Historisch gesehen konnten Aktienmärkte oft höhere jährliche Wertsteigerungen erzielen. Sabine plant also eher mit dem sicheren Minimum, um sich nicht zu überschätzen.

Während der Ansparphase (15 Jahre) lässt Sabine die Dividenden vollständig im Depot. Sie werden automatisch wieder angelegt, wodurch der Zinseszinseffekt seine volle Wirkung entfalten kann.

Mit 67, also nach 15 Jahren, sieht ihr Depot so aus:

- Eingezahlt: 108.000 €
- Depotwert (inkl. Reinvestition): ca. 190.000 €
- Jährliche Dividenden (4 %): ca. 7.600 €
- Monatliches passives Einkommen: ca. 630 €

Ab diesem Zeitpunkt kann Sabine entscheiden, ob sie sich die Dividenden regelmäßig auszahlen lässt oder weiterhin reinvestiert. Und das Beste: Ihr Kapital bleibt vollständig erhalten – sie muss keine Anteile verkaufen, um ihr Einkommen zu sichern.

Fallbeispiel 2

Beate Sander, die „Börsen-Oma", startet erst mit 59 – und schafft es trotzdem

1996, kurz vor ihrem 60. Geburtstag, legte Beate Sander ihr Startkapital von 60.000 DM an – ihre allererste Aktienposition war die Deutsche-Telekom-„Volksaktie". Bereits nach diesem Einstieg baute sie ihr Portfolio jedoch rasch aus und verteilte das Kapital auf weitere Titel. Durch diese frühe Diversifikation sowie konsequente Reinvestition der Dividenden und gezielte Nachkäufe nach Kursrückschlägen wuchs ihr Depot innerhalb von 15 Jahren auf rund 1 Mio. Euro an und erreichte bis zu ihrem Tod mit 82 Jahren fast 3 Mio. Euro.

Fazit: Du bist dein eigener Rentenmanager

Die gesetzliche Rente? Ein netter Bonus – aber sie sollte nicht deine alleinige Säule sein. In einer Welt voller Unsicherheiten ist es umso wichtiger, dass du Verantwortung übernimmst – für dich, deine Familie und dein Leben.

Mit Dividendeninvestments schaffst du dir eine **zweite Rente**, die nicht nur stabil, sondern auch wachstumsfähig ist. Du baust dir eine Einkommensquelle auf, die dir nicht nur finanzielle Sicherheit gibt, sondern auch die Freiheit, dein Leben nach deinen eigenen Vorstellungen zu gestalten. Diese Strategie verschafft dir mehr Kontrolle, damit du deine **finanzielle Unabhängigkeit** selbst in die Hand nehmen kannst.

Du bist dein eigener Rentenmanager. Es bedeutet nicht, dass du Millionär sein musst – aber es bedeutet, dass du dir bewusst ein Leben aufbaust, das nicht mehr fremdgesteuert ist, sondern von dir selbst. Du entscheidest, wie viel du investierst, wie du dein Portfolio strukturierst und wann du von deinen Dividenden profitierst.

Der Zinseszinseffekt und die regelmäßigen Dividendenzahlungen bieten dir nicht nur finanzielle Sicherheit, sondern auch die Möglichkeit, dein Vermögen über die Zeit hinweg exponentiell wachsen zu lassen. Du hast die Kontrolle und gestaltest aktiv deine Zukunft. Diese Unabhängigkeit ist es, die du dir verdienst und die dir echte Freiheit verschafft.

Also: Fang an. Heute, nicht morgen. Mit deinem nächsten Sparplan. Mit deinem nächsten Investment. Mit deiner nächsten Dividendenzahlung. Denn du kannst es.

Und du hast es verdient.

KAPITEL 16

MEINE SCHLUSS-GEDANKEN

Jetzt bist du an der Reihe!

Wenn du dieses Buch erfolgreich gelesen hast, solltest du drei zentrale Erkenntnisse mitnehmen:

1. Ja, der **Vermögensaufbau erfordert Geduld**. Er ist ein Marathon, kein Sprint. Aber er lohnt sich ungemein – für mehr finanzielle Sicherheit, Freiheit, Selbstbestimmung und eine sorgenfreie Zukunft.

2. Ja, der **Vermögensaufbau funktioniert!** Wenn du der beschriebenen Strategie folgst – ob mit ETFs, Sparplänen, Dividenden oder sogar Optionen –, wirst du dein Ziel der finanziellen Unabhängigkeit Schritt für Schritt erreichen. Wie schnell, hängt von deiner Disziplin ab.

3. Nein, **es gibt keine Abkürzungen!** Schnelle Reichtumsversprechen, dubiose Krypto-Scams oder hektisches Trading führen selten zum Erfolg. Nur kluges, langfristiges Investieren mit System, Geduld und der Macht des Zinseszinses bringt dich wirklich weiter.

Wie geht es weiter?

Nun liegt es an dir, das Gelernte umzusetzen. Frage dich ehrlich: Willst du dein Geld für dich arbeiten lassen? Dann beginne heute – nicht morgen. Denn jeder investierte Tag zählt.

Du hast mit diesem Buch nicht nur das Handwerkszeug für den Einstieg erhalten, sondern auch wertvolle Impulse für fortgeschrittene Themen wie Ruhestandsplanung, regelmäßige Einnahmen mit Dividenden und Optionen, Steuerstrategien oder persönliche Depotstruktur.

Nutze dieses Buch gerne weiterhin als Nachschlagewerk – sei es zur Motivation oder für konkrete Umsetzungsschritte. Es begleitet dich auf deinem Weg zur finanziellen Unabhängigkeit. Häufige Begriffe habe ich dir zudem ab Seite 293 noch einmal zusammengestellt. Darüber hinaus halte ich dich auf Instagram @finanzkroko regelmäßig mit Analysen, Tipps und aktuellen Impulsen auf dem Laufenden.

Ein herzliches Dankeschön

Danke, dass du dir die Zeit für dieses Buch genommen und dein Finanzwissen vertieft hast. Du gehörst zu den Menschen, die aktiv Verantwortung für ihre Zukunft übernehmen – und das verdient Respekt.

Ich wünsche dir viel Erfolg auf deinem Weg. Lass dich nicht von Rückschlägen entmutigen. Bleib dabei, tausche dich in der Community aus – und feiere deine Fortschritte!

Blog:

Instagram:

Auf deinen Erfolg

Vitali Arnt alias Finanzkroko

Quellen

Kapitel 1

„Dividenden der DAX-Unternehmen": Deutsche Schutzvereinigung für Wertpapierbesitz und BFM Berlin Financial Media GmbH, veröffentlicht im April 2023.

„Altersrentner und Beitragszahler in der gesetzlichen Rentenversicherung": Demografieportal des Bundesministeriums des Innern, Bundesinstitut für Bevölkerungsforschung.

Kapitel 2

„Renditedreieck: Monatlich in Aktien sparen lohnt sich": Deutsches Aktieninstitut e. V., 2022.

„Langfristig sparen stabilisiert die Rendite": Deutsches Aktieninstitut e. V., 2022.

„Performance S&P, Gold, Schatzbriefe ...: Stocks for the Long Run": Siegel, Jeremy, 2017.

„Häuserpreisindex Deutschland: Preisindizes für Wohnimmobilien: Indizes und Veränderungsraten": Statistisches Bundesamt 2021.

„Wertsteigerungen von Wohnimmobilien – Traum und Wirklichkeit": Gerd Kommer; Bank for International Settlements.

„Inflationsbereinigte Wertsteigerungen von Immobilien": Bank for International Settlements; Institute of Research in Economic and Fiscal Issues.

„Entwicklung des deutschen Hauspreisindexes: residential property price statistics, Q4 2022": Bank for International Settlements (BIS); Institute of Research in Economic and Fiscal Issues.

„S&P vs. Hauspreise": Case-Shiller US National Home Price Index, herausgegeben von der Federal Reserve Bank of St. Louis, Vergleich mit S&P 500 historische Daten, herausgegeben von Standard & Poor's.

Kapitel 3

„Krisen seit 1959 im DAX-Chart“: Erstellt aus frei zugänglichen Daten der Deutschen Börse AG. Daten vor 1988 basieren auf dem ursprünglichen Index der Börsen-Zeitung.

Kapitel 8

„Marktrückgang und Häufigkeit“: CNBC Statistik, 2020.

Anzahl an Crashes und Bear Markets: Frei zugängliche Daten, zusammengefasst von LPL Research und CFRA.

Zahlen zu Milliardären während der Pandemie: „Pandemic creates new billionaire every 30 hours – now a million people could fall into extreme poverty at same rate in 2022“: Oxfam,
veröffentlicht am 23. Mai 2022.

Kapitel 11

„WisdomTree Global Quality Dividend Growth UCITS ETF (WKN: A2AG1D)“: extraETF – aufgerufen am 16.06.2025.

Begriffe

Abgeltungsteuer
Pauschale Steuer auf Kapitalerträge (z. B. Dividenden, Kursgewinne) in Deutschland, derzeit 25 % plus Solidaritätszuschlag und ggf. Kirchensteuer.

Aggressives Portfolio
Portfoliozusammensetzung mit hohem Aktienanteil und höheren Risiken, dafür potenziell höheren Renditechancen.

Anleihen
Schuldverschreibungen von Staaten oder Unternehmen. Anleger verleihen Kapital und erhalten dafür Zinsen sowie Rückzahlung zum Laufzeitende.

Antizyklisches Investieren
Strategie, bei der man in schwachen Marktphasen kauft und in starken Marktphasen eher verkauft, um von Unter- bzw. Überbewertungen zu profitieren.

Asset-Allokation
Verteilung des Vermögens auf verschiedene Anlageklassen (z. B. Aktien, Anleihen, Immobilien), um Rendite und Risiko zu steuern.

Asset-Klassen
Übergeordnete Kategorien von Investments wie Aktien, Anleihen, Rohstoffe, Immobilien oder liquide Mittel.

Bärenmarkt
Marktphase mit stark fallenden Kursen und pessimistischer Stimmung.

Beta-Faktor
Maß für die Empfindlichkeit eines Wertpapiers gegenüber Marktbewegungen. Ein Beta von 1 bewegt sich im Gleichklang mit dem Gesamtmarkt.

Blue Chip
Aktien großer, etablierter und oft international bekannter Unternehmen mit solider Bilanz und hohem Handelsvolumen.

Bullenmarkt
Marktphase mit stark steigenden Kursen und optimistischer Stimmung.

Cash-Secured Put
Verkaufsoption (Put) auf eine Aktie, bei der der Verkäufer genügend Bargeld für den möglichen Kauf hinterlegt, falls Option ausgeübt wird.

Core-Satellite-Strategie
Portfolioaufteilung in einen breit gestreuten Kern (Core) und mehrere kleinere „Satelliten“ mit speziellem Fokus (z. B. Themen-ETFs).

Cost-Average-Effekt
Durchschnittskosteneffekt: Durch regelmäßige Käufe zu unterschiedlichen Kursen sinkt das Risiko, zu einem ungünstigen Zeitpunkt zu investieren.

Covered Call
Optionsstrategie, bei der man Call-Optionen auf bereits im Depot befindliche Aktien verkauft und dafür eine Prämie erhält.

Depot
Konto zur Verwahrung und Verwaltung von Wertpapieren wie Aktien, ETFs oder Anleihen.

Diversifikation
Risikostreuung durch Investitionen in verschiedene Branchen, Regionen und Anlageklassen.

Doppelbesteuerungsabkommen (DBA)
Verträge zwischen Staaten, um zu verhindern, dass Einkünfte (z. B. Dividenden) doppelt besteuert werden.

Drawdown
Maximaler prozentualer Verlust innerhalb eines bestimmten Zeitraums. Zeigt, wie stark ein Investment vom Höchststand gefallen ist.

Dividendenrendite
Prozentualer Anteil der jährlichen Dividende am Aktienkurs (z. B. 4 % Dividende bei 100 Euro Kurs = 4 Euro pro Aktie).

Dividendenstrategie
Fokus auf Aktien, die regelmäßig Dividenden ausschütten oder deren Dividenden kontinuierlich steigen.

ETF (Exchange Traded Fund)
Börsengehandelter Indexfonds, der passiv einen bestimmten Index abbildet und kostengünstig eine breite Streuung bietet.

Ex-Dividende
Zeitpunkt, ab dem Käufer einer Aktie keine Dividendenberechtigung mehr für die nächste Ausschüttung erhält.

Ex-Dividenden-Tag
Um die zuletzt angekündigte Dividende zu erhalten, muss die Aktie vor dem Ex-Dividenden-Datum erworben werden. Kaufst du die Aktie erst am Ex-Datum, steht dir die Dividende nicht zu.

Factor Investing
Anlagestrategie, die gezielt Faktoren (z. B. Value, Momentum, Qualität) nutzt, um eine bessere Rendite als der Gesamtmarkt zu erzielen.

Fundamentalanalyse
Bewertung von Unternehmen anhand betriebswirtschaftlicher Kennzahlen (z. B. KGV, Cashflow), um den fairen Wert zu ermitteln.

Growth-Aktien
Wachstumsstarke Unternehmen mit überdurchschnittlichem Umsatz- und Gewinnwachstum, oft verbunden mit hohen Kurssteigerungen.

Hedging
Absicherung gegen Kursverluste, etwa durch Kauf von Put-Optionen oder andere Derivate, die bei fallenden Kursen gewinnen.

Hochdividendenstrategie
Investitionsfokus auf Aktien mit besonders hohen Dividendenrenditen, um regelmäßigen Cashflow zu generieren.

Idiosynkratisches Risiko
Das idiosynkratische Risiko betrifft nur eine einzelne Aktie und entsteht durch spezielle Ereignisse im Unternehmen, wie schlechte Entscheidungen oder Probleme. Dieses Risiko kann durch Investitionen in verschiedene Aktien reduziert werden.

Index
Messgröße für die Entwicklung eines bestimmten Marktes (z. B. DAX, S&P 500). Dient häufig als Vergleichsmaßstab.

Investmentfonds
Ein Topf, in den viele Anleger einzahlen. Das Geld wird von einem Fondsmanager (aktiv) oder per Indexabbildung (passiv) investiert.

Kapitalertragsteuer
Oberbegriff für Steuern auf Kapitalerträge (z. B. Dividenden, Zinsen). In Deutschland häufig identisch mit der Abgeltungsteuer.

Klumpenrisiko
Risiko durch hohe Konzentration auf wenige Wertpapiere oder Branchen, wodurch Verluste stärker ins Gewicht fallen.

KGV (Kurs-Gewinn-Verhältnis)
Verhältnis von Aktienkurs zu Gewinn pro Aktie. Ein niedriges KGV deutet auf eine günstig bewertete Aktie hin.

LEAP-Optionen
Langfristige Optionen mit Laufzeiten von bis zu einem Jahr oder länger, um langfristige Markterwartungen umzusetzen.

Limit-Order
Kauf- oder Verkaufsauftrag mit einem festgelegten Preislimit. So vermeidet man, zu schlechteren Kursen zu handeln.

Liquidität
Beschreibt, wie leicht und schnell sich ein Wertpapier handeln lässt, ohne den Marktpreis stark zu beeinflussen.

Market Timing
Versuch, durch gezieltes Ein- und Aussteigen an der Börse den optimalen Kauf- und Verkaufszeitpunkt zu treffen – meist schwierig umsetzbar.

MSCI World
Weltweiter Aktienindex, der Unternehmen aus 23 Industrieländern umfasst. Häufige Basis für globale ETFs.

Notgroschen
Liquiditätsreserve (meist 3 bis 6 Monatsgehälter) für unerwartete Ausgaben, damit man keine Wertpapiere in ungünstigen Marktphasen verkaufen muss.

Optionen
Finanzderivate, die das Recht (nicht die Pflicht) einräumen, einen Basiswert zu einem festgelegten Preis zu kaufen (Call) oder zu verkaufen (Put).

Passive vs. aktive Fonds
Passive Fonds (ETFs) bilden einen Index ab, während aktive Fonds von Managern gesteuert werden, die versuchen, den Markt zu schlagen.

Penny Stocks
Aktien mit sehr niedrigem Kurs (oft unter 1 € oder 5 $), meist hochspekulativ und wenig liquide.

Portfolio
Gesamtheit aller Anlagen eines Anlegers (z. B. Aktien, ETFs, Anleihen), oft nach Risikoprofil zusammengestellt.

Put-Option
Option, die das Recht verleiht, den Basiswert zu einem bestimmten Preis zu verkaufen. Kann zur Absicherung (Hedging) genutzt werden.

Quellensteuer
Steuer, die im Ausland auf Dividenden oder Zinsen erhoben wird. Dank DBA können gezahlte Quellensteuern oft teilweise oder ganz auf die Abgeltungssteuer angerechnet werden.

Rebalancing
Regelmäßige Wiederherstellung der ursprünglichen Portfolio-Gewichtung, um das Risikoprofil beizubehalten – kann z. B. halbjährlich oder jährlich durchgeführt werden.

Rendite
Gesamter Ertrag einer Geldanlage (z. B. Kursgewinne, Dividenden) im Verhältnis zum eingesetzten Kapital.

Risikotoleranz
Maß dafür, wie stark ein Anleger Kursschwankungen und potenzielle Verluste aushalten kann.

Sharpe Ratio
Kennzahl zur Bewertung des Rendite-Risiko-Verhältnisses. Höhere Werte deuten auf ein attraktiveres Chance-Risiko-Profil hin.

Small Caps
Aktien von Unternehmen mit geringer Marktkapitalisierung, oft wachstumsstark, aber risikoreicher.

Smart Beta
Ansatz, bei dem ETFs systematisch bestimmte Faktoren (z. B. Qualität, Dividende) gewichten, statt rein nach Marktkapitalisierung zu investieren.

Sparplan
Regelmäßiger Kauf von Wertpapieren (z. B. ETFs oder Aktien) mit konstantem Betrag, um langfristig Vermögen aufzubauen.

Spread
Differenz zwischen Geld- (Kauf-) und Briefkurs (Verkaufskurs). Ein enger Spread bedeutet geringere Transaktionskosten.

Sparer-Pauschbetrag
Freibetrag auf Kapitalerträge (z. B. Zinsen, Dividenden) von 1.000 Euro (Alleinstehende) bzw. 2.000 Euro (Paare) pro Jahr.

Stillhalter-Strategie
Verkauf von Optionen (Calls oder Puts), um Prämien zu kassieren. Man verpflichtet sich, Aktien zu kaufen oder zu verkaufen, falls die Option ausgeübt wird.

Stop-Loss-Order
Verkaufsauftrag, der ausgelöst wird, wenn der Kurs eines Wertpapiers unter eine festgelegte Grenze fällt. Dient der Verlustbegrenzung.

TER (Total Expense Ratio)
Gesamtkostenquote eines Fonds/ETFs, die alle laufenden Gebühren pro Jahr als Prozentsatz des Fondsvermögens angibt.

Tracking Differenz
Tatsächliche Abweichung der Fondsrendite vom Index. Beeinflusst durch Kosten, Erträge und Replikationsmethode.

Tracking Error
Statistisches Maß für die Schwankung der Abweichung zwischen ETF- und Indexrendite. Ein niedriger Wert zeigt eine effiziente Abbildung.

Value-Aktien
Unterbewertete, substanzstarke Unternehmen mit stabilen Geschäftsmodellen und oft höheren Dividenden.

Volatilität
Maß für Kursschwankungen. Hohe Volatilität bedeutet starke Ausschläge, niedrige Volatilität steht für stabile Kurse.

Wachstumsaktien
Siehe *Growth-Aktien*: Unternehmen mit hohem Wachstumspotenzial, die Gewinne meist für Expansion reinvestieren.

WKN/ISIN
Wertpapierkennnummer bzw. International Securities Identification Number zur eindeutigen Identifikation von Wertpapieren.

Zinseszinseffekt
Effekt, bei dem Zinsen erneut angelegt werden und dadurch ihrerseits neue Zinsen generieren. Führt langfristig zu exponentiellem Wachstum.

ForwardVerlag